日米中一五〇年の歴史

日本は米中冷戦を防ぐために
何をすべきか

本田幸雄

幻冬舎ルネッサンス新書
248

はじめに

新型コロナ・パンデミック発生以来、一年八ヶ月経った二〇二一年八月初めには、米ジョンズ・ホプキンス大学の統計によりますと、世界の感染者数は二億人、死者数は四二六万人を超えましたが、衰える気配はなく、その後も拡大の一途をたどっています。その間にすでにより感染力の強い変異ウイルスが数種類発生し、一度伝染した地域にも、また、新たに伝染する可能性が出てきています。

と言うことは、人類は、世界人口七八億人が一体となって短期間に新型ウイルスを防止できるシステムを確立しないと、一部の国や地域で新型ウイルスを克服しても、他の国や地域に感染者が残っていると再びそこから変異ウイルスの流行が再燃し始める恐れがあり、人類はウイルス・パンデミックから抜け出せなくなる恐れがあります。

そのような意味でパンデミックも人類共通の「オール・オア・ナッシング」問題（人類すべてがともに生きようとすれば生き残れるが、自分だけ〈自国だけ〉生き残ろうとすれば、いずれすべて滅びてしまうような問題）であると言えます。

その「オール・オア・ナッシング」問題の中でも、この三〇年で結論が出る極め付きの

「オール・オア・ナッシング」問題が地球温暖化問題です。この結論は人類がこの三〇年間ですべての化石エネルギーを太陽光エネルギー（風力、バイオマスも太陽光エネルギーに含まれます）に転換できるかどうかにかかっています。成功すれば太陽光エネルギーは無尽蔵ですからその後の人類は安泰です（オールです）。失敗すれば、「高温で荒れ狂う地球」となり、人類はいずれ衰退絶滅（ナッシング）となります。この三〇年間のエネルギー大転換作戦という文字通り人類未曽有の大プロジェクトに成功するかどうかで、人類の未来が決まるのです。

人類はそのような未曽有の心配事に立たされていますが、そのような時に急速に声高に言われ始めたのが「米中冷戦」です。人類は三〇年前まで世界を二分して対立してきた米ソ冷戦の恐怖を知っています（決して核兵器の恐怖はなくなったわけではなく、はるかに深刻になった「オール・オア・ナッシング」問題ですが、ここでは触れません）。

ここで米中冷戦が始まったら、地球温暖化克服もパンデミック防止も消し飛んでしまいます。ということは地球温暖化の「オール・オア・ナッシング」問題の解答も「ナッシング（絶滅）」と出てしまいます。もちろん、米中冷戦も共倒れです。

本書では米中日の一五〇年の歴史を振り返り（米中の谷間で育って八〇年を生きてきた筆者にとって、米中はすべての「知識の源泉」であり、尊敬する師でした）、どこに米中冷戦を戦わなければならない理由があるのか書きましたが、まったくありませんでした。二〇二〇年代後半に中国のＧＤＰがアメリカを超えて世界第一位になります。人口がアメリカの四・四倍ある中国がアメリカを追い越すのは何らおかしくありません（追い越しても一人当たりＧＤＰではアメリカは中国の四・四倍です）。「資本主義」アメリカと「特色ある社会主義」中国が少々違っても、世界貿易機関（ＷＴＯ）ルールで交易ができれば、何ら問題ありません（違いはＷＴＯの場で調整すればいいのです）。台湾問題や南シナ海問題はこれから、国連、日本、ＥＵが仲介の労をとって、バイデン―習会談で話し合ってもらうことです。

地球温暖化は産業革命後に地球大気に蓄積された二酸化炭素の累積量が原因物質ですが、産業革命以来の二酸化炭素の約四割はアメリカに責任があり、それに続く中国は約一割を占めて、日本は約五％です（一八五〇～二〇〇五年の蓄積量）。

二〇一八年の年間二酸化炭素排出量を見ますと、中国が約三割を占め、アメリカが約一五％、日本は五位の三・二％で、中国の増加はその後も続きますので、いずれ蓄積量もアメリカに近づくと見られています（習近平は二〇六〇年にカーボンゼロと国連で言いました）。

いずれにしても、アメリカ、中国、日本のＧＤＰ上位三ヶ国（二〇二〇年のＧＤＰ比率はアメリカ二四・七％、中国一七・四％、日本六・〇％で四八・一％）は、産業革命後の二酸化炭素の蓄積量においても（三ヶ国で五五・八％）、今後の温室効果ガスの排出量においても（年間排出量では三ヶ国で四六・三％）、世界の半分を占め、地球温暖化問題を解決するための最大の道義的責任を負っています。この事実はこの三ヶ国の国民一人一人も認識すべきです。というのは結局、その国民がその負担を負うことになるからです。その国民が「オール・オア・ナッシング」問題をよく認識し、一人一人最善をつくすことを決意しなければ、この地球温暖化克服という事業は成功しません。

筆者はアメリカ、中国、日本のそれぞれの産業力の長所を知っています。それぞれ相補います。それぞれの長所が発揮できれば三倍ではなく五倍、十倍になります。劇症型地球温暖化は「時間」と「組織力」の戦いです。三〇年という限られた時間に米中日の産業力を最大限発揮させる最良の方法は米中日共同プロジェクト「太陽光エネルギー一帯一路」を発足させることです。

アイ　バヴ　スリー　ドリームズ。二〇五〇年に「太陽光エネルギー一帯一路」の成功の夢。二〇五〇年に中国の夢・平和裏の中国・台湾統一の夢。孫たちがこの美しい地球で平和に暮らし続けている夢。

「日米中一五〇年の歴史
日本は米中冷戦を防ぐために何をすべきか」

目次

第一章　第一次世界大戦までの日米中

《一》半植民地化される中国

清朝の衰退

一七世紀に明を倒した清国は一八世紀末から、徐々に衰退に向かっていきました。大きな人口圧、農業生産の停滞、官僚の腐敗、そしてアヘン流入による経済的・社会的な後退が主因でした。当時の中国は、官僚が重税を課して私腹をこやすなど、政治の腐敗がひどくなり、社会不安の増大から各地に反乱が起こりました。

巨大な清国は、すべて前例主義の伝統的手段に徹しました。たとえば中英間の書簡の使用言語については、英文を許さず、漢文のみとすることに固執しました。迫り来る国際政治の波を敏感に感じとり、これを官僚の耳に入れるチャネルはまったくありませんでした。

イギリス政府は一七九二年、中国との通商条約を結んで、通商を開始しようとジョージ・マカートニーを首席全権とする使節団を送ることにしました。

一七九三年九月、マカートニーはようやく熱河《ねっか》の離宮で乾隆帝に謁見することはできましたが、乾隆帝は「わが天朝の物産は豊かであって無いものはない。もともと外国産のものに頼って不足するものを補う必要などまったくない」という勅諭を、マカートニーに託してイギリス国王に与えました。イギリスはその後、一八一六年にアマースト使節団、一八三四年にネーピア使節団を派遣しましたが同じように相手にされませんでした。東アジアには中国を中心とする朝貢体制が古くから存続していて、ヨーロッパの条約体制をまったく受け付けませんでした。

アヘン戦争

イギリスの中国貿易は中国茶を中心に絹・陶磁器など輸入量は年々増加しましたが、その見返りとして輸出しようとした毛織物などはあまり売れなかったので、毎年、多額の銀が中国に流出していました。この東インド会社の片貿易に対して、イギリス議会の一部から強い批判が巻き起こりました。そこで東インド会社は銀に代わる決済手段を見いださねばならなくなり、思いついたのがインド産のアヘンを介在させたインド―中国―イギリスの三角貿易でした。

まず、東インド会社は、インドの二州に限定してアヘンを専売制とし、耕作者にケシを栽培させ、アヘン精製工場で精製・検査し、それをカルカッタで競売に付す。当時、清国はアヘン貿易を禁止していましたので、インドで買い付け中国市場で売るのはあくまで特許を得た地方貿易商人にやらせる。その商人はインド産アヘンを中国のカントンで販売して銀を入手する。この銀は東インド会社カントン財務局に払い込んで、東インド会社の為替手形を購入する。地方貿易商人にとって為替送金の方が銀をそのまま送金するよりも有利になるように為替率を操作してすべてそうさせる。
この銀で東インド会社は中国の輸入茶の代金を支払う。結果的に、インド（アヘン）↓中国カントン（茶）↓イギリス（綿製品）↓インドという三角貿易が完成し、それまで片貿易だった中英貿易も一七八〇年代以降解消され、銀の一方的、流出という事態も解消されました。

清国はもともとアヘンを禁止する政策を取っていました。イギリスが前述しました組織的な中国へのアヘン輸出に乗り出す前はポルトガル人がやっていましたが、その量は、過去一世紀の間、毎年、約二〇〇箱ぐらいで、アヘンの一箱（約六〇キロ）はアヘン中毒者一〇〇人が一年間に吸飲する量に相当すると言われましたから、二〇〇箱は二万人分に当たりました。当時、おそらくそれくらいのアヘン中毒者が福建省や広東省の沿海地方にいたのでしょう。

ところが、イギリスが組織的にインド産アヘンの密輸入を行うようになると、中国各地に大量のアヘン中毒患者が出て国民の健康などに大きな悪影響をおよぼすようになりました。アヘン戦争勃発の直前、一八三八年の流入量は約四万箱（四〇〇〇万人分）まで増大していました。四〇〇〇万人分ともなると、ちょっとした一国分の人口であり、清国もほうっておけなくなりました。

道光帝（在位：一八二一～五〇年）は、改革派官僚のリーダー格だった湖広総督（湖北・湖南二省の行政長官）の林則徐《りんそくじょ》（一七八五～一八五〇年）をカントンに派遣しアヘン貿易を禁絶させようとしました。

一八三九年三月にカントンに着任した林則徐は、アヘン商人に対して、現在持っているアヘンをすべて提出すること、将来、永遠にアヘンを中国に持ち込まないという誓約書を提出することを要求し、二万余箱のアヘンを押収、珠江河口近くの高台で衆人監視のもとでそれを二〇日かけて焼却処分しました。

当時のイギリスの貿易監督官チャールズ・エリオットは外相パーマストン（一七八四～一八六五年）に対して、林則徐が取った一連の措置はイギリス人の生命と財産を危険にさらした不法なものであり、アヘンはいわば身代金として、やむを得ず引き渡したと報告すると同時に、中国に対する砲艦政策の実施を進言しました。

パーマストン外相はイギリスの膨張論者で、彼はすぐに閣議を開き、このままアヘン市場を失えば植民地インドの収入が脅かされ、イギリスに収入の大きな穴があくと主張し、カントン体制の打破を大義名分として、遠征軍の中国派遣を決定しました。

イギリスの遠征艦隊（軍艦一六隻、輸送船二七隻、東インド会社の武装汽船四隻、陸軍四〇〇〇人）は中国に向けて出発し、中国沿岸を北上し、一八四〇年八月には渤海湾に姿を現しました。イギリス軍による虎門砲台の占領が知らされると、道光帝は一八四一年一月にイギリスに対して宣戦布告しました。

鉄鋼軍艦ネメシス号をはじめとする東インド会社の武装汽船の活躍は、目をみはるものがあり、中国軍艦はたちまち沈められ、香港島は占領され、戦局は圧倒的な軍事力を誇るイギリス軍の優勢のうちに推移しました。一八四二年七月、長江を遡航したイギリス軍が中国経済の大動脈とも言うべき大運河を、長江との合流点である鎮江で封鎖し、ついで、やや上流の南京に対する攻撃を最後通告すると、清国は敗北を認めてイギリスとの和平交渉に入りました。

南京条約—東洋の不平等条約体制の始まり

そこで決められた南京条約の主な内容は、①カントンに加えて廈門《あもい》、福州、寧波《にんぽー》、上海の計五港の開港とそこでの領事駐在、②香港島の割譲、③公行制度の廃止、④賠償金の支払い（引き渡したアヘンの賠償金六〇〇万ドルの支払い、イギリスの戦費一二〇〇万ドルの支払い）、⑤イギリス軍に協力して逮捕されている清国臣民の釈放、⑥中英両国官憲の対等交渉などでした。さらに、上海など五港の開港に関して、補足協定として一八四三年五港通商章程が定められましたが、これによって清国は関税自主権を失い治外法権を認めさせられました。

イギリスと同じように、一八四四年には、アメリカ合衆国と望廈《ぼうか》条約、フランスと黄埔《こうほ》条約が結ばれましたが、いずれも関税自主権の喪失、領事裁判（治外法権）、片務的最恵国待遇を規定する、いわゆる不平等条約であり、これによって清国の主権は著しく侵害されました。こうしてアヘン戦争に敗北した清国は、イギリスを中心とする資本主義的な世界経済構造のなかに国家主権を侵害された不平等な条件で組み込まれ始めました。こうしてアヘン戦争は中国が半植民地化される起点となりました。

第二次アヘン戦争（アロー戦争）

アヘン戦争後、中国へのアヘンの流入量は新たに開港した上海を中心に加速度的に伸びていきましたが、イギリスはその後も綿製品の中国への輸出が増えないことやアヘン輸出が公認されないことなどに不満を持っていました。

アヘン戦争を主導した当時イギリスの外相だったパーマストンが、今度は首相になっていました。イギリス政府は、何か戦争の口実になりさえすれば、再び遠征軍を派遣して（砲艦外交で）対中関係の懸案を一挙に解決するつもりで、その機会を待っていました。

一八五六年一〇月、カントンの珠江に碇泊中のアロー号という船が海賊容疑で清国官憲の臨検を受け、船員一二人が逮捕されるという事件が発生しました。イギリスのカントン領事ハリー・パークスは、臨検の際にイギリス国旗が引きずり降ろされたのはイギリスに対する侮辱であると抗議しました。実際はそうではありませんでしたが、いずれにしてもささいなことでした。

そこでイギリス政府はアロー号事件というささいな国旗侮辱問題を理由に中国に対する武力行使を決定し、フランス、アメリカ、ロシアに共同出兵を要請しました。フランスのナポレオン三世は、イギリス政府の出兵要請を受け入れました。ロシアとアメリカは出兵には同意せず、戦後に予定された条約交渉にだけ参加することを決定しました（国旗侮辱事件で地球の裏側まで四国共同出兵を呼びかけるとは当時の欧米列強や覇権国家が軍事的に弱い国であれば、とことん追い詰める弱肉強食の国家群であったことがわかります）。後はアヘン戦争の再現で省略します。

第二次アヘン戦争（アロー戦争）に敗北した清国は一八六〇年一〇月にイギリス、フランスと天津条約・北京条約（全体として一つの条約とみなすことができます）を結び、①英仏両国への賠償金の支払い、②開港場を追加して合計一一ヶ所、③内地旅行権（商品売買のために内地に入れる）、④子口半税の規定（輸入品は二・五％の子口半税を払えば、内地通過税を免除される）、⑤外交使節の北京常駐権（北京政府と直接交渉できる）、⑥キリスト教布教権、⑦中国人の海外渡航公認、⑧外国人税務司制度を全開港場に適用、⑨公文書に「夷」の字を用いない。以上は各国共通ですが、北京条約では、イギリスに九龍を割譲（イギリスはさらに香港島の対岸を獲得しました）、ロシアに沿海州を割譲することが定められました。この時、イギリスが最も狙っていたアヘン貿易も合法化されました。

清国の改革・洋務運動《ようむうんどう》

清国においても、ヨーロッパ近代文明の科学技術を導入することで改革を進め、中国の富国強兵をはかろうとしました。これを洋務運動と言いました。清朝の高級官僚であった曽国藩《そうこくはん》・李鴻章《りこうしょう》・左宗棠《さそうとう》・劉銘伝《りゅうめいでん》・張之洞《ちょうしどう》らがこの運動の推進者となり、一八六〇年代より西洋技術、とりわけ軍事技術を導入した近代化が推進され、清朝の国力増強がはかられました。ヨーロッパの近代軍備を自前でまかなうために、武器製造廠や造船廠が各地に設置されました。他にも、電報局・製紙廠・製鉄廠・輪船局や、陸海軍学校・西洋書籍翻訳局などが新設されました。

次いで、運輸・通信・鉱業や繊維工業の発展など富国策がとられました。これらの諸事業の経営は官営のものが多く、民間における資本主義的な発展はあまりみられませんでした（日本の富国強兵・殖産興業も初期は官営でしたが、のちに民間に払い下げられ民営中心に転換されました）。

このように中国の洋務派の改革は、時期の早さでも規模の大きさでも日本の明治維新に勝っていましたが、日本の場合と異なって、成果が上がりませんでした。その一つは、生産管理方式は清国の官僚主義に基づく旧式の管理方法で、加えて生産された品は政府だけが使用するため採算は度外視されていたことなどが上げられています。こうした軍事工場から利潤はほとんど得られず、施設を維持・拡大し生産を継続するための資本を蓄積することができませんでした。つまり、経済・経営がわかる人材・官僚がいなかったのです。

また、西太后を中心とする清国政府の洋務派官僚と日本の明治維新政府の官僚とでは、モラルの点でも大きな差があったと指摘されています。

近代化されたはずの清国の軍隊でしたが、清仏戦争（一八八四〜八五年）と日清戦争（一八九四〜九五年）に敗れて、その弱体ぶりを暴露し、洋務運動の失敗が証明されました。この結果、欧米列強の中国進出が再び活発化していきました。

ロシアの南下政策

清国が第二次アヘン戦争や太平天国の乱に苦しんでいる状況を見てロシアは東アジアでも南下政策を推進し始めました。一八五八年五月に中国北東部、アムール川中流のアイグン（現黒竜江省黒河市）において清朝と愛琿《あいぐん》条約を結びました。この条約によって、ネルチンスク条約（一六八九年。これは対等な条約で、満洲での国境を黒竜江・外興安嶺の線に定めました）以来の国境（外興安嶺）は南へ大きく下げられ、アムール川が国境とされました。つまり、ロシアはアムール川以北の広大な土地を圧力によって獲得しました。

次いで、ロシアは、一八六〇年の北京条約で、愛琿条約では両国の共同管理地とされていたウスリー江以東の土地を清国から獲得し沿海州とし、ウラジオストック軍港という念願だった不凍港の建設に着手しました。

イギリスの中国内陸部進出

イギリスは中国内陸部へさらに進出しようと、ビルマと中国の雲南を結ぶ通商路を開くために探検隊を派遣しました。一八七五年二月、通訳を務めていた北京のイギリス公使館書記官のマーガリーが正体不明の武装集団によって殺害されると、中国に圧力を加えて一八七六年九月、煙台《チーフー》協定を調印させました。

この協定で①雲南省の都市に通商状況観察のための官吏を駐在させること、②長江沿いの四港を新たに開港させること、③イギリスは四川省の重慶に通商状況観察のための官吏を駐在させることができること、④重慶も汽船が就航した時点で開港することなど、通商上の権益を獲得しました。このように、イギリスは雲南や長江など中国内陸部の権益獲得に乗り出していきました。

清仏戦争と天津条約

一八八四年六月、ベトナム北部でフランス、清国の武力衝突が発生し、清仏戦争が始まりました。両国はベトナム北部で戦うと同時に、フランス艦隊は一八八四年八月、台湾の基隆を攻撃し、次いで馬尾の福建艦隊を壊滅させ、台湾を封鎖し、翌三月に澎湖島《ほうことう》を占領しました。一八八五年六月、天津でフランス公使パトノートルと李鴻章との交渉が行われ、天津条約が締結されて清仏戦争は終結しました。

この天津条約第一条で、清国はフランスがベトナムと結んだユエ条約（フランスのベトナムに対する保護権が明示されています）及び将来の条約を尊重すると規定されていて、清国は間接的な言い回しで、ベトナムに対する宗主権を放棄させられました。こうして一八八七年一〇月、フランスはベトナムにカンボジアを加えたフランス領インドシナ連邦を結成しました。

なお、ポルトガルは一六世紀なかば以来、特別居住権を得ていたマカオを、一八八七年三月に締結したリスボン議定書によって正式に領有しました。

日清戦争と下関条約

一八九四年春、朝鮮で民生改善を求める農民反乱・甲午農民戦争（東学党の乱）が起き、五月三一日、農民軍が全羅道首都全州を占領する事態になりました。朝鮮政府は、清への援兵を決める一方、農民軍の説得にあたりました。

一八九四年六月五日、清の巡洋艦二隻が朝鮮の仁川沖に到着しました。日清両国は出兵する時は相互に照会することを義務づけていました（一八八四年の天津条約）。そこで天津条約に基づき六日に清が日本に対し、翌七日に日本が清に対し、朝鮮出兵を通告し、日本は一六日、約四〇〇〇人を仁川に上陸させました。しかし、すでに朝鮮政府と東学農民軍が停戦しており、天津条約上も日本の派兵理由がなくなりました。軍を増派していた清国も、漢城（現在のソウル）に入ることを控え、牙山県を動きませんでした。

　朝鮮は、日清両軍の撤兵を要請したものの、両軍とも受け入れませんでした。日清両国がお互いに兵を引かないまま、七月二五日に豊島沖海戦が、二九日に成歓の戦いが行われた後、八月一日に日清両国が宣戦布告をしました。ここに日清戦争が勃発しました。

　日本軍は、九月一六日の平壌の戦い、翌一七日の黄海の海戦に勝利し、一〇月二四日に鴨緑江を渡って清国領内へ軍を進め、一一月二一日には旅順を占領しました。翌年一月に山東半島に上陸した日本軍は威海衛の諸砲台を占領しました。二月一二日、威海衛に集結していた北洋艦隊の司令長官丁汝昌《ていじょしょう》は自決し、翌日、北洋艦隊は降伏しました。

　山口県下関の春帆楼において清国の李鴻章らと講和会議が開始され、一八九五年四月一七日、下関条約が結ばれました。その主な内容は、①朝鮮の独立の確認（清朝との宗属関係の破棄）、②遼東半島、台湾、澎湖島の割譲、③賠償金（銀二億両）の支払い、④片務的最恵国待遇の付与、⑤重慶、蘇州、杭州などの開港、⑥開港場、開市場における日本人の企業経営権の承認などでした。なお、翌一八九六年に、下関条約に基づいて締結された日清通商航海条約によって、日本は領事裁判権、協定関税、片務的最恵国待遇の点で欧米列強と同等の地位を中国において獲得することになりました。

　講和条約調印後の一八九五年四月二三日、ロシア、ドイツ、フランス三国によるいわゆる三国干渉が起きました。三国の公使は日本政府に対して、旅順・大連のある遼東半島の領有は中国の安全、朝鮮の独立、極東の平和にとって障害となるという申し入れを行い、同時に下関条約批准書交換の予定地である煙台（山東半島東部の威海衛の西隣りの港湾都市）に軍艦を集結して武力示威を行いました。日本政府は結局、これを受け入れざるを得ず、あらためて同年一一月八日に北京で還付条約を結び、銀三〇〇〇万両の報償金と引き換えに遼東半島を返還しました。その結果、日本が海外に領有した最初の植民地は台湾と澎湖島となりました。

列強による中国利権獲得競争

　日清戦争の結果、清国が敗北した相手はこれまでのようなヨーロッパ諸国ではなく、同じ東アジアの小国日本でした。これは清国の弱体ぶりをあらためて世界に示すことになりました。その結果、アヘン戦争以来、動揺し続けていた清国の朝貢体制は決定的に崩壊しました。それまで周辺の朝貢国を標的としていたヨーロッパ列強の矛先は、再び中国そのものに向けられ、帝国主義的列強の中国分割競争が展開されることになりました。

その帝国主義的列強の中国分割競争は、①租借地（中国の主権の及ばない外国の領土）の獲得や勢力範囲の設定、②鉄道敷設権・鉱山資源採掘権・関税特権など各種の利権の獲得、③各種の資本投下などの形をとって進められました。列強はこれらの手段を総合化して、広い中国をそれぞれの租借地を根拠地にして分割し、鉄道を敷き、鉱山資源を開発して、その地域の不割譲を中国に約束させる形で勢力範囲を設定・拡大していきました。

たとえば、ロシアは露清秘密同盟条約（一八九六年六月）に基づいて東清鉄道の敷設権と経営権を得ました。一八九八年三月にドイツは、ドイツ人宣教師殺害事件を契機に結んだ膠州《こうしゅう》湾《わん》租借に関する条約によって膠州湾を九九年の期限付きで租借しました。また、ロシアが旅順、大連を二五年の期限付きで租借すると、それに対抗してイギリスも威海衛を租借しました。

フランスは広州湾を租借しましたが、それに対抗してイギリスは一八九八年六月、香港地域拡張に関する条約を結び、新たに九龍半島（新界）と周辺諸島を九九年の期限付きで租借しました。すでに述べましたようにイギリスはアヘン戦争で香港島を、ついで第二次アヘン戦争で九龍を割譲させていましたが、ここに九龍半島（新界）と周辺諸島を租借することにより、イギリス領香港植民地は完成しました。

鉄道については、ドイツは膠済線《こうさいせん》、イギリスは滬寧線《ぐねいせん》、広九線など、フランスは滇越線《てんえつせん》、べルギー銀行団は京漢線と、それぞれの敷設権を獲得しました。その上で、列強は自国の勢力圏内では他国に権益を譲渡しないことを清国に承認させました。

　こうした列強の動きに対して、アメリカは少し出遅れましたが、一八九八年の米西戦争に勝ってスペインからフィリピンの領有権を獲得すると、一八九九年九月に国務長官ジョン・ヘイがいわゆる門戸開放宣言を発して「機会均等」を唱えました。それはアメリカも中国にも出ていくので、その機会は均等に開放されるべきであるとヨーロッパ諸国や日本を牽制し、アメリカも粤漢線《えつかんせん》を手に入れました。まさに世紀の変わり目に欧米日列強の弱肉強食の帝国主義的な清国分割が始まり、中国の半植民地化が進んでいきました。

清国の改革と失敗

　清仏・日清両戦争での敗北は、洋務運動でのヨーロッパ技術の導入という表面的改革が無力であったことを示しました。そこで、康有為《こうゆうい》が中心となって、明治維新を行った日本にならって立憲君主制を樹立し、清国の伝統的体制を根本から変革しようとする変法（改革）運動が説かれました。

　一八九八年六月、光緒帝《こうしょてい》（在位：一八七五～一九〇八年）は康有為、梁啓超《りょうけいちょう》、譚嗣同《たんしどう》らを登用し、「国是の詔」によって、清朝中央の変法（改革）を正式に開始しました。これを戊戌《ぼじゅつ》の変法《へんぽう》といいます。具体的には、科挙の改革とそれに代わるべく計画された近代的な学制の整備、新式陸軍の創設、訳書局・制度局の設置、議会制度の導入など、主に明治日本に範をとった改革案が上奏され、光緒帝は、次から次へと改革の上諭を下しました。しかし中央と、地方の大官たちは傍観しているだけで、変法の上諭はほとんど実践されませんでした。

一八九八年九月、西太后は、袁世凱《えんせいがい》を使ってクーデター（戊戌の政変と言います）を起こして、皇帝側の動きを封じ込め、以後西太后が摂政となり保守的・排外的な政治が進められました。

義和団事件（北清事変）

清国の植民地化が進み、生活が破壊された民衆の中に排外運動が広がりました。北京条約でキリスト教の布教が公認されたため、各地でキリスト教徒との間に紛争が続発して、反キリスト教運動が起こりました。一八九九年、反西洋・反キリスト教を掲げる義和団は、「扶《ふ》清《しん》滅《めつ》洋《よう》」（清を扶《たす》け洋を滅すべし）をスローガンに掲げて外国人を攻撃しつつ、山東省から押し出し、直隷《ちょくれい》省（現在の河北省と北京）へと展開し、外国人、中国人キリスト教信者、舶来物を扱う商店、はては鉄道・電線に至るまで攻撃対象とし、次々と襲っていきました。これが義和団事件でした（北清事変とも言いました）。欧米列強は中国に軍隊を派遣し義和団掃討作戦を開始しました。一九〇〇年六月一七日、西太后は、ついにこの反乱を支持し、欧米列国に宣戦布告しました。

義和団鎮圧のために軍を派遣した列強はイギリス、アメリカ、ロシア、フランス、ドイツ、オーストリア、イタリア、日本の八ヶ国でした。欧米日列国軍は、総司令官にはイギリス人のアルフレッド・ガスリーが就任し、総勢約二万人弱の混成軍でした。日本軍は最大兵員数、陸軍大臣桂太郎の命の下、第五師団八〇〇〇人を派兵しました。結局、義和団の乱は列国軍によって鎮圧され、西太后に動員された北京周辺の清国の軍隊はほとんど壊滅しました。こうして、宣戦布告後二ヶ月も経たないうちに欧米日列強国軍は首都北京及び紫禁城を制圧しました。

北京議定書の締結

一九〇一年、清国にとって屈辱的な北京議定書が結ばれ、中国の半植民地化が決定的となりました。北京議定書では、①四億五〇〇〇万両の賠償金の支払い、②首謀者の処罰、③外国軍隊の北京駐在、④北京周辺の防備撤廃などが取り決められました。

この北京議定書で定められた賠償金四億五〇〇〇万両（利払いを含めると八億五〇〇〇万両になります）という額は、年間予算一億両足らずであった当時の清国にはまさに天文学的な要求でした。さらにその賠償金の支払い源も関税など確実な収入を得られるものを差し押さえる形で規定されていました。その後清国はこの支払いを履行しましたが、莫大な拠出はその後、民衆への税の増額という形で負担がのしかかり、さらに困窮にあえぐこととなり、清国への不満が高まりました。

さらに北京議定書では、「清国は、列国の海岸から北京までの自由交通を阻害しないために、列国が同間の各地点を占領する権利を認める。その地点は、黄村・楊村・郎房・天津・軍糧城・塘沽・盧台・唐山・灤州・昌黎・秦皇島及び山海関とする」という規定があり、公使館周辺区域の警察権を列国に引き渡したり、海岸から北京までの諸拠点に列国の駐兵権を認めたりすることは、清国領域内でその国権が否定され、列国が統治する地域が生ずることに他なりませんでした。

たとえば、日中戦争の端緒となった盧溝橋《ろこうきょう》事件《じけん》において「なぜ日本が中国の領域深くまで当然のように兵を置いていたのか」と言いますと、北京議定書に基づく権利の行使により、日本を含む八ヶ国の列強が各地に駐兵していたのです。

この義和団事件の結果、中国の半植民地化は決定的となりました。

《二》　欧米列強の仲間入りした日本

ペリー来航と日本開国

一八世紀末から一九世紀初めにかけてのヨーロッパはフランス革命とナポレオン戦争で戦争に明け暮れていました。また、産業革命の最中で武器も量産されるようになってきて、ヨーロッパの戦争技術は格段と高まり、世界の他の地域を圧倒するようになってきていました。一九世紀はヨーロッパが進出した南北アメリカも、アフリカも、アジアも戦争の時代で、ぼやぼやしていると、ヨーロッパ列強に難癖をつけられて、砲艦外交に訴えられました。戦争に敗北すると「城下の盟《ちか》い」としての条約を結び、賠償金を払わされ、領土を割譲させられましたが、当時の世界はこれが当然と考えられていました。

アヘン戦争（一八四〇〜四二年）に敗れた清国の南京条約がその典型でした。さらに厳しい場合には、条約さえ結ぶことなく、国家の主権の三権（立法・司法・行政）をすべて失い、植民地とされました。アフリカ、中東、インド、東南アジアへとヨーロッパ列強の植民地化の波はそこまでやってきていました。

次は日本の番でした。幕末開国については、徳川幕府が無能無策であった、ペリーの強力な軍事的圧力があった、したがって日米和親条約は極端に不平等な条約になったと、言われていますが、これは幕府を倒して成立した明治政権下で故意に強調されたことで、実際のところ、幕府は国際経験がないわりには（清朝の外交などと比べると）最大限の努力をしていたと考えられます。

一八五三年七月八日、浦賀沖に四隻のペリー艦隊が現れたとき、幕府はペリー来航から六日目に久里浜の仮設応接場にペリー一行を上陸させ、アメリカ大統領国書を受理しました。ペリーは、来航の目的を簡単に述べただけで、大統領国書への即答を幕府には要求せず、わずか九日間で去っていきました。一ヶ月以上の食料を有していなかったため、交渉が長引けば困ると考え、ペリーは早々に出直したので（あとでペリーの日記でわかったことです）、砲艦外交など考えてもいませんでした。ペリーは、離日以降、中国沿海の各港や琉球、小笠原などにいて、補給をはたし（アメリカへは帰っていません）、七ヶ月後の一八五四年二月に二度目の来日をしました。

日米和親条約と日米修好通商条約

今度の交渉の場は横浜村に建てられた仮設の応接場でした。ペリーはアメリカ条約草案と清国と結んだ望厦条約を参考に提出しました。望厦条約は、イギリスが清国とアヘン戦争の結果として結んだ南京条約を参考としてアメリカが最恵国待遇を主張して得た条約でした。したがって平和・親睦・通商の三つを含んでいましたが、清国がイギリスに南京条約で認めた内容とほぼ同じで、関税自主権の喪失、治外法権などを定めた不平等条約でした。

一八五四年三月に日米和親条約がまとまりました。全一二条の条約のうち、主な内容は①下田・箱館の開港、②海難事故の救助経費を双方が負担、③漂流民と渡米人民の（人道的）取り扱い、④アメリカ人は日本の「正直な法度には服従する」、⑤一八ヶ月以降、アメリカの領事または代理人の駐在を許可する、というものでした。

この条項に従って、一八五六年、ハリス総領事が来日、交渉のすえ一八五八年に日米修好通商条約が締結され、横浜など五港の開港が取り決められました。

交渉条約と敗戦条約

日本開国は、戦争などによる条約ではなく、日米和親条約もそれに基づく日米修好通商条約も交渉条約で、国際法の最恵国待遇により、他の列強とも条約を結びましたが、その内容は「同等以下（同等に扱う）」でした。日米和親条約に対してはオランダとロシアが要求、日米修好通商条約に対してはオランダ、ロシア、イギリス、フランスが要求し、幕府は計五ヶ国と通商条約を締結しました。両条約は明治維新政府にそのまま継承され、条約改正まで続きました。

一九世紀に日本と同じような立場にあって開国した清国は、交渉条約でなく、前述しましたように、すべて敗戦条約でした。交渉条約は、双方の議論の結果であるのに対して、敗戦条約は勝者が敗者に力ずくで押しつけるものでした。敗戦条約には「懲罰」として賠償金支払い義務と領土割譲が伴うと同時に、有形無形の圧迫が伴いました。賠償金支払いは富が流出し、財政赤字を招来するものでした。領土割譲は政治的な怨念を生むもので、必ず後世での報復が待ち受けているものでした。

清国は、アヘン戦争の敗戦による南京条約（一八四二年）、第二次アヘン戦争（アロー戦争）の天津条約（一八五八年）と北京条約（一八六〇年）、清仏戦争の天津条約（一八八五年）、日清戦争の下関条約（一八九五年）、そして北清事変の義和団議定書（一九〇一年）とすべて敗戦条約が続きました。そのつど、懲罰としての賠償金と領土割譲が伴いました。

しかも、これは一ヶ国との条約だけではなく、以下右にならえと欧米列強四～五ヶ国との条約が結ばれ、国力が衰退してしまいました。その結果、前述しましたように清国は一九世紀後半から二〇世紀初めまでに、欧米日の植民地主義・帝国主義の犠牲者となり、半植民地化されたのでした。

比較的順調に船出した日本

それに対し、日本は、清国の失敗をよく観察できたことが幸運でした（このように国際環境の変化を機敏に感じ取り、歴史から学び周辺諸国、世界諸国から学び取ることがいかに重要であるかがわかります。グローバル化した現代ではなおさらです）。

このペリー来航時の開国が平和裡に進んだこと、つまり、幕府の当局者がきわめて順当な対応をしたことは、もっと評価されてもよいと考えられます。出だしにつまずくと、以後、悪循環におわれ、結局、植民地にされてしまうというのが、当時の世界の歴史でした。

日本は、改革・開放、つまり、明治維新に踏み切ると、「創造と摸倣・伝播の法則」（創造されたことが便利であるとわかれば、それが模倣され社会に伝播するという人類社会を進化させた共通の法則。『自然の叡智　人類の叡智』〈巻末参照〉に記しています）通り、日本は他のアジア諸国より徹底してあらゆる方法で先進国から新知識・新技術の導入を積極的に行ったことが短期間で欧米列強に追いついた理由でした（しかし、このため欧米の植民地主義・帝国主義も一緒に取り入れることになりました）。

留学生は、すでに幕末期から薩摩・長州などの下級武士がイギリス、オランダ、アメリカなどへ密航していました。伊藤博文、井上聞多《もんた》、新島襄などでした。

政府の海外使節団も、知識を世界に求め、外国での見聞を有効に使いました。幕府の最初の海外使節の派遣は、一八六〇年、日米修好通商条約の批准書を交換するために、太平洋をわたった遣米使節（咸臨丸）でした。六二年には遣欧使節も出されました。一八六七年のパリ万国博覧会に将軍の名代として出席した慶喜の弟・徳川昭武の随員として訪欧した渋沢栄一などは、ヨーロッパ各地で先進的な産業・諸制度を広く見聞しました（渋沢は産業・経済人として日本の初期資本主義の諸制度の確立に尽力しました）。

明治になってからの最大の海外使節は、岩倉使節団で、一八七一年一一月に出発し、七三年九月まで、アメリカ合衆国、ヨーロッパ諸国を視察しました。岩倉具視を正使とし、政府のトップや留学生を含む総勢一〇七人で構成されていました。その成果は『米欧回覧実記』に事細かく記されていますように（きわめて現実的、実務的に）、これには大久保利通など、発足したばかりの明治政府の要人がほとんど参加しており、百聞は一見にしかずの通り、当時の欧米の実態を見聞し、その後の明治政府の方向づけをすることになりました。

明治政府の改革

明治政府は、一八六八年三月に五箇条の御誓文によって新しい政治方針を示し、欧米列強の軍事的・経済的圧力に対抗するために、天皇を中心とした中央集権国家の構築を目指しました。新政府は、一八六九年には各藩に版籍奉還を命令し、一八七一年には、廃藩置県を行いました。

一八七三年に地租改正によって従来の米年貢を廃止し、金納地租に代えて財政基盤を整えました。国民には、江戸時代までの士農工商の身分制度を撤廃、四民平等とし、日本全国の行き来の自由を認め、職業の選択の自由など様々なことを短期間で改革していきました。

また、富国強兵を国の重要政策とし、郵便制度の整備、鉄道の敷設、輸出産業の育成（一例が富岡製糸場）を行い（殖産興業）、一八七三年に徴兵制を実施しました。

明治政府は短期間にきわめて多くの困難な改革をぶれることなく実施しました。それにはお雇い外国人の適切な指導がありました。

お雇い外国人、留学生、海外使節団

明治政府は、前述しましたように「創造と摸倣・伝播の法則」の通り、欧米先進国から組織的に新知識・新技術の導入を行いました。各種の技術指導のため、政府や民間が雇った外国人、「お雇い外国人」が、日本の近代化に大きく貢献しました。清国のような中華思想・大国意識が日本にはなく、優れたもの、役に立つものはすなおに取り入れようとする日本人の性格が中国と日本のその後に差をつけたようです。

お雇い外国人の分野は、政治、法制、産業、財政、教育、文化、技術、医学など多岐にわたりました。明治初年から二二年までの統計によりますと、総数が二二九九人、国籍別ではイギリスが筆頭で九二八人、ついでアメリカ、フランス、中国、ドイツの順でした。分野別では、工部省（明治三〜一八年）が七四九人と最多でした。都市インフラ関連の事業が多く、鉄道、船舶、工作技術、電信、灯台などの設計、建設、運用などに就きました。いずれのお雇い外国人に対しても、日本の方も、当時としては最高の俸給を出しましたが、彼ら外国人は「ヤング・ジャパン」を支援する意志に燃えた一流人でした。日本人は欧米「外国人」の指導を謙虚に受け入れましたので（模倣しましたので）、比較的短期間で、前述しましたような改革・開放に成功しました。

征韓論

一八七三年九月に岩倉使節団が帰国したら、国内では征韓論が起こっていました。

朝鮮は江戸時代に鎖国政策をとっていた徳川幕府にとって数少ない交流のある国でした。日本で明治維新が成り、日本は対馬藩を介して朝鮮に対して新政府発足の通告と国交を望む交渉を行おうとしましたが、日本の外交文書が江戸時代の形式と異なることを理由に朝鮮側に拒否されました（このころ清国も朝鮮も鎖国状態にありました）。一八七三年になってからは朝鮮では排日の風がますます強まり、四〜五月には、釜山において官憲の先導によるボイコットなども行われました。ここに、日本国内において征韓論が起きました。

一八七三年六月、閣議において参議である板垣退助は居留民保護を理由に派兵した上で交渉すべきであると主張しましたが、西郷隆盛はそれに反対して責任ある全権大使を派遣して交渉することを主張し（西郷は征韓論ではありませんでした）、西郷自らその使節に当たりたいと（犠牲になることも覚悟で）提議し、一八七三年八月に明治政府は西郷隆盛を使節として派遣することを閣議決定しました。

そこへ九月に岩倉使節団の岩倉具視・木戸孝允・大久保利通・伊藤博文等が帰ってきて、時期尚早（欧米を見てきた彼らは日本が早急にやるべきことが山積しており、今、外国と事を構える時期でないと考えていました）としてこれに反対しました。一〇月の閣議で西郷と大久保の論戦となりましたが、結局、西郷派遣を覆すことはできませんでした。

そこで岩倉具視が一計をめぐらして、明治天皇に閣議の結論と岩倉の意見を同時に上奏し、天皇が遣韓中止を決定されました（という形で決着をつけました）。その結果、西郷や板垣らの征韓派の辞職を受け、約六〇〇人もの官僚・軍人が明治政府を辞職しました（明治六年政変）。彼らは一八七四年の佐賀の乱を初めとする地方で士族の反乱の主導者となっていきました。

江華島事件と日朝修好条規

征韓論がしりぞけられた後も、明治政府は朝鮮との近代的な国交を開こうと交渉しましたが、朝鮮は宗主国の清国との冊封体制を盾に応じようとしませんでした。

一八七五年九月二〇日に朝鮮の首府漢城（現在のソウル）の北西岸、漢江の河口に位置する江華島付近で、朝鮮西岸海域を測量中（示威運動）の日本の軍艦雲揚号が、江華島、永宗島砲台から砲撃を受けました。日本軍の行動は明らかに挑発でした。

朝鮮からの砲撃の翌日、今度は日本側が艦砲射撃を行った上で、陸戦隊と海兵隊を上陸させて第二砲台に放火し、三日目には第一砲台にも放火し、朝鮮側の三五人を殺害しました。一方日本側の死傷者は雲揚の二人でした。これが江華島事件でした。

この事件が朝鮮政府に与えた衝撃は大きく、翌一八七六年に日朝修好条規（江華島条約）が締結されました。この条約では朝鮮が清国の冊封から独立した国家主権を持つ独立国であることを明記しましたが、片務的領事裁判権の設定や関税自主権の喪失といった不平等条約的条項を日本が朝鮮に押し付けていました。やはり、武力で威嚇して条約を結ばせた（朝鮮にとって）敗戦条約の第一号でした。

その後朝鮮は似たような内容の条約を他の西洋諸国（アメリカ、イギリス、ドイツ、帝政ロシア、フランス）とも締結することとなりました。

明治政府の富国強兵策と殖産興業

明治政府の教育制度の大幅な拡充によって、日本の識字率は比類のない高さになりました。イギリス海軍から専門家を招いて助言を求め、近代的な艦隊の創設が始まり、プロイセンの参謀将校が陸軍の近代化を手助けしました。近代的な兵器が輸入されると同時に、国内の軍需産業の育成も行われました。

国が先に立って鉄道網、電信、海運業の創設に努力しました。近代的な銀行制度も発達しました。国が台頭しつつあった企業家と力を合わせて鉄、鋼鉄、造船などの重工業を育て、繊維産業の近代化の後押しをしました。これを殖産興業と言いました。

政府の補助金は、輸出を奨励し、海運業を振興し、新たな工業を作りあげるために使われました。日本の輸出、とくに絹および繊維製品の輸出は急激に伸びました。こうした殖産興業政策には、富国強兵という目標を達成しようとする強い日本政府の政治的意志がありました。このように日本は、官営工場の経営など政府の強力な後押しによって、一九世紀末までに軽工業部門の産業革命が達成され、資本主義が発達しました。

しかし、日本の資本主義には、次のような問題点がありました。

①市民層の成長や資本の蓄積が不十分でした。

②官営工場の民間払い下げは、政府と大商人との結合を招き、早くから財閥が形成されました。

③農村から徴収した地租を工業の育成にのみ投資したため、農村の近代化は遅れ、多くの人口を抱える農村の貧困は、国内市場を狭くしました。さらに発展するためには海外市場を求めなければなりませんでした。

明治政府の強力な富国強兵策と殖産興業策によって、一九世紀末から二〇世紀初めにかけて、経済的にはアジアでは唯一、帝国主義の時代に産業革命（工業化）を行いましたが、イギリス、アメリカ、ドイツと比べれば工業面でも財政面でも見劣りは免れませんでした。また、第一次世界大戦の直前でさえ、日本人の六割は農林漁業に従事しており、日本の潜在的な工業力や一人当たりの工業化水準は欧米列強の最下位かそれに近いままでした。

欧米列強の仲間入りを果たした日本

一八九四年六月以降、日清両国の軍隊が朝鮮に出兵し、そのまま日清戦争になり、日本が清朝に勝利し、下関条約が結ばれたことは中国の歴史で述べましたのでここでは省略します。

その下関条約で、日本は台湾、澎湖諸島とともに賠償金三億テール（三億一〇〇〇万円）を得ました。この賠償金額は、明治政府の歳入の四年分を上回る莫大なものでした。清国の財政規模もほぼ同じでしたから、清国は四年分以上の税収を失ったことを意味していました。この賠償金や領土割譲は大きく、このとき日本には戦争は勝てば大儲けになるという意識が芽生えたようです。

日本はこの巨額の賠償金をロンドンの銀行に預けて運用し、超大国イギリスと国際金融資本の歓心を買い、また金本位制への移行を果たすことができました。また、この賠償金により、八幡製鉄所の造営（一九〇一年開設）や綿工業を中心とする産業革命の立ち上げができました。とくに増強される陸軍の装備に大量の綿布を使ったからです。そればかりではなく、小学校の用地・校舎の建設費の補助、その後の教育の普及にも使いました。

いずれにしても、遅れてきた植民地主義国（帝国主義国）・日本も、幕末の条約締結から四〇年後に、清国に対する戦争条約によって、初めての植民地を獲得し、欧米列強の仲間入りを果たしました。

ロシアの極東での南下政策

日本がロシアなどの三国干渉によって遼東半島を清国に返還させられた後、ロシアは露清密約を結び、日本が手放した遼東半島の南端に位置する旅順・大連を一八九八年に租借し、旅順に太平洋艦隊の基地を造るなど、満洲への進出を押し進めていきました。そこで日本では、ロシアに対する安全保障上、朝鮮半島を自国の勢力下におく必要があるとの意見が大勢を占めてきました。

一九〇〇年にロシアは清国で発生した義和団の乱（義和団事件）の混乱収拾のため満洲へ侵攻し、全土を占領下に置きました。そしてロシアは満洲の植民地化を既定事実化しようとしましたが、日英米がこれに抗議しロシアは撤兵を約束しました。ところがロシアは履行期限を過ぎても撤退を行わず駐留軍の増強を図りました。

当時、イギリスはアフリカでのボーア戦争（一八九九〜一九〇二年）に手こずって国力を低下させ、アジアに大きな軍事力を注げない状況にあり、ロシアの極東での南下が自国の権益と衝突すると危機感を募らせていました。そこでイギリスは、一九〇二年に長年守ってきた孤立政策（栄光ある孤立）を捨て、日本との同盟に踏み切りました（日英同盟）。

このころ満洲を勢力下においたロシアは、朝鮮半島に持つ利権を手がかりに朝鮮半島でも南下政策を取りつつありました。ロシアは朝鮮の皇帝・高宗を通じ売り払われた鍾城《ちょんそん》（現在の北朝鮮・咸鏡《かんきょう》北道の北部の郡）の鉱山採掘権や朝鮮北部の森林伐採権、関税権などの国家基盤を取得し朝鮮半島での影響力を増しつつあり、日本はロシアの進める南下政策に危機感をつのらせました。

日本の満韓交換論とロシアの主戦論

一九〇三年八月からの日露交渉において、日本側は朝鮮半島を日本、満洲をロシアの支配下に置くという妥協案、いわゆる満韓交換論をロシア側へ提案しました。しかし、積極的な主戦論を主張していたロシア海軍や関東州総督のエヴゲーニイ・アレクセーエフら、さらにニコライ二世やアレクセイ・クロパトキン陸軍大臣も日本を恐れる理由は何もなく主戦論に同調しました。

当時、ロシアは常備兵力で日本の約一五倍、国家予算規模で日本の約八倍という世界的な超大国であり、日本側は圧倒的に不利な状況で、常識的に考えればロシアが日本との戦争を恐れることはありませんでした。そこで、ロシアは日本側への返答として、朝鮮半島の北緯三九度以北を中立地帯とし、軍事目的での利用を禁ずるという提案を行ってきました。

日本側では、この提案ではいずれ朝鮮半島が事実上ロシアの支配下となり、日本の独立も危機的な状況になりかねないと判断しました。またシベリア鉄道が全線開通すると（東清鉄道を使ったシベリア鉄道の開通は一九〇三年）、ヨーロッパに配備されているロシア軍の極東方面への派遣が容易となるので、その前の対露開戦へと国論が傾きました。そして一九〇四年二月六日、日本の外務大臣小村寿太郎は当時のロシアのローゼン公使を外務省に呼び、国交断絶を言い渡しました。南アジア（インド）および清国に権益を持つイギリスは、日英同盟に基づき日本への軍事、経済的支援を行いました。

日露戦争

日露戦争は、一九〇四年二月八日、旅順港にいたロシア旅順艦隊に対する日本海軍駆逐艦の奇襲攻撃に始まり、二月一〇日には日本政府からロシア政府への宣戦布告がなされました。日露戦争については省略しますが、旅順港閉塞作戦、乃木《のぎ》希典《まれすけ》大将率いる第三軍の二〇三高地要塞攻撃、旅順湾内のロシア艦隊の壊滅、一九〇五年五月二七日の日本海海戦でのバルチック艦隊の全滅と続き、世界のマスコミの予想に反する日本軍の勝利は列強諸国を驚愕させ、ロシアの脅威に怯える国々を熱狂させました。この結果、日本側の制海権が確定し、ロシア側も和平に向けて動き出しました。日本軍は和平交渉の進むなか七月に樺太攻略作戦を実施し、全島を占領しました。この占領が後の講和条約で南樺太の日本への割譲をもたらすこととなりました。

これまで日本軍は終始優勢を保っていましたが、これ以上の戦争継続は国力の面で限界でしたので、アメリカに講和の仲介を依頼しました。

ポーツマス条約は、アメリカ大統領セオドア・ルーズベルトの斡旋によって、ニューハンプシャー州ポーツマス近郊のポーツマス海軍造船所において、一九〇五年九月五日、日本全権小村寿太郎（外務大臣）とロシア全権セルゲイ・ウィッテの間で調印されました。

その内容は、①日本の朝鮮半島における優越権を認める、②日露両国の軍隊は、鉄道警備隊を除いて満州から撤退する、③ロシアは樺太の北緯五〇度以南の領土を永久に日本へ譲渡する、

④ロシアは東清鉄道のうち、旅順—長春間の南満洲支線と、付属地の炭鉱の租借権を日本へ譲渡する、⑤ロシアは関東州（旅順・大連を含む遼東半島南端部）の租借権を日本へ譲渡する、⑥ロシアは沿海州沿岸の漁業権を日本人に与える。

日露戦争は世界史的にみて、世界の注目するところとなりました。日本はロシア帝国の南下を抑えることに成功し、加えて戦後に日露協約が成立したことで、相互の勢力圏を確定することができました。こうして日本はロシアの脅威から逃れ安全保障を達成し、さらに朝鮮半島の権益を確保できた上、南樺太を割譲させ、新たに東清鉄道の一部である南満洲鉄道の獲得など満洲における権益を得ることとなりました。またロシアに勝利したことは、欧米列強諸国の日本に対する評価を高め、明治維新以来の課題であった不平等条約改正の達成に大きく寄与しました。

朝鮮併合

その後、日本は当時の軍事力を背景とした露骨な帝国主義的手法で朝鮮を併合してしまいました。

まず、日露戦争が勃発する前に、一九〇四年一月二一日、韓国政府は日露交戦の折には戦時局外中立をとると宣言し、清国をはじめイギリス、フランス、ドイツなどがこれを承認しました。しかし、日本政府は二月八日に韓国の戦時局外中立宣言を無視する形で、日本軍を仁川へ上陸させ、漢城へ進駐し、一九〇四年八月二二日、（第一次）日韓協約を締結させました。その後、日露戦争の講和条約であるポーツマス条約により韓国に対する優越権をロシアから承認され、日本は一九〇五年一一月、第二次日韓協約を締結させました。

　一九〇七年七月二四日にさらに韓国統監の権限強化をうたった第三次日韓協約を締結させ、この協約によって、韓国は外交権に加えて内政権も日本に接収されることとなりました。

　一九〇九年一〇月二六日、伊藤博文はロシアとの会談を行うため渡満し、ハルピンに到着した際、大韓帝国の独立運動家・安重根（アン・ジュングン）に暗殺されました。これで韓国併合の流れは決定的なものとなりました。

　日本政府は韓日合邦を掲げる韓国一進会や日韓併合派の李完用とともに交渉を進め、一九一〇年八月二二日、日本の軍隊が王宮を取り囲み、反対派を威圧するという厳戒状態のなかで寺内正毅統監と李完用首相が日韓併合条約（正式名：韓国併合に関する条約）を調印し、二九日に裁可公布して発効しました。

　その第一条では、「韓国皇帝陛下は韓国全部に関する一切の統治権を完全かつ永久に日本国皇帝陛下に譲与す」とあり、第二条で、「日本国皇帝陛下は前条に掲げたる譲与を受諾し且韓国を日本帝国に併合することを承諾す」と受けていました。日本はこの条約に基づき韓国を併合しました。ここに韓国は日本の植民地になったというより、韓国という国は消滅し、日本国の一部となりました。これにより、五一八年に及ぶ朝鮮王朝は滅亡しました。大韓帝国の皇帝は、日本において一九一〇年の詔勅により、昌徳宮李王に遇されました。

　欧米列強が植民地主義、帝国主義をとっていた時代だとはいえ、近代になって、これほど露骨に独立国を消滅させ（部分的割譲の例はありましたが）、後に行ったように改名、日本語教育を含めて朝鮮人消滅まではかった例は歴史上、前例がありません。日本の歴史に大きな汚点を残すことになりました。

　これが逆の立場であったならと考えれば（たとえば、日本人が日本語を禁止され、名前を改めさせられ、一七〇〇年の歴史を持つ日本皇室が李朝王室の下の一貴族にされて廃止されるなど）、その意味が日本人として人類としていかに重大であるか、わかるというもので、そこに日本の弁明の余地はありません。

《三》　隔絶した大国に発展した民主国家アメリカ

人類の進歩は「創造と模倣・伝播の法則」にあった

『自然の叡智　人類の叡智』では、二五〇万年前にホモ・ハビリスが石器を発明し、それが便利であるとわかると他の者もまねをして石器を作って使ってみる、それを見たまた他の者もやってみる、……、こうしてアフリカ社会に石器が広まり、やがて世界に分散したホモ・サピエンスが石器を持って出て世界に広げていった歴史を述べています。これが人類の歴史を動かした原動力の一つ「創造と模倣・伝播の法則」です。一万年前に始まった農業（西南アジアのコムギ作と長江中流域から始まったイナ作）も二大発祥地から伝播していきました。二五〇年前にイギリスで始まった産業革命も、イギリスからヨーロッパ、アメリカに伝播し、その後、日本、韓国、東南アジアに、そして改革開放後の中国に伝播し、現在、中東・アフリカに伝播しつつあります。このように農業にしても、工業にしても、文化にしても最初は「模倣」から始まっているのです（このように貿易摩擦というのはいつの時代にもあるのです。それを国際的ルールに従うようにさせることが必要で貿易戦争に訴えることではありません）。

摸倣から始まったアメリカの工業化

今日の世界で最も創造的な国家はアメリカであることは誰も異論はないでしょうが、一九世紀のアメリカはそうではありませんでした。「創造と模倣・伝播の法則」の通り、アメリカの産業技術はもっぱら産業革命後のイギリスの模倣から始まりました。

当時は国際的な特許制度による技術公開の仕組みがなかった時代でしたので（工業所有権の

保護に関するパリ条約が締結されたのは一八八三年でした）、一八世紀後半、イギリスは、産業革命によって築いた技術的な優位を保つため（産業技術が国力の源泉になることがわかり）、設計図の持ち出しや生産機械の輸出や、技術者の移民を禁止し、国内の技術情報が海外に出ていかないように厳しく統制しました。

一方、一八世紀後半のアメリカ北東部の農村では、当時イギリスで起こっていた産業革命期の繊維産業の様子を聞いて、たとえ小規模でもいいから機械を導入して毛糸や毛織物の生産量を増やそうとする気運が高まっていました。当時、アメリカ北部は労働力不足でした（南部は奴隷労働が行われていました）。

ここでも「創造と模倣・伝播の法則」が働いていて、イギリスの厳しい情報管理制度をくぐりぬけて、イギリスの繊維産業技術の情報を持ち出したのがサミュエル・スレーター（一七六八～一八三五年）でした。情報を持ち出すと言っても書類や設計図はすべて出国時に没収されるので、彼は、国外持ち出し禁止の設計図の詳細を頭の中にたたき込んで、決死の覚悟でアメリカに渡り、技術を流出させたのです。彼はイギリスからすれば重犯罪人（現在の言葉で言えば産業スパイ）でしたが、アメリカではのちに「アメリカ産業革命の父」と呼ばれるようになりました。

スレーターは、一七八九年の第一次移民団の中にいました。彼はアメリカのロードアイランドのポータケットに移り住み、一七九〇年にアークライト水車式紡績機を再製し、アメリカで最初の紡績工場を創業しました。ポータケット中心街の側にあるブラックストーン川のポータケット滝にスレーターが建設したスレーター工場があり、これはアメリカで初めて水力を使って完全に機械化した綿糸紡績工場となり、経営的に成功したものとなりました。

しかし、紡績工程だけではだめで、織布工程の機械化も必要で、これらが一貫したシステムになってはじめて効果が高まるものです。フランシス・ロウエル（一七七五～一八一七年）はハーバード大学出のインテリで、友人の紹介でイギリス産業革命の中心地であったグラスゴーとマンチェスターを訪れ、さまざまな繊維機械を見る機会を得ました。加えて、ラドクリフ・ジョンソン型ドレス縫製機の図面まで手に入れました（この旅行目的が産業スパイだったのではないかとイギリスで取りざたされましたが、真偽は定かではありません）。

ロウエルは、一八一二年、これらの図面と製造知識を持ってボストンへ帰国し、別途、イギリス型力織機の技術も習得しており、直ちにボストンの西方のウォルサムに綿布製造工場を建設しました。この会社はボストン製造会社と名づけられ、ウォルサム・ドレス機械、スレーター式紡績機の改良モデルなどを次々に発表しました。彼の後継者たちはこの会社を発展させ、ボストンの郊外イースト・チェムズフォームズに一大工業団地を建設しました（この地は後に創業者の名前に変えられ、現在ロウエル市と呼ばれています）。

続いてニューイングランドではロウエルによる紡績・織布一貫工場が建設され、一八二〇年代にはニューイングランド、マサチューセッツ、ペンシルベニア三州を中心に農村工業がいっせいに機械制生産を開始しました。

こうしてロードアイランド州のポータケットでもニューイングランドのロウエルでも「模倣」から始まった工業は、創造的な人材が育ち、多数の労働者を都市部に呼び込み、他にも製造業者が続き、繊維産業、鉄工などの工業の中心地に変わっていきました。機械制工場生産の導入によって北東部の農村工業は一八三〇年代に毛織物工業あるいは綿織物工業として他産業とともにアメリカ独自の産業革命による近代化の道を走りだすことになりました。

創意と工夫の国アメリカ

このようにアメリカはヨーロッパの模倣から工業を興しましたが、アメリカはいつまでも産業の模倣・伝播に頼っていたわけではありませんでした。経験から学び、「創意と工夫」する人材を育て、やがて新しい産業を生み出していくことになりました（模倣の次に創造力を持った人間を育てることがポイント）。

オリバー・エヴァンズ（一七五五〜一八一九年）は一七八五年、製粉水車に関するさまざまな発明の特許をとりました。それはベルト・コンベアまで含んでいて、後の大量生産の土台となるものでした。一八〇四年には、彼は蒸気機関による浚渫機《しゅんせつき》も作りました。

イーライ・ホイットニー（一七六五〜一八二五年）は、一七九三年に綿繰り機を発明し、作業能率を五〇倍も向上させ、綿花産業に革命をもたらし、アメリカ南部の綿花産業が有利になるきっかけを作りました。銃の国産化を目指すアメリカ軍は一七九五年にホイットニーに一万五〇〇〇丁あまりのマスケット銃の製造を依頼しました。そこで、ホイットニーは、部品ごとに専門化された単能工作機械を作るとともに、フランスのルブランが考案した限界ゲージを実用化し、公差が均一な製品を作れるようにして、互換性部品の大量生産を可能にしました。さらにホイットニーは一八一八年には銃器生産の過程で横フライス盤も発明しました。ここに互換性部品と単能機械による大量生産システムの考えが芽生えていました。

以下、アメリカ人の発明を挙げれば切りがありませんので省略しますが、このような発明家のきわめつけが、「発明王」トーマス・エジソン（一八四七〜一九三一年）でした。エジソンの主要な発明品を記すと、電気投票記録機（六八年）、電話機・蓄音機（七七年）、白熱電球（七九年）、発電機（八〇年）、改良型蓄音機（八八年）、覗き眼鏡式映写機キネトスコープ（八九年）、改良映写機ヴァイタスコープ（九六年）、トースター（一九一〇年）などがあります。

アメリカの発明は機械的な発明ばかりではありませんでした。今日のアメリカの代表的な食べ物も、多くがこの時代に出現しましたし、デパートメント・ストアや通信販売など、発明された生活文化用品を、いかにして大衆に売るか、その売り方もアメリカで発明されるようになりましたが、それらは省略します。

そして世界一の工業国家へ（アメリカの産業革命）

このアメリカ人の「創意と工夫」の精神は、アメリカを世界一の工業国へ押し上げることになりました（つまり、大量生産システムという社会の仕組みを創ったのです）。

一八七〇年頃から一九〇〇年までをとって、東部をみると、工業が急速に発展していました。この間のアメリカの発展は、基礎産業として急成長した鉄鋼業から、機械工業の発展、大量消費産業としての食肉産業、タバコ産業の拡大、またジョン・ロックフェラーが起こした石油産業の台頭、そしてやや遅れて電機、さらには化学産業の発展へと、自動車、飛行機と次々に新しい産業部門が拡大していく、きわめてダイナミックな発展の時期を迎えました（大きな国内需要が高度経済成長を加速させました。一五〇年前のアメリカがそうでしたが、改革開放後の中国がいったんテイクオフしますと、一四億人の国内需要は欧米先進国一〇億人を超えるもので、これが中国高度経済成長の最大の理由です）。

一八九〇年代、アメリカの工業製品輸出額はアメリカ輸出品全体において過半を占める規模となりました。ただ、それでもアメリカ産業は実際のところ、豊かで広い国内市場が高い成長を続けており、対外輸出が国民総生産に占める割合は、一九〇〇年時点でも七％前後でした。

実はアメリカは一九世紀の終わりの三〇年間で世界のＧＤＰのトップになっていたのです。このころヨーロッパではイギリスをドイツが追い越すのではないのか、それは覇権国家の交代になるのではないかとか、騒がれていましたが、アメリカはそのようなものとは関係なく、あっさりと英独を追い越していたのです（表一参照）。

アメリカ政府が産業補助金を出したわけでも、軍事技術開発補助金を出したわけでもありません。旺盛な国内マーケットの拡大と「創意と工夫」で新産業を創り続けていたのです。当時のアメリカ政府そのものが戦争や軍備に無縁で、アメリカ政府の国防費は現在の日本と同じようにＧＤＰの一％より少なかったのです。第一次世界大戦に参戦する時にも、これから軍備を準備し、兵隊を募って訓練すると言うほどのんびりしていました（第二次世界大戦に参戦する時もそうでした）。

アメリカの軍事意識が変わったのは第二次世界大戦後で言ってみれば、いつの間にか世界の圧倒的な覇権国家になっていた、それなら世界を支配しようとなったのです。

別格の資本主義国に発展したアメリカは、表一のように、一九一四年の国民所得において絶対額でも一人当たりの額でも群を抜いていました。一九一四年時点の石炭、石油、銅、銑鉄、鉄鋼などほとんどすべての統計をみても、アメリカの産出高も消費量も別格でした。たとえば、自動車は生産量でも保有量でも、残りの世界のすべてを合わせたよりも多い数でした（一九〇八年にT型フォードの量産が始まっていました）。

第一次世界大戦直前のロシアとアメリカの間には同じ大国であっても大きな違いがありました。ロシアはアメリカの一〇倍の第一線部隊を保有していました。一方、アメリカの鉄鋼生産はロシアの六倍、エネルギー消費量は一〇倍、工業総生産高は四倍（一人当たりの生産性は六倍）に達していました。しかし、当時のヨーロッパ諸国の参謀本部の将校たちは、次の戦争は大量の現有部隊を投入しての短期決戦を予想していましたから、ロシアの方が強力な国家だと考えていたのです。

アメリカは経済的には確実に世界の大国の仲間入りをしていましたが、まだ政治的には大国システムのなかには組み込まれていませんでした。アメリカは大洋

	国民所得（10億ドル）	人口（100万人）	1人当たりの所得（ドル）
アメリカ	37	98	377
イギリス	11	45	244
フランス	6	39	153
日本	2	55	36
ドイツ	12	65	184
イタリア	4	37	108
ロシア	7	171	41
オーストリア-ハンガリー	3	52	57

表一　一九一四年における大国の国民所得、人口、一人当たり所得

によって他の大国から何千マイルも隔てられ、ほとんど取るに足りない陸軍しかなく、西半球に確立した支配権に満足していると見なされていて、アメリカを国際的な力関係の重要な要素とみなしてはいませんでした。

海外進出を始めたアメリカ帝国主義

一八九〇年代に入って、西部開拓時代の終焉によって、アメリカ人は更なるフロンティアを海外へ求め、「外に目を向けなければならない」という意識が起こってきました。

この時期、アメリカの海外進出に大きな影響を与えた人物がいました。アメリカの軍人で歴史学者でもあるアルフレッド・セイヤー・マハン（一八四〇～一九一四年）は、『海上権力史論』（一八九〇年刊）をあらわし、イギリス帝国の覇権の時代や、オランダ、スペイン、フランスの失敗などの歴史的事例を参考にしながらシーパワーの重要性を示しました。

マハンはシーパワーは生産、海運、植民地の連鎖とこれを保護するための海軍のそれぞれのバランスのとれた発展が海洋政策では求められるとし、「世界の諸処に植民地を獲得せよ。アメリカの貿易を擁護し、かつ外国に強圧を加えるために諸処に海軍根拠地を獲得し、これを発展させよ」との持論を持っていて、アメリカの帝国主義的発展に大きな影響を与えました。

一八九〇年以降、アメリカも露骨な帝国主義的海外進出を開始しました。

(第二次世界大戦後の二〇世紀後半からのアメリカはまさに、マハンの言葉通り、世界中に軍事基地を配置して、にらみを利かせています。結果論になりますが、二〇世紀は石油エネルギーの時代で、シーパワーの時代で、アメリカの時代でした。そして、現在、二一世紀の世界は太陽光エネルギーの時代に急転回する時代となりました。その意味でもシーパワーの時代は終わりつつあります。太陽エネルギーは世界中に注いでいます。すべての国が享受できます。すべての国が豊かになれる時代が来たということです。)

ハワイの併合

ハワイではカメハメハ一世(一七五八~一八一九年)が一八一〇年に全ハワイ諸島を統一し、以後、カメハメハ三代によって統治されていました。カメハメハ三世の治世の一八四〇年に憲法が制定され(日本の明治憲法より五〇年も早かったのです)、近代国家としての体裁が整い、名実ともに独立国家として認められていました。

そのハワイ王国で、一八九三年一月一六日、アメリカと関連の深いサトウキビを扱う業者らが親米的な政権を打ち立てるため、政権の転覆を計画しました。アメリカ海軍艦USSボストンが首謀者サンフォード・ドールを保護するためにホノルルに到着しました。ドールは女王リリウオカラニを幽閉状態にして、ハワイ臨時政府を打ち立て、王政の廃止を宣言しました。翌一八九四年七月四日、ドールは、ハワイ共和国の成立を宣言し、同国の最初で最後の大統領となりました。

一八九五年一月に王党派による最後の大規模な武力蜂起が起きましたが鎮圧され、一月一六日にはリリウオカラニも私邸から大量の武器が発見されたという理由で逮捕され、廃位されました。一八九八年八月一二日、時のアメリカ大統領ウィリアム・マッキンリーはハワイのアメリカ合衆国領への編入を宣言し、同日、イオラニ宮殿に星条旗が揚げられました。まったく、有無を言わせぬ帝国主義的な手法でアメリカはハワイ王国を併合してしまいました（日本の朝鮮併合と同じでした）。一九九三年一一月、アメリカ議会はハワイ併合に至る過程が違法だったと認め、公式に謝罪する両院合同決議をしました。

米西戦争と米比戦争

一八九八年二月一五日にキューバのハバナ湾で米海軍の戦艦メインが爆発、沈没し、二六〇人の乗員を失う事故が発生しました。当時、キューバでは、スペインからの独立戦争が起こっていました。アメリカのメディアは、スペイン人による卑劣なサボタージュが原因であったと主張しました。しかし、爆発の原因に関する証拠はなく、専門家の見解は現在も定まっていませんが、スペインが対米戦争に消極的であっただろうという点では一致しています。

しかし、メイン号の爆発は、アメリカ世論を戦争へとかりたて、一八九八年四月一九日にアメリカ議会はキューバの自由と独立を求める共同宣言を承認して、マッキンレー大統領はスペインに宣戦布告しました。

ところが戦争は意外なところから始まりました（アメリカはすべて計画済みでした）。一八九八年五月一日、香港を出港したアメリカ太平洋艦隊が、マニラ湾で七隻のスペイン艦隊を攻撃し、六時間でスペイン艦隊は旗艦を含む三隻が沈没、四隻が炎上するなど壊滅状態に陥りました。

引き続いて、アメリカ海軍は、キューバ、グアム島、プエルトリコを占領しました。このように米海軍の戦艦メインの原因不明の爆発事故を口実に、アメリカはあっという間に、当時、世界に展開していたスペイン海軍を一気に駆逐してしまいました。スペインは、太平洋艦隊、大西洋艦隊を失い、交戦状態は八月に停止しました。

スペインが交戦状態を停止したのに、アメリカは一八九八年八月一四日に、一万一〇〇〇人のアメリカ地上部隊をフィリピンに上陸させました。

当時、フィリピンは、スペインの植民地で、エミリオ・アギナルド（一八六九～一九六四年）たちは独立を求めてゲリラ戦を戦っていました。一時的に外国に退避していましたが、一八九八年四月、米西戦争が起こるとアギナルドたちはアメリカ軍の援助で帰国し、独立戦争を再開しました。フィリピンの革命軍は多くの戦闘においてアメリカ軍と共闘しました。

スペインとアメリカの形式上の和平条約は一八九八年一二月一〇日にパリで調印され（パリ条約）、一八九九年二月六日にアメリカ上院によって批准されました。これによって、アメリカは、キューバを保護国にし、プエルトリコを植民地にし、さらにスペインよりフィリピン、グアム島を獲得して植民地としました。

つまり、アメリカは、独立直前のアギナルドなどのフィリピンをスペインから買い取り（二〇〇〇万ドルで買収）、フィリピンの独立を認めないで、自国の植民地にしました。

一八九八年六月に独立を宣言して大統領となったアギナルドは、今度は独立を目指して反米武力闘争に踏みきりました。米比戦争は一九〇二年四月まで行われ、何千もの軍人、民間人の死傷者が生じました。結局、アメリカはフィリピンの独立を横取りして植民地にしてしまいました。

フィリピンがアメリカから独立したのは第二次世界大戦後となりました。こうしてアメリカは南北アメリカ大陸と太平洋からきわめて計画的にスペインの影響力を一掃し、ヨーロッパ列強と同じように植民地を求める帝国主義時代へと入っていきました。

門戸開放宣言と中国への進出

中国においては、ヨーロッパ列強と日本によって中国分割が進もうとしていたので、一八九九年に国務長官ジョン・ヘイは清国の門戸開放・機会平等・領土保全の三原則を提唱し、中国市場への進出を始めたことは中国の歴史で述べました。

一九〇〇年の北清事変（義和団の乱）に際し、重ねて中国の第二次門戸開放通牒を各国に送りました。北清事変に対する連合国としての出兵行動とあわせて、アメリカはこの二度の門戸開放通牒を通して、存在感を強め、遅ればせながら清国から粤漢線《えつかんせん》などの利権を獲得しました。こうして一九世紀末から二〇世紀初頭の時期にアメリカは、東アジアの国際関係において、もはや無視できない有力な帝国主義国家として登場してきました。

第二章　第二次世界大戦までの日米中

《一》国内統一ができない辛亥革命後の中国

中国の辛亥革命《しんがいかくめい》

一八九〇年代から、多くの知識人が武力革命によって清国を打倒し、フランスやアメリカのような共和制を確立していこうと唱えました。初期の革命思想の大部分は海外に居住する留学生や華僑青年によるもので、革命団体も海外で組織されました。

日露戦争後の一九〇五年、日本の東京で興中会・華興会・光復会などが孫文（一八六六〜一九二五年）のもとに団結して中国同盟会を結成しました。

孫文の革命思想の根幹をなすものが、①民族主義（漢民族の独立を目指す）、②民権主義（民主共和制を目標とする）、③民生主義（民衆の生活の安定をはかる）の三民主義でした。

中国でも外国資本の導入によって軽工業が発達しました。とくに紡績業が発達して民族資本も成長しました。外国勢力や清国支配に反抗して利権回復も起こり、民族資本家や華僑の多くは、各地の革命運動を経済的に援助しました。

一九一一年、清国政府は財政確保のため、幹線鉄道を国有化し、これを担保に外国資本を導入しようとしました。外国利権の回収は、当時の革命運動の主張の一つでしたから、各地で反対運動が起こり、四川省では暴動となりました。清国は暴動鎮圧のために新軍（清国が日清戦争後に作った西洋式陸軍）を出動させましたが、革命派の多かった武昌《ぶしょう》（現在の武漢）の軍隊も一〇月一〇日、反乱を起こすと、革命はたちまち隣接する諸省へ波及しました。清国は、北洋軍閥の袁世凱《えんせいがい》を総理大臣に登用し、革命鎮圧にあたらせました。革命軍は北洋軍に敗北し江南武昌に撤退しましたが、武昌防衛を堅持していました。その間に中国一五省が次々と清国からの独立を宣言し、内地一八省中で清国の統治が及ぶのは甘粛、河南、直隷のみとなりました。一九一一年一二月初めには、重要都市の南京が革命軍の手に落ちました。

アメリカで武昌蜂起の報に接した孫文は一二月二五日に上海に帰着しました。革命派は一九一二年一月一日、南京に中華民国を樹立して、孫文を臨時大総統に擁立しました。革命は成功しました。これを辛亥《しんがい》革命（第一革命）と言いました（一九一一年は、干支《えと》で言えば、辛亥の年でした）。

革命の勃発を好機ととらえた欧米列強は、中国の半植民地化の活動を活発化させ、イギリスはチベットを、ロシアは蒙古を、日本は満蒙（満州と東部内蒙古）を手中に収めようと画策していました。一九一一年七月、日本はロシアと密約を結び、北京の経度を境に東部内蒙古を勢力範囲としました。

このとき北京には、袁世凱内閣を擁する清国政権が存在していましたから、南京と北京に二つの政権が並立する状況となりました。しかし、南京の臨時政府は北伐を開始して北京を攻略する力はなく、北京の朝廷も南方諸省の「起義」を討伐することはできませんでした。

そのうち袁世凱は清国を見かぎり、革命政府と取引をして「皇帝・溥儀を退位させる代わりに自らが中華民国臨時大総統に就任する」という密約を結びました。一九一二年二月、袁の圧力で最後の皇帝・宣統帝《せんとうてい》溥儀《ふぎ》は退位し、清国は滅亡しました。このとき第一二代皇帝、宣統帝溥儀はわずかに六歳でした。清国二六〇余年の支配、秦の始皇帝以来二〇〇〇余年の皇帝支配は終焉しました。

大総統・袁世凱の時代

南京側では孫文が辞任し、約束通り袁世凱を第二代の臨時大総統に選びました。その際の条件は、首都は南京とし、南京での大総統位就任、臨時約法の遵守でした。

ところが袁世凱は北京で大規模な兵士暴動を自作自演して、北京を離れられないと言って北京での大総統就任、北京を首都とすることを南京側に認めさせてしまいました。

中華民国の国会は、衆議院と参議院の二院制で、衆議院が直接選挙、参議院が各省議会の選出による間接選挙でした。国民党は辛亥革命を担った中心勢力である中国同盟会の後身で、孫文を理事長にかついで一九一二年八月に組織されましたが、孫文は宋教仁《そうきょうじん》を代理に指名、実際には宋が党の運営をとりしきりました。衆議院の選挙は一九一二年一二月末から翌年二月にかけて実施され、国民党が勝利し、地方政権のレベルでも、全国二二省の長官のうち九省が国民党支持で、袁支持の八省を上回っていました。ところが、その数日後、国民党を引っ張ってきていた宋教仁が袁世凱の差し金によって暗殺されました。

一九一三年四月、国会が開設され欧米列強からの借款が大問題となりました。この大借款は、イギリス、フランス、ロシア、ドイツ、日本の五ヶ国借款団が貸方で、総額は二五〇〇万ポンド、当時の国家財政の一年分に相当するほどのものでした。しかし袁は国民党の反対が強いと見てとると、国会の承認ぬきで借款契約に調印してしまいました。袁世凱にとって、国会が反対するなら、無視するだけのことでした。

袁世凱は財源ができると、一九一三年六月、国民党の中心人物である江西都督、広東都督、安徽《あんき》都督を左遷しました（都督は省の長官）。一九一三年七月、ついに孫文らは袁世凱打倒に挙兵しました。これに呼応して独立を宣言した省は、広東、安徽、湖南などの七省に及びました。これが第二革命でした。

しかし、これは袁世凱の思うつぼで、軍事力をもって革命軍を撃退し、二ヶ月ばかりで第二革命は失敗に終わりました。こうして辛亥革命を起こして中華民国を作りあげた功績者である孫文たちは、「乱党」「暴民」の汚名を着せられて日本へ亡命しました。袁世凱は正式な大総統に選出されました。

イギリスを中心に欧米列強は袁世凱の正式大総統当選を待って、中華民国の承認に踏み切りました。欧米列強は袁世凱を盛り立てて中国の中央政権の安定をはかり、自分たちの利権を温存・拡大しようと考えていました。

正式に大総統に就任した袁世凱は、国民党のような「乱党」に国会議員の資格なしと、一九一三年一一月初め、国民党議員の資格を剥奪しました。国会に代わるものとして袁が作ったのは、任命制の参政院で、これは単なる諮問機関でした。また、孫文たちの臨時約法も反故にして、一九一四年五月には大総統に権限を集中させた「新約法」を公布しました。こうして、中華民国は大総統に権限が集中した最高法規を持つものになり、共和制とはかけ離れたものとなってしまいました。

日本の対華二一ヶ条の要求

ここで一九一四年七月二八日、第一次世界大戦が勃発し、中国に進出していた欧米列強はヨーロッパに集中せざるを得なくなりました。日本も日英同盟を根拠にドイツに宣戦し、中国および太平洋地域でのドイツ権益、なかでも山東省の租借地、膠州湾《こうしゅうわん》を占領しました。日本は山東省の省都の済南《さいなん》まで兵を進めて膠済鉄道全線（総延長約四五〇キロ）をも手中にしました。

さらに日本はヨーロッパ諸国が第一次世界大戦を戦っていて、手を出せないことをいいことに山東省のドイツ権益はもちろん、それ以外の多くの要求を二一ヶ条にまとめて、一九一五年一月、駐華公使の日置益《ひおきえき》から大総統の袁世凱あてに秘密裏に提出しました。これが「二一ヶ条の要求」と言われるものでした。そもそも日本の一公使が大総統を交渉相手とすること自体、外交ルール無視のきわめて非礼なやり方ですが、一挙に最高位者を引き出す以外にやりようのないほど、極秘で無理無体の要求だとわかっていましたから、そうしたと考えられています。

その要点は、次の通りです。

①山東省での旧ドイツ権益の継承等（四ヶ条）―膠州湾の租借、膠済鉄道、鉄道線路左右一五キロ内の鉱山採掘権、山東省での事業の借款優先権などであり、それらの継承と、居住貿易の自由のために一二都市の開放などを新たに要求しました。

②南満州・東部内蒙古での権益の強化拡大（七ヶ条）―日露戦争によりロシアから継承した南満州の大連・旅順（関東州）、及び安奉鉄道の租借期限延長問題であり、それらの租借期限の残りは八年となっていたのを、九九年間に延長させようとしたこと、及び南満州・内蒙古での日本の特権の承認でした。

③鉄鉱石の安定的確保のための漢冶萍公司《かんやひょうこんす》（日本も投資した石炭・鉄鋼会社）への支配の強化

（日中合弁化）（二ヶ条）―まったく新たな要求でした。

④中国沿岸・諸島の第三国への不割譲など（一ヶ条）―まったく新たな要求でした。

⑤日本人の政事・財政・軍事顧問の傭聘《ようへい》、警察の日支合同等（七ヶ条）―中央政府の軍事・政治・財政などの部門への日本人顧問の採用などで、中国を日本の単独植民地にしようとする、あまりにも露骨な要求だとして、列強の猜疑も招いたため、早期に日本の「希望条項」ということにしました。

この二一ヶ条の要求は袁世凱の帝政支持と引き換えで取引したと言われています。しかし、この要求は、列強間のバランスにおける日本の突出という点でも、また、中国の半植民地化状況のいっそうの悪化という点でも、やはり度の過ぎたものでしたから、袁世凱も懸命に抵抗しました。

そこで、日本は五月七日に最後通牒を発し、四八時間を限って承認を迫りました。中国政府はその圧力に屈し、五月九日、ついに受諾しました（後に中国は受け入れを決めた五月九日を「国恥《こくち》記念日」としました）。

日清、日露の戦争は、ロシア帝国の極東での南下政策に日本がやむを得ず戦った面がありましたが、その両戦争に勝利した日本が自信をつけ、今度は積極的に中国大陸に帝国主義的に進出し始めたその第一歩が、この対華二一ヶ条の要求であり、以後の日本の中国大陸進出の出発点となったと言われています。

皇帝になった袁世凱

袁世凱は大総統に満足せず、さらに帝政を目指していました。参政院は袁の意を受けて、大総統の任期を終身制に改め、独裁的な地位に変えてしまいました。しかし、袁はそれにもまだ満足せず、楊度《ようたく》らにより組織された御用団体に「輿論《よろん》」をあおらせて帝政へとつき進み、国民の推戴を受けるという形式を踏んで一九一五年一二月一二日、皇帝になりました。しかし、欧米列強は支配体制の安定を損ないかねない帝政に賛成していませんでした。日本は、当初、帝政を支持するかのように振る舞っていたにもかかわらず、この機会を利用して袁世凱の追い落としを図り、帝位受諾後の一二月中旬、まっさきに不支持であると圧力をかけ、ついでイギリス、ロシア、フランス、イタリアとともに五ヶ国共同で「国体変更」に対し「静観」すると警告しました。

袁世凱は、もはや後戻りはできなかったので、結局、一九一六年元旦を期して、帝政を開始しました。年号は「洪憲」であり、国号は「中華帝国」に改めました。

孫文らの第三革命と袁世凱の死

孫文らの革命派もこの帝政に反対して再び討袁の兵をあげました。これが第三革命でした。帝政反対の反袁闘争は、中華民国の国体を擁護する「護国」の旗印のもとに戦われ、一九一五年末、雲南の護国軍は貴州省から四川省へと打って出ました。一九一六年一月末には貴州が呼応して独立し、さらに三月中旬に広西が独立するにおよんで、三月二二日、袁世凱はついに帝政を取り消し、また大総統に戻りました。その後、独立の動きは広東・浙江・陝西の諸省に広がり、五月には四川・湖南の両省まで続きました。こうして袁世凱は力尽き、一九一六年六月、失意のうちに病死しました。

南北対立の軍閥時代

袁世凱が没した翌日の一九一六年六月七日、副大総統の、黎元洪《れいげんこう》が大総統に昇格しました。黎は袁世凱以前の中華民国を回復しようとしました。その核心は臨時約法の回復と国会の召集でした。国会は六月末に召集され、八月初日に開会されました。これらの処置は歓迎され、大総統と国会が重要な政治勢力として再浮上しました。

一方、袁世凱が死去した北洋軍閥は、北洋派としてのまとまりは保ちながら、段祺瑞《だんきずい》を頭とする安徽派《あんきは》と、馮玉祥《ふうぎょくしょう》を頭とする直隷派《ちょくれいは》と二つの派閥に分裂しました。黎大総統は六月末に段祺瑞を国務総理に任命しました。日本は北京政府への影響力を強めるために、総理の段祺瑞に働きかけ中国を第一次世界大戦に参戦させようとしました。国会は参戦に反対しました。日本の意を受けた総理の段祺瑞は一九一七年五月初め、閣議で対独宣戦を決定した上で、国会の議決を強要しました。国会はそれに従わず、同月下旬、大総統に働きかけて段を罷免させました。段祺瑞が下野したとたん、北洋軍閥系の軍閥が続々と中華民国からの独立を宣言しました。

こうして、袁世凱の死後、北京政府の力が弱まり、各地の軍閥が次々と軍閥政府を樹立し中国は軍閥乱立の時代に入り、北京政府と言っても一軍閥が支配する状態になりました。

西原《にしはら》借款

下野した安徽派の段祺瑞は北京政府を奪還し、一九一七年七月一四日、大総統には直隷派の馮玉祥《ふうぎょくしょう》をつけ、自身は国務総理兼陸軍総長となり、一九一七年八月下旬、ドイツに宣戦を布告しました。

しかし、軍閥割拠の時代になりますと、、北京政府の力は袁世凱時代より一段と落ちました。土地税もほかの諸税も各地の支配者がそれぞれに自分の用に供したので、国庫歳入は枯渇するしかありませんでした。北京政府を運営する段祺瑞は租税を当てにできないとなれば、借金するしかありませんでした。そこにつけ入ったのが日本でした。日本の寺内正毅内閣は、「西原借款」として全部で八回、一億四五〇〇万円の巨額を提供しました（交渉に当たったのが寺内正毅首相の側近西原亀三でした。結局、返済率はわずかに三・五％でした）。当時、一個師団の費用が年約一〇〇万元（円と元はほぼ等価）ということを考えますと、この金額がいかに巨額であったかがわかります。

日本もこれだけの巨額の借款を出すからには、見返りとして中国における様々な利権を獲得しました。一九一八年五月には「日華共同防敵軍事協定」が結ばれ、日本軍の中国国内における行動を無制限とし、また中国軍を日本軍の下位に置くこととしました。段に渡った巨額の金は、段一派の内戦における私兵の費用として使われ、日本の援段政策が中国解体の発端とされています。

孫文の活動と広州の中華民国軍政府

その後の孫文と広州政府をみますと、宋教仁の暗殺後、第二革命の失敗により、孫文をはじめ、旧中国同盟会のメンバーの多くは、日本への亡命を余儀なくされました。また、中国同盟会を受け継いだ国民党も一九一三年一一月四日に袁世凱の解散命令で解散させられてしまいました。

そこで孫文は、一九一四年七月、亡命先の東京で中華革命党（秘密結社）を結成しました。

総勢三〇〇人とも六〇〇〇人ともいわれ、汪兆銘、蒋介石なども参加していました。

一九一七年七月初め、孫文は上海より広州に戻り、「護法」を宣言しました。護法とは臨時約法を護るということですから、それは北京政府に対する闘争宣言でした。そして、解散させられた国会議員に広州に来て、北京の段祺瑞政府とは別の新政府を組織するよう電報を発しました。

一九一七年八月二五日、孫は旧国会の議員約一〇〇人を広州に呼び寄せ、「国会非常会議」（護法国会ともいいます）を発足させました。この護法国会が広州に中華民国軍政府を樹立することを決議し、大元帥に孫文、、雲南派の唐継尭《とうけいぎょう》と広西派の陸栄廷《りくえいてい》を元帥に選出しました。この中華民国軍政府は一九一七年八月下旬に対独宣戦しましたが、それは、自分たちこそ中国の正統政府である、と国際的にアピールしようとしてのことでした。

しかし、孫文は広東軍政府の内部で軍事的基盤を持っていなかったため、孫文はクーデターを起こし権力の掌握をはかろうとしました。自ら、海軍に命令し広州督軍府を砲撃させ、広西派打倒をはかりました。しかし失敗し一九一八年五月、孫文は、大元帥の職から去り広州を離れ上海に向かいました。

五・四運動

一九一八年一一月、第一次世界大戦でドイツが降伏して連合国側は勝利しました。パリの講和会議には中国も代表団を送り込んで、中国の参戦によりドイツとの全条約は破棄され、日本の二一ヵ条は失効したとして、山東権益は直接中国に返還されるべきだと主張しました。会議をとりしきったのはアメリカ・イギリス・フランスの三大国でした。英仏両国は日本との密約に縛られていましたし、アメリカのウィルソンも、彼の提案の国際連盟に「大国」日本の協力を得る必要がありました。一九一九年四月三〇日の会議で、ドイツの山東権益は日本が継承すると決まり、中国の主張は通りませんでした。

このパリ講和会議での日本の山東権益継承決定のニュースが伝わってくると、一九一九年五月四日、天安門前に集まった学生たちは、二一ヶ条取り消し・青島《ちんたお》返還・西原借款反対などの要求を掲げ、大衆的な示威運動に打って出ました。その後、北京の学生はゼネ・ストを敢行、亡国の危機と反帝国主義を訴え、各地の学生もこれに呼応して全国的な反日・反帝運動に発展しました。労働者によるストライキも全国的な広がりを見せました。この運動は、日貨排斥運動へと性質を変え、アメリカなどでも華僑等の誘導による不買運動がみられました。これが五・四運動でした。

安直戦争（安徽・直隷戦争）と直隷派・奉天派の連合政権の成立

ここで五・四運動が追求した西原借款の責任を直隷派が安徽派に取らせようとしました。直隷派は曹汝霖《そうじょりん》ら親日派の三高官の罷免を要求し、段祺瑞らの安徽派もやむを得ず三高官の処分に踏み切りました。これによって北洋軍閥の安徽派と直隷派の亀裂が大きくなりました。一九二〇年四月、直隷派は張作霖の軍閥・奉天派と「反段祺瑞連盟」を結成し、一九二〇年七月一四日、安直戦争（安徽・直隷戦争）を起こし安徽派と戦闘に入りました。この時、奉天派の張作霖が直隷派を救援するために関内に大軍を投入しました。これによって安直戦争の大勢は決し、安徽派は数万とも言われた軍の大半を失い、事実上崩壊しました。

このため西原借款など大金をつぎ込んで安徽派に肩入れしていた日本の軍部の戦略は、頓挫することになりました。安直戦争後の北京政府は、直隷派と奉天派の連合政権となりました。

中国共産党の創立

ソヴィエト政権は、一九一九年、一九二〇年の二回、革命ロシアの外務人民委員（外相）代理のカラハンが発表したカラハン宣言を発し、帝政ロシアが獲得した中国での利権の放棄、不平等条約の撤廃、中国との国交回復、民族運動の援助などを提案していました。

日本の侵略主義反対の五・四運動で沸騰していた中国民衆にとって、このカラハン宣言は大歓迎を受けました。中国での利権の放棄・中国との国交回復・治外法権の撤廃という提案は中国にとって初めての対華平等宣言であり、ロシアの革命こそ真の公理を体現するものであり、その指導理論こそ理想社会の実現を可能にするものと受けとめられました（ロシア革命の当初はそうでしたが、後のスターリンのソ連は再び帝国主義的になっていきました）。

そこへ、コミンテルンが共産党の組織化のために働きかけました。北京大学文科長の陳独《ちんどく》秀《しゅう》や北京大学図書館長の李大釗《りたいしょう》といった代表的な左翼の知識人や脈のありそうな青年学生たちに接触してボリシェヴィキ的な党組織の必要を説きました。その結果として、各地で結成されていた共産主義組織を糾合する形で一九二一年七月二三日に中国共産党が創立されました（中国では七月一日が党創立記念日とされています）。

上海で開かれた創立大会（フランス租界にあった李漢俊の家。現在も存在します）に参加したのは、北京・上海・長沙など七つの共産主義グループの代表一二人で、長沙グループの代表の一人は毛沢東（一八九三～一九七六年）でした。

この大会では、党名を中国共産党とし、プロレタリアートの解放、無階級社会の建設を目標とすることが決定されました。指導部の責任者（中央局書記）には、大会に出席しなかった陳独秀が選ばれました。これ以後、国共合作の崩壊に至るまでの六年間、陳は中国共産党の最高指導者であり続けました。プロレタリアートの前衛である共産党が、大会後に最も力を入れて取り組んだのは、言うまでもなく労働運動であり、共産党員の努力で運動は発展しました。

中国国民党の結成

一九一九年、五・四運動に民衆の政治意識の高揚を読み取った孫文は再び活動を起こし、中華革命党を大衆政党として中国国民党に改編しました。結成された当初の主要メンバーは、孫文の他、汪兆銘などがいました。なお、宋教仁により一九一二年に結成された「国民党」とは、別の政党でした。

彼の戦略は、まず西南の軍閥を一本化し、その力で北伐を実施し、北京政府を倒して中国を統一することでしたが、武力なしではどうしようもないと考え、自分で今度は軍隊を創設し革命を進めようと考えました。孫文は最初日本に対し熱心に連携を求めましたが日本は逆に中国を侵略する方向に向かっていました。孫文はまた、アメリカやドイツにも働きかけましたが、いずれもまともには相手にされませんでした。そこへソ連が現れたのですから、孫文にすれば渡りに船であったはずです。

第一次国共合作

孫文は自らの軍事力を確保するため、苦肉の策がこの際、ソ連と組むこと、つまり、連ソ容共政策をとることでした。これは、孫文の最初の辛亥革命、二回、三回の護法運動に続く、四度目の挑戦でした。それが一九二三年一月二六日、上海における孫文とソヴィエト連邦代表アドリフ・ヨッフェとの共同声明でした。

この孫文・ヨッフェ宣言は、中国統一運動に対するソヴィエト連邦の支援を誓約し、中国国民党及びコミンテルン・中国共産党の連携の布告でした。宣言に、ソヴィエト制度は中国に適合しないと書きこまれていることに明らかなように、両者は思想的な差異を認めあった上で連合しました。

一九二三年二月二一日、孫文は、北京の中央政府に反対する地方政権を広州に組織し、大元帥に就任しました。三度目でした（第三次広東政府）。ソ連からは物質的な援助に加えて、顧問団も派遣されてきました。コミンテルンの工作員ミハイル・ボロディンは、ソ連共産党の路線に沿うように中国国民党の再編成と強化を援助するため一九二三年一〇月中国に入り、孫文の主要な顧問となりました。

孫文は、一九二四年中国国民党の改組（組織改造）を行い、中国共産党と提携しました。これを国共合作といいます。「連ソ・容共・扶助工農」（ソ連と連合し、共産党を受け入れ、労働者・農民を援助するという意味）の方針を採用して孫文の三民主義を発展させようとしました。

具体的には、党のレベルではこのとき「容共」、すなわち中国国民党が上位に立って中国共産党を受け入れる「党内合作」の方式がとられることになりました。つまり、共産党員は同時に国民党員となって二重党籍を持つというやり方でした。孫文は一九二四年一月、国共合作の出発点となった中国国民党の第一次全国代表大会（一全大会と略称）を広州で開きました。

党の改組とあわせて重要であったのは、党の軍隊の創設でした。孫文はソ連の赤軍のような思想的に武装した党軍＝国民革命軍の必要性をしっかりと理解し、中国国民党に中国革命軍を組織させました。また、彼は一九二四年六月、自身が総理となり、蒋介石（一八八七〜一九七五年）を校長にして黄埔《こうほ》軍官学校を創設しました。

この孫文の党軍の建設の狙いは当たりました。これによって、やがて、孫文亡き後、軍官学校から党軍を押さえた蒋介石が権力闘争を勝ち抜き、国民党の権力を握ることになりました。

第一次、第二次奉直戦争

安直戦争後、北京政府は直隷派と奉天派の連合支配のもとに置かれたことは述べましたが、両派はたがいに倒閣合戦を繰り返し、大規模な内戦を起こしました。これが一九二二年四月の（第一次）奉直戦争（一九二二年四月二八日〜五月五日）で、張作霖が負けて奉天に退きました。この張作霖が逆境になって奉天に閉じこもっていた時に、日本の軍部は今度は張作霖に手を伸ばしました（日本の相手は袁世凱、段祺瑞についで張作霖となったのです）。

一九二四年九月一五日、奉天の張作霖は一五万人の大軍を結集し、二方面から直隷派の地盤である山海関、赤峰、承徳へ進攻しました（第二次奉直戦争。一九二四年九月一五日～一一月三日）。北京政府の呉佩孚《ごはいふ》は二〇万人の軍隊で応戦し、戦況は直隷派の有利のうちに展開しましたが、呉の部下の馮玉祥《ふうぎょくしょう》の裏切りにより、一転して奉天派の勝利に終わりました。その謀略を仕組んだのは日本の軍部でした。こうして張作霖と馮玉祥が北京の政権を掌握しました。

日本政府では幣原喜重郎外相が協調外交を掲げ、奉直戦争への不干渉を表明していましたが、日本軍部は親日的でない直隷派の失墜をはかるために独自の対華政策を裏で進め、強く奉天派の張作霖をバックアップしていきました（このように、もうこのころから日本軍部は本国政府の言うことを聞かず、独自の大陸外交をやっていました）。

馮玉祥は直隷派を裏切った自分の行為に正当性を付与しようとして、孫文の唱える国民革命に呼応するものという意味づけを行い、自軍を中華民国国民軍に改編して三民主義を信奉するとの態度を表明しました。この事件は「北京政変」と呼ばれました。政変を敢行した馮玉祥は、中央政府を組織するために、段祺瑞《だんきずい》を担ぎ出し、執政にしました。そして馮は張作霖の同意を得て、孫文に国事を相談するために北上するよう要請しました。

孫文の北上と逝去

国共合作を成した孫文のもとに、一九二四年一一月、この申し出がありました。結局、申し出に応じた孫文は北京に入り、北京政府の（執政）段祺瑞と会見しましたが、段祺瑞は孫文の考えに賛同することなく、少数の著名人士による「善後会議」しか考えていませんでした。孫文と国民党は、言うまでもなく、善後会議への参加を拒否しました。

孫文は一九二五年三月一二日、北京の地で逝去しました。「革命は未だ成らず」「民衆を呼び覚まし、われわれを平等に扱ってくれる世界の民族と連合して」革命に奮闘するように、と同志たちに「遺嘱《いしょく》」しました。孫文の追悼行事は全国的に行われ、ほとんど国民葬といった趣を呈しました。孫文は国民政府の時期には「国父」と尊称され、さらに中華人民共和国になっても「革命の先駆者」として敬意を払われています。

国民政府の北伐と国内統一

孫文逝去後の一九二五年七月、広州の大元帥府は国民政府（主席は汪兆銘）に改組されましたが、もちろん新政府も孫文の反帝・反軍閥の国民革命路線を踏襲しました。

国民革命軍は一九二六年七月、軍閥の打倒と中国の統一を目指して北伐に出発しました。総司令は蒋介石でした。

国民革命軍は、兵員、軍装備に勝った北京政府軍を各地で破り、快進撃を続けました。その勝因は、まず政治思想を身につけた国民革命軍の将兵の奮闘でした。また、北伐軍の快進撃は人民大衆の協力に支えられたものでした。民衆は圧政からの解放の希望を北伐軍に託し、何かと協力したと言われています。

北伐の進展に応じて、国民党は党と政府の組織を武漢（武昌）に移しました。一九二七年三月二二日、北伐軍の東路軍が上海に入り、中国の経済的中心は、蒋介石の手中に入りました。

南京事件と上海クーデター

その翌日の一九二七年三月二三日、北伐の中路軍が南京を落としました。当初は平和裏に入城していましたが、まもなく、反帝国主義を叫ぶ軍人や民衆の一部が外国の領事館や居留地などを襲撃して暴行・掠奪・破壊などを行い、日一人、英二人、米一人、伊一人、仏一人、丁（デンマーク）一人の死者、二人の行方不明者が出ました。これが南京事件でした。

蒋介石は、三月二九日に九江より上海に来て、暴行兵を処罰すること、上海の治安を確保すること、排外主義を目的としないことなどの内容を声明で発表しました。しかし、日英米仏伊五ヶ国の公使が関係指揮官及び兵士の厳罰、蒋介石の文書による謝罪、外国人の生命財産に対する保障、人的物的被害の賠償を共同して要求しました。

また、南京事件の北京への波及を恐れた列強は、南京事件の背後に共産党とソ連の策動があるとして日英米仏など七ヶ国外交団が厳重かつ然るべき措置をとることを北京政府の安国軍総司令部に勧告しました。

その結果、一九二七年四月六日には北京政府の張作霖によりソ連大使館を目的とした各国公使館区域の捜索が行われ、ソ連人二三人を含む七四人が逮捕されました。押収された極秘文書の中に、外国の干渉を招くための掠奪・惨殺の実行の指令、短時間に軍隊を派遣できる在留日本人への危害を控えること、排外宣伝は反英運動を建前とすべきであるという内容の「訓令」があったと総司令部が発表しました。

一九二七年四月一二日、蔣介石は上海特別市臨時政府、上海総工会及び共産党の組織いっさい全ての解散を命令し、共産党員及びその支持者を捜索し、一〇〇〇人余を逮捕し、主要なメンバーを処刑しました。五〇〇〇人余が失踪しました。これが上海クーデターでした。中国国民党はこれを「清党」と言いましたが、中国共産党は「四・一二反革命政変」と称しました。

これより後に、地方で清党が開始され、広州、廈門、福州、寧波、南京、杭州、長沙等でも共産党員が殺害されました。共産党員はこれを「白色テロ」と称しました。

その後の共産党

この国共合作崩壊後、共産党はどこでも厳しく弾圧されました。大衆団体等の公然面の勢力は一掃され、六万人に近づいていた党員数も一万数千人に激減しました。ほとんど壊滅的といってよい打撃をこうむりました。

生き残るためには、国民党の手のとどかぬ所に逃げるしかないという状況のもとで、江西省の南昌で一九二七年八月一日、朱徳・周恩来ら二万余人が武装蜂起し（南昌起義）、南昌の占拠化に成功しましたが、早くも八月三日には国民党軍の包囲攻撃を受けて南昌を放棄し、広東方面に転進しました（蜂起した八月一日は、いまでは人民解放軍の建軍記念日と

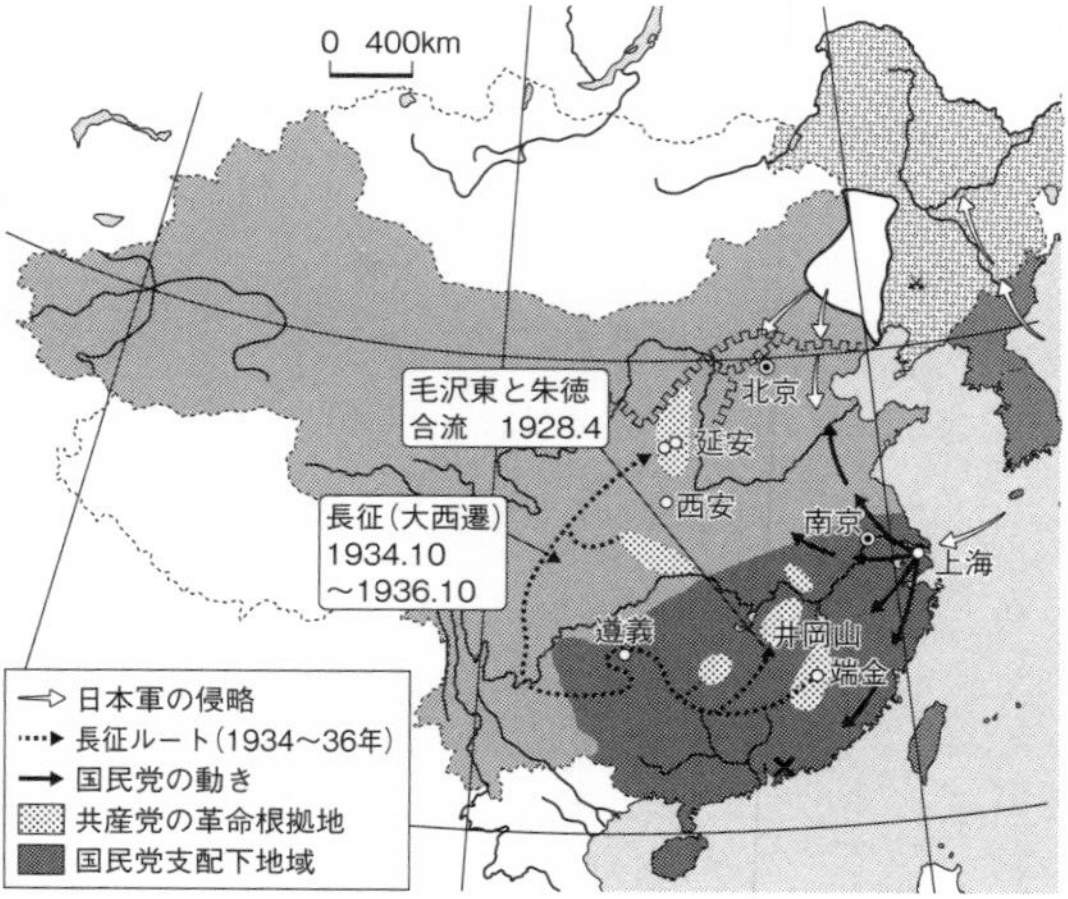

図一　１９２７〜３５年内戦の時代
出所：帝国書院『ユニバーサル新世界史資料』

されています）。

毛沢東は、漢口の会議の後、湖南省に赴き暴動を起こしましたが、敗北してしまい、その敗残部隊約一〇〇〇人を率いて井岡山《せいこうざん》（江西省西境の中南部。図一参照）に登り、労働者・農民のための軍隊＝紅軍に改編して毛沢東流の中国共産党の革命根拠地を建設しました。そこへ翌年一九二八年四月に朱徳・陳毅などの南昌蜂起の残存部隊が合流し、中国工農革命軍第四軍に改組されました。

共産党がとった政策は土地革命でした。それは、地主の土地を没収して貧農に分け与えるというものでした。共産党の政治権力を確立しないかぎり、そのような過激な政策を実施することはできません。そこで毛沢東は「政権は鉄砲から生まれる」と言いました。

辺境に追いやられた共産党が依拠できたのは、土地革命の恩恵を受けられる貧農でした。以後、民衆が紅軍を歓迎したのは当然でした。毛沢東の中国共産党は辺境の地で貧農の土地革命を行いながら、地歩を固めていきました。

蒋介石の北伐軍の北上

一九二七年五月中旬、蒋介石は北伐を再開しましたが、八月初旬、蒋介石の率いる北伐軍が（済南《さいなん》の南方の）徐州の戦いで大敗し、蒋介石が下野しました。下野した蒋介石は一九二七年九月に訪日し、一一月五日に田中義一首相（在位：一九二七～一九二九年）と会談しました。

会談の要点は、田中首相と蒋介石は反共では一致することを確認しました。田中が赤化反対を強調し、同じ考えを持つ蒋の奮闘をうながしたのに対し、蒋は共産党討伐を何よりの大事と考えていると答えました。北伐については、田中は日本の関心は満州にあるから国民党は長江以南を固めよ、と主張しました。蒋介石は、自分たちの革命が列強の利益を守るものでもあること、日本が張作霖を支援することなく、逆に革命軍を援助するようにと要請しました。

田中は前者について日本の関心は満州の維持にあるだけで、張作霖を助けてはいないと明言しました（以前のことに口をぬぐって、日本は今は張作霖を援助していないと言いました）。田中は後者については（日本の援助を得ることが蒋介石のこの会談の一番の狙いであったでしょうが）、はっきりとした言質を与えることなく、会談を終えました。

一九二八年四月、蒋介石は改めて国民革命軍を改編し、欧米の支持を得て再び北伐を開始し、蒋介石の北伐軍六〇万人は、巨野《きょや》の一戦で北京政府軍を壊滅させ、山東省の省都・済南に迫りました。

ここで田中内閣の日本は一九二八年四月二〇日、居留民保護を口実に山東出兵を声明し、日本軍五〇〇〇人を送りました。蒋介石の北伐軍と日本軍の間で商店掠奪事件から衝突が起き、一九二八年五月八日の済南事変に発展しましたが、その詳細は省略します。

蒋介石の意向もあって中国側が衝突回避を最優先にしていましたが、日本軍の一方的な砲撃により、済南城の南門も東門も徹底的に破壊され、もちろん、城壁内の市街・住居も大々的に破壊され、中国側に軍民合わせて三六〇〇人にのぼる死傷者が出ました。とても商店掠奪事件に発する被害としては、説明のつかないほどの結果を招きました。

張作霖と満州某重大事件

蒋介石は済南での惨劇の発生を放置して北上を急ぎました。北伐軍が北京に迫り、北京の中央政府を維持できないと悟った張作霖は、いったん東北に退くことを決心し、列車に乗り込みました。

国民党の北伐で直隷派が壊滅した後、北京政府を握った張作霖は欧米の支援を得るため、日本から欧米寄りの姿勢に転換しました。これに対して中国大陸における権益を拡大したい欧米、とくに大陸進出に出遅れていたアメリカは積極的な支援を張作霖に行いました。そこで張作霖は反共・反日的な欧米勢力寄りの政策を展開し始めました。彼は欧米資本を引き込んで南満州鉄道に対抗する鉄道路線網を構築しようとし、南満州鉄道と関東軍の権益を損なうことになりました。

ところが、国民党（蒋介石）が一九二七年四月上海クーデターで共産党員並びに労働者を粛清し、国共合作を破棄しましたので、これによって国民党は欧米の支援を得ることに成功しました。そして北京政府の張作霖は欧米からの支持を失っていました。

日本政府は山東出兵（第二次）によって済南で蒋介石軍と衝突したものの（済南事件）、蒋介石から「山海関以東（満洲）には侵攻しない」との言質を取っていたので、国民党寄りの動きをみせ始めていました。

日本の関東軍は、すでに（独自に）満州国の建国計画を進めていたようで、張作霖の東三省（満州）復帰を望んではいませんでした（帰ってこられるとじゃまになると考えていました）。

一九二八年六月四日早朝五時二三分、張作霖が乗った特別列車が奉天に着く直前に爆破されました。爆破地点は京奉線と満鉄線の立体交差するところで、上の鉄橋（満鉄線）に仕掛けられた黄色火薬三〇〇キロが爆発し、きわめて大規模な爆弾テロでした。張作霖は一〇数時間後に死亡しました。警備、側近ら一七人も死亡しました。

関東軍の河本《こうもと》大作《だいさく》大佐らは、予め買収しておいた中国人アヘン中毒患者二人を現場近くに連れ出し刺殺、放置し、この事件が国民党の工作隊によるものであるとの偽装工作を行い、「犯行は蒋介石軍の便衣隊（ゲリラ）によるものである」と発表しました。

中国人アヘン中毒患者は三人いましたが一人が逃亡し、真相を中国側に伝えました。

奉天軍閥を継いだ張作霖の息子・張学良も程なく真相を知って激怒し、国民政府と和解して日本と対抗する政策に転換しました。

上海の新聞は、初めは事件を報じただけでしたが、すぐに「某国」という言い方で、日本の犯行であることがわかるように書きたてました。ところが日本では、政府部内で「満州某重大事件」と称して秘匿され、国民は敗戦後の東京裁判によってはじめて真相を知らされました。

一九二八年一二月末、田中首相は軍人の関与につき「鋭意調査中」と天皇に言明しましたが、天皇はこのときは「国軍の軍紀は厳格に維持するように」と発言しただけでした。政府は実際に調査を行いました。しかし、真相を聞くととても外に出せる話ではありませんでした。陸軍は「うやむや化」の方針で臨みました。

結局、陸軍に押し切られた田中首相は翌年六月末（つまり、一年後）、その旨、上奏したら、天皇は「それでは前と話が違ふではないか」と田中首相を叱責、七月二日に田中内閣は総辞職しました。田中はやがて悶々のうちに病死しました。事件後に曖昧な形で責任をとらされたのは関東軍高級参謀河本大作大佐でした。その河本は戦後、司令官の意を汲んでやったことであると供述しました。

蔣介石の北伐の完成と中原《ちゅうげん》大戦

国民革命軍は、張作霖が放棄した北京に無血入城しました。一九二八年六月一五日、南京の国民政府は「統一完成」の宣言を発表しました。

中国統一後、蒋介石がまず、しなければならなかったことが、兵数削減で財政の緊急課題でした。北伐をへる間に各地の軍閥を取り込んで北伐軍は雑居政党となっており、全国の総兵数は二〇〇個師団、二二〇万人にまで膨れ上がっていました。

しかし、当時は軍閥にとって軍隊こそ実力の基盤でしたから、兵数削減には反対で、内戦を引き起こすことになりました。蒋介石は次々と軍閥を倒していきましたが、最後に大規模な反蒋連合が結成され、一九三〇年五月から約半年間、華北一帯を戦場として戦われた中原大戦《ちゅうげんたいせん》（一九三〇年五月～一〇月）は、蒋の命運のかかった戦いでした。死者三〇万人を数えたと言いますから、軍閥内戦とは様相を異にした激戦でしたが、張学良が蒋「擁護」を表明したことにより決着がつきました。蒋は最大の危機を乗り切りました。張学良は功績により北京・天津をも手中にして、ナンバーツーの地位にのしあがりました。

北京政府を倒して国内統一を図った蒋介石、国民政府（南京政府）にとって、残る課題は共産党でした。南京政府は共産党の根拠地の討伐にかかりました。

国民政府軍の共産党包囲討伐作戦

毛沢東らは一九二九年初めに井岡山《せいこうざん》から撤退して江西省南部の根拠地に移り、それを福建省西部の根拠地と合わせて中央根拠地としました。その中心が瑞金《ずいきん》でした（図一参照）。この根拠地は一九三一年秋に、人口二五〇万人、二一の県域を含む五万平方キロメートルの領域を有するまでになりました。

湖北・河南・安徽の省境地帯の根拠地（人口三五〇万人）など中央根拠地以外の根拠地も発展しました。そのような発展をふまえて、一九三一年一一月、中華ソヴィエト共和国の建国が宣言されました。首都は瑞金、政府主席には毛沢東、軍事委員会主席には朱徳が就任しました。

発展する共産党の根拠地に対し、蒋介石は徹底した包囲討伐作戦で対処しました。第一回が一九三〇年末、紅軍は「敵を深く誘い込む」戦法でもって勝利しました。土地革命によって農民が共産党・紅軍を支持したからです。蒋は、第二回の一九三一年四月に二〇万人、第三回の同年七月に三〇万人と大軍を動員しましたが、いずれも失敗しました。

蒋介石が共産党の根拠地に対し、徹底した包囲討伐作戦をやっている最中に、突然、東北地方の満州で、日本の関東軍による「満州事変」が勃発しました。

《二》中国大陸に侵略を開始した日本

日本工業の発展

第一次世界大戦時には、アメリカと同様、日本はまったく戦場とならず、戦勝国となり、しかも戦時中には軍需品などの輸出が急増しましたので日本工業は大発展しました。協商国（連合国）から軍需品の注文が入り、日本製の船舶の需要が高まり、日本は主要な造船国となりました。一九一四年には八万五〇〇〇トンしかなかった造船量が一九一九年には六五万トンになりました。

また、西洋諸国が供給不能となったため、日本の輸出業者がアジアの市場へ進出しました。第一次世界大戦中に輸出入は三倍に増え、鉄鋼とセメントの生産は倍増しました。そして化学工業や電気工業にもいちじるしい進歩がみられました。日本も戦争中に外国からの負債をすべて弁済し、逆に債権国になることができました。

第一次大戦後の不況

第一次世界大戦中は大戦景気に沸いた日本でしたが、戦後欧州の製品がアジア市場に戻ってくると、戦後恐慌が発生し、大不況となりました。

　また、一九二三年九月一日に発生した関東大震災は、マグニチュード七・九の地震・津波災害であり、東京・神奈川県を中心に関東地方に甚大な被害をもたらし、日本災害史上最大級の被害を与えました。九〇万人が被災、一〇万五〇〇〇人余が死亡あるいは行方不明になりました。

　この関東大震災の処理のための震災手形が膨大な不良債権と化し、金融不安が生じました。中小の銀行は折からの不況を受けて経営状態が悪化し、中小銀行を中心として取り付け騒ぎが発生しました。これを昭和金融恐慌と言いました。

世界恐慌から昭和恐慌

　さらに一九二九年一一月にニューヨーク・ウォール街で起こった株価の大暴落による恐慌は世界中に波及していきました（世界恐慌）。

　日本でも一九三〇年三月には株式・商品市場が暴落し、生糸、鉄鋼、農産物等の物価は急激に低下しました。また、中小企業の倒産が相次ぎ、失業者が街にあふれました。この一九二九年秋にアメリカで起き、世界中を巻き込んでいった世界恐慌の日本関係の部分を総称して昭和恐慌と言っています。戦前に日本で起こった恐慌の中で最も深刻なものでした。

とりわけ大きな打撃を受けたのは農村でした。生糸の対米輸出が激減したことに加え、デフレに豊作が重なり米価が激しく下落したことで、「米」と「繭《まゆ》」の二本柱で成り立っていた農村は壊滅的な打撃を受けました。その後の冷害・凶作のために疲弊した農村では娘を売る身売りや欠食児童が急増して社会問題化しました。生活できなくなり中国大陸へ渡る人々も増えました。

このように底の浅い日本の資本主義経済は、第一世界大戦後の不況に続き、関東大震災、昭和金融恐慌、続いて一九二九年からのアメリカの大恐慌に端を発した一九三〇年代の世界恐慌に巻き込まれていきました。この世界的な経済危機を、アメリカはルーズベルト大統領のニューディール政策で乗り切ろうとし、イギリス、フランスなど多くの植民地を持っている国はブロック経済で乗り切ろうとしました。

しかし、遅れて植民地・帝国主義に仲間入りした「持たざる国」と言われたドイツ・イタリア・日本は経済・社会が混乱し、ドイツではヒトラーが、イタリアではムッソリーニが政権を握り、ファシズムに走ることになりました。日本のファシズムは、ヨーロッパにおけるような大衆運動としては展開せず、天皇制のもとで、軍部と民間右翼の一部とが結んで推し進めた点に特色がありました。既成政党は財閥と結んで腐敗し、国民の信頼を失いました。このような情勢のなかで、軍部は経済危機の解決のため、中国大陸での支配圏拡大を本格的に主張するようになりました。

インフレ、軍拡政策

現実の政治的な動きを見ますと、一九三一年一二月に成立した犬養内閣の高橋是清蔵相は、民政党政権が行ってきたデフレーション政策を一八〇度転換し、軍事費拡張と赤字国債発行によるインフレーション政策をとりました。これをきっかけとした軍拡政策は、景況改善後も軍部の意向により継続されるようになりました（以後も満州事変・日中戦争を通じて軍部の発言力が増していくことになりました）。大蔵省は、多額の借金をしては軍隊への割り当てを増やし、一九三一～三二年には、国の支出の三一％が軍事費となりました。

金輸出再禁止により、円相場は一気に下落し、円安に助けられて日本はインドなどアジア地域を中心とした輸出を急増させました。日本輸出の急増は、米英などからは「ソーシャル・ダンピング」だと批判を受けました。米英仏など、多くの植民地を持つ国は、日本に対抗するため、自らの植民地圏でブロック経済を構築しました（英：スターリング・ポンド・ブロック、米：ドル・ブロック、仏：フラン・ブロック）。

世界のブロック経済化が進むと、一転して窮地に立たされた日本もこれらに対抗することを余儀なくされ、日満支（日本・満州・支那＝中国）円ブロック構築を目指して大陸進出を加速させ、「満州は日本の生命線である」と言った言葉の通り、日本は中国大陸進出へと邁進していきました。

満州事変と国際連盟からの脱退

一九二八年六月の張作霖爆殺事件後、後を継いだ息子の張学良《ちょうがくりょう》は、蒋介石の南京国民政府への合流を決行し、日本に敵対的な行動を取るようになりました。また、南満洲鉄道のすぐ横に新しい鉄道路線などを建設し、安価な輸送単価で南満洲鉄道に経営競争を仕掛けました。これに危機感を抱いた関東軍は、再三にわたり張学良を恫喝《どうかつ》しましたが張学良は聞き入れませんでした。これにより関東軍の幹部は、日本本国に諮《はか》ることなく、満洲の軍事占領を計画し始めました。

一九三一年九月一八日の夜、中華民国の奉天（現在の中国遼寧省瀋陽）北方約七・五キロメートルの柳条湖《りゅうじょうこ》の南満州鉄道線路上で爆発が起こりました（図二参照。柳条湖事件）。奉天の関東軍は、自ら南満州鉄道の線路の一部を爆破し、これを中国側の張学良ら東北軍による破壊工作だとして、中華民国東北地方の占領行動に移りました。爆破地点近くの張学良軍の兵舎（北大営）から爆音に驚いて出てきた中華民国兵を射殺し、北大営を占拠しました。続いて人口三五万人の大都市、奉天城を、大砲を用いて攻撃しました。関東軍は、翌日までに、奉天、

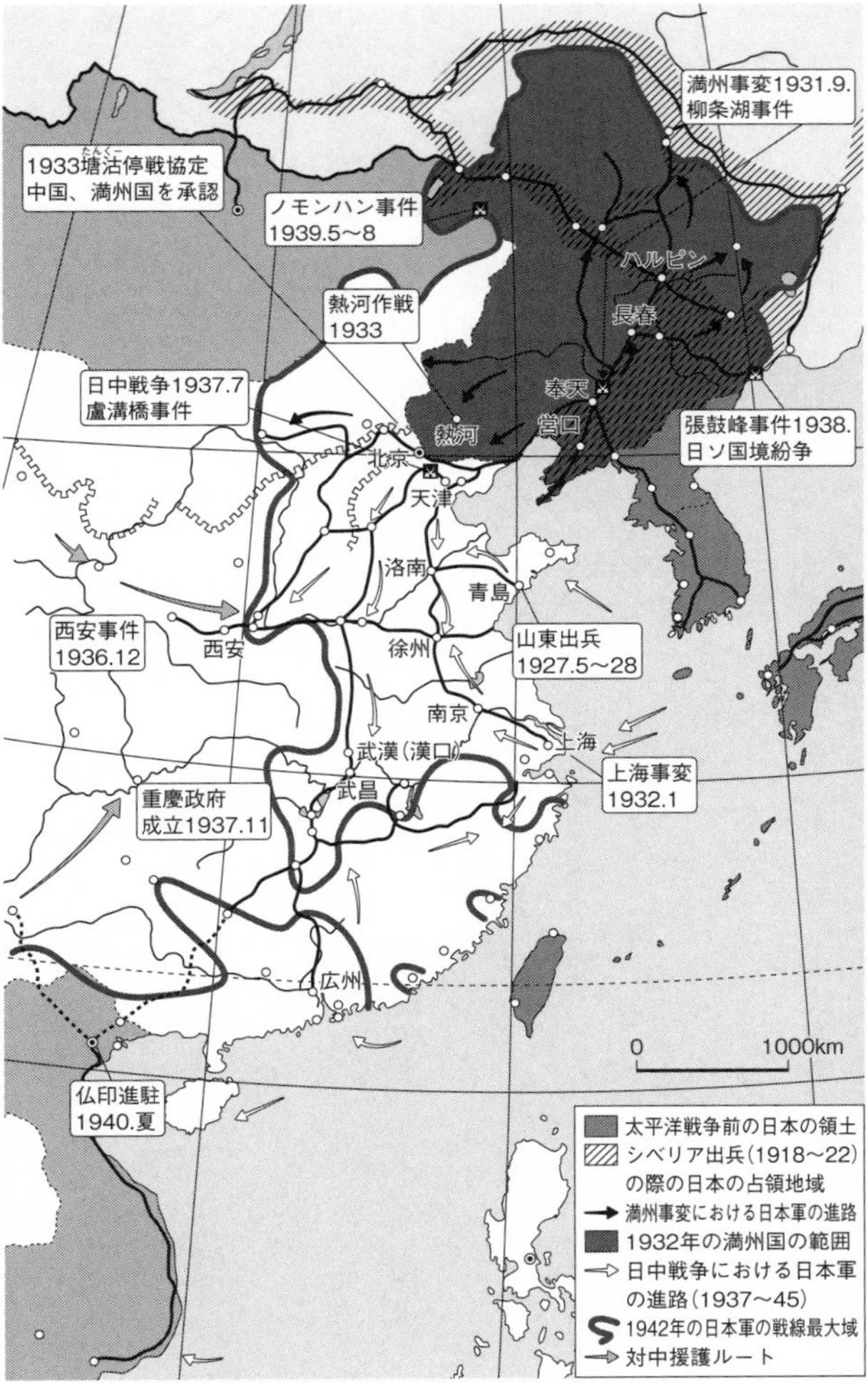

満州事変1931.9.
柳条湖事件
1933塘沽《たんくー》停戦協定
中国、満州国を承認
ノモンハン事件
1939.5〜8
ハルピン
長春
熱河作戦
1933
日中戦争1937.7
盧溝橋事件
奉天
宮口
熱河
張鼓峰事件1938.
日ソ国境紛争
北京
天津
洛南
青島
西安事件
1936.12
西安
徐州
山東出兵
1927.5〜28
南京
上海
武漢（漢口）
武昌
上海事変
1932.1
重慶政府
成立1937.11
広州
0
1000km
仏印進駐
1940.夏
太平洋戦争前の日本の領土
シベリア出兵（1918〜22）
の際の日本の占領地域
満州事変における日本軍の進路
1932年の満州国の範囲
日中戦争における日本軍
の進路（1937〜45）
1942年の日本軍の戦線最大域
対中援護ルート

図二　日本の大陸侵略

長春、営口の各都市（図二参照）も占領しました。

そうしておいてから、旅順の関東軍司令部へ「暴戻《ぼうれい》なる支那軍隊は満鉄線を破壊、守備兵を襲い、駆けつけたる我が守備隊と衝突せり」と報告しました。事件は関東軍、お得意の自作自演劇の謀略でありました（張作霖爆破事件で関東軍は満鉄爆破を使いましたが、その同じ手口を使うお粗末さでした）。

柳条湖事件の謀略の中心人物は、河本大佐の後任で、満蒙領有論者の関東軍高級参謀・板垣征四郎大佐と関東軍作戦参謀・石原莞爾《かんじ》中佐が首謀者でした。第二次世界大戦後に発表された花谷正（当時、関東軍司令部付参謀。最終階級は陸軍中将）の手記によりますと、関東軍司令官・本庄繁中将、朝鮮軍司令官・林銑十郎中将、参謀本部第一部長・建川美次少将、参謀本部ロシア班長・橋本欣五郎中佐らも、この謀略に賛同していました。

攻撃命令を出したのは出先の板垣大佐でした。「緊急突発事件」であったので、関東軍司令官の権限を「代行」したとのことでした。この報告を受けた関東軍司令官・本庄繁中将は（もちろん、示し合わせの通り）、板垣の越権をとがめるのではなく、あろうことか、「支那軍膺懲《ようちょう》」（懲《こ》らしめること）のための出動に踏みきりました。こうして関東軍の謀略事件は関東軍の軍事行動へと転化しました。翌朝一九日、日本の陸軍中央は関東軍への全面支持を決めました。

その後、緊急閣議が開かれました。時の内閣は第二次若槻礼次郎内閣、外相は幣原《しではら》喜重郎でした。南次郎陸軍大臣はこれを関東軍の自衛行為と強調しましたが、幣原外相は関東軍の謀略との疑惑を表明、外交活動による解決を図ろうとしました。しかし、二〇日の陸軍首脳会談では、この機会を利用して軍部主導による「満蒙問題の一挙解決」の方針が決められました。

それを受けた形で、二一日の閣議は、このたびの事態を「事変」と見なすと決定しました。事変と呼ばれたものに、先に北清事変（義和団事件）、近くは済南事変がありましたが、要するに、宣戦布告なき戦争でした。実は、日本はこのあとも満州事変、支那事変と名付けて戦争と言わなかったのは、そのころのアメリカは戦時中立法をもっており、戦争になると両方に戦略物資を輸出しないことにしていました。日本はアメリカからの石油などの輸入が止まると大変なことになりますので、戦争状態になっても事変であり、戦争ではないと言い張ったのです。

そして、二一日、林銑十郎中将の率いる朝鮮軍が、独断で（もちろん示し合わせて）越境し満洲に侵攻したため、現地における鉄道爆破事件であった柳条湖事件が国際的な事変に拡大しました。当時、朝鮮までは日本国であり、日本国の朝鮮軍が中国へ越境侵攻したのですから問題です。もちろん、中国は独立国で、国際連盟にも加盟していました。国境を越えて派兵するには、閣議での経費支出の承認と天皇の「奉勅命令」の伝達が必要でしたが、それを無視しての越境でした。これは明白なる軍規違反でした。しかし、出先の謀略は、政府と天皇に承認されて、公然たる国家意志の発動としての軍事行動に転化しました。

こうして出先軍が作り出した事態（既成事実）を政府が追認するという新しいパターンが生み出されました（以後、出先軍はこのパターンを常習するようになりました）。二四日の閣議では不拡大方針が決定されましたが、満州の現場はかってに動き出していました。

一八日夜の事件勃発と同時に、日本軍五〇〇人は、数時間の戦闘でわずか二人の犠牲者を出しただけで、七〇〇〇人が駐屯する中国・東北軍の北大営を占領しました。張学良の不抵抗命令を受けて東北軍が撤退したからでした。奉天城内の中国軍も戦うことなく撤退しました。時に、張学良麾下《きか》の東北軍は一八万人、航空機二六〇機を有していました。一方、関東軍は、このときは、まだ三万人弱（本来、鉄道沿線の守備が任務でした）、もし正面対決になっていたら、勝敗の帰趨は変わっていて、その後の歴史も変わっていた可能性がありました。

張が戦うことなく「不抵抗将軍」の汚名をかぶることになったのは、蒋介石の不抵抗主義があったからです。蒋介石は満州で日本軍と事を構えることを避け、まず、共産軍の打倒を優先する方針で、張学良には「日本軍の挑発にのるな」と厳命していました。

この手際よい軍事行動で引き起こされた満州事変は、日本の関東軍参謀、石原莞爾《いしはらかんじ》らによって、二年前から周到に準備され、起こされた事件でした。石原らが事変を起こした理由は明快でした。ソ連がいまだ軍事的に弱体なうちに、日本とソ連が対峙する防衛ラインを、山脈などの要害で区切られた中国とソ連の国境線まで北に上げることで日本の勢力圏を広げておくということでした。

そして、満州を、将来的に予想されるアメリカとの戦いを支える兵站基地（後方で物資や兵員を補給する場所）にしてしまおうと考えていました（のちに石原莞爾は上司東条英機とのいさかいから予備役、退役に追い込まれた後に書いた『世界最終戦論』〔一九四〇年九月刊〕で満州国建国はアメリカとの戦争に備えるためとしていました。そして満州建国後は決して中国とは事を構えず、将来の最終戦・日米戦に備えるべしという持論を持っていました。満州事変はその持論に基づき計画されていました）。

国際連盟は一九三一年一〇月二四日の理事会で期限付き撤兵案を採決しました。結果は日本だけが反対の一三対一、満場一致でないため規約上、決議は成立しませんでしたが（これが国際連盟の欠陥でしたが）、日本の国際的孤立がさらけ出されたことは確かでした。

一方、関東軍は、国際世論の批判を避けるため、あるいは陸軍中央からの支持を得るために、満洲全土の直接の領土化ではなく、急遽、傀儡《かいらい》政権の樹立へと方針を転換しました。清国の最後の皇帝であった宣統帝・愛新覚羅《あいしんかくら》溥儀《ふぎ》に対し、日本軍に協力するよう説得にかかりました。満洲民族の国家である清国の復興を条件に、溥儀は新国家の皇帝となることに同意しました。

このような工作を進めるための時間稼ぎと世界の耳目を満州からそらすために、関東軍は第一次上海事件を起こしました（後の日中戦争中にも上海事変が起きましたので、こちらの方を第一次上海事変と言います）。

第一次上海事変

この当時の上海は、一九三〇年の人口が三三〇万人で、東洋一の国際都市、東洋一の大貿易港、東洋の金融の中心となっていました（当時の大阪・東京が二一〇万人前後でした）。

当時、上海公使館の陸軍武官補佐官だった田中隆吉少佐は、柳条湖事件の首謀者・板垣征四郎大佐と関東軍高級参謀・花谷正少佐らの依頼によって、満州事変に対する世界の目を他にそらすために上海事変を計画したと後に証言しました。実行者は憲兵大尉の重藤憲史と「東洋のマタハリ」といわれた川島芳子でした。川島芳子は中国人の殺し屋を雇い、一九三二年一月一八日の夜、上海の馬玉山路を、うちわ太鼓を鳴らしながら勤行していた日蓮宗僧侶三人を襲わせ、一人は死亡、二人に重傷を負わせました（上海日本人僧侶襲撃事件）。この事件が、日ごろから中国人に反感を抱いていた上海の日本人居留民の怒りを爆発させ、青年団が中国人街に殴り込みをかけ、各所で暴力事件が続発しました。上海の工部局（行政当局）は一月二六日、戒厳令を敷き、中国人地区全域に土嚢と有刺鉄線のバリケードが構築され、外国人住民に租界内への避難勧告がなされました。

一月二八日午後に最初の軍事衝突が発生し、翌日にかけての夜間に戦闘が続きました。

前述の田中隆吉の工作による発砲事件が引き金で、日華両軍の軍事衝突が起きたと後に証言しました。あとはお決まりのコースでした。

軍事衝突発生を受けて、日本海軍は第三艦隊（司令長官：野村吉三郎中将）の巡洋艦四隻（那智など）、駆逐艦四隻、航空母艦二隻（加賀・鳳翔）及び陸戦隊約七〇〇〇人を上海に派遣することとし、これが一月三一日に上海に到着しました。更に、日本政府（犬養毅内閣）は二月二日に金沢第九師団及び混成第二四旅団の派遣を決定しました。初めから大戦争をする出で立ちでした。

一九三二年二月二〇日に日本軍は総攻撃を開始しました。上海は中国のみならず東アジアの経済の中心であり、欧米列強の権益の輻輳《ふくそう》する国際都市でした。その街の真ん中でところかまわず、大砲をどんどんぶっ放し、航空機で爆撃するのですから、確かに世界の関心は引き付けられました。中国のナショナリズムは燃え上がり、抗日意識はいやが上にもかき立てられました

この上海での戦いでは、東北（満州）の時とは違い、中国軍も死力を尽くして戦いました。日本は二度にわたって軍隊を増援し、中国軍が上海から撤退した三月一日に至ってやっと戦闘を中止しました。その日は、奇《く》しくも満州国の建国の日でした。世界の耳目を引き付けるとい

う上海事変の目的は十分に達せられました。一連の戦闘を通じて、日本側の戦死者は七六九人、負傷二三二二人でした。中国軍の損害は一万四三二六人で、中国軍がはるかに大きな犠牲を出しました。中国側住民の死者は六〇八〇人、負傷二〇〇〇人、行方不明一万四〇〇〇人と発表されました。

満州国の建国

この上海事変が起きている間に、関東軍は、一九三二年二月のハルビンの占領により、東北三省（いわゆる満州）をすべて制圧しました。傀儡政権の準備は整い、東北行政委員会は二月一八日に「国民党政府との関係を脱離し東北省区は完全に独立せり」と、中国国民党政府からの分離独立宣言を発し、一九三二年三月一日、満洲国の建国が宣言されました。

満州事変は国際連盟に加えられた決定的な一撃でした。満州事変勃発直後の一九三一年九月二一日、中国国民党政府は、日本の軍事行動について国際連盟に提訴し、連盟理事会は一二月、事実関係調査のためのリットン調査団派遣を決定しました。この調査団は、一九三二年三月から三ヶ月にわたり満洲を調査し、一九三二年一〇月に報告書（リットン報告書）を提出しました。

その中で新国家の建設段階で、自発的独立を否認し、日本の文武官の一団が独立運動を計画し、組織したものと見なし、次に現満州政府の財政、教育、司法、警察、軍隊、金融を考察し、最後に在満中国人は一般に現満州政府を支持しないと結んで、満州国は住民の意志によってできたのではなく、日本が武力によって作り上げたものとの判断を明確に示しました。

しかし、この報告書にはリットンが提案した、問題解決のための条件部分（第九章、第一〇章）というのがあって、「事変前の状態に戻ることは現実的でない」という日本の主張をとり入れ、日本の満州国における特殊権益を認め、日中間の新条約の締結を勧告して、日本が受けやすいように配慮をしていました。

しかし、日本政府はこの報告書を認めようとしませんでした。一九三三年二月二四日、国際連盟総会はリットン報告書を、賛成四二、反対一（日本）、棄権一（タイ）で可決しました。松岡洋右《ようすけ》全権率いる日本はこれを不服としてその場で退場、そして日本国内世論はこれを拍手喝采でもって迎えました。

一九三三年三月、日本は国際連盟を脱退、翌年には海軍軍縮条約をも破棄して軍備の拡張につとめました。この満州事変は、日本の武力による中国侵略の第一歩でした。また、日本の国際連盟脱退は、ヴェルサイユ体制打破の最初の大きな動きとなりました（続いてドイツが脱退し、一九三七年にイタリアが脱退しました）。

日本は、中国の敵意と世界からの孤立と引き換えに、日本に三・五倍する総面積一三〇万平方キロメートル、人口四三〇〇万人（一九四〇年）もの満州を軍事力で無理矢理に手に入れました。

中国共産党の長征（大西遷）

蒋介石は、満州国がほぼ既成事実になると、国内の共産党勢力を一掃し、国際的信頼をとりもどし、西欧諸国の協力も得て日本に当たることにし、共産党討伐を再開することにしました。

蒋介石は一九三三年九月から第五包囲討伐作戦を開始し、一〇〇万人の軍隊、二〇〇機の航空機、トーチカ（コンクリートで固めた防御陣地）を築いて包囲を固めながら、三方から攻め上がりましたので、これに紅軍が正面作戦で立ち向かうのは不可能でした。瑞金の陥落は避けられない情勢となり、一九三四年一〇月、ついに共産党中央は残存の紅軍第一軍八万人の兵力の撤退・南下・包囲網の突破を決定しました（八六ページの図一参照）。

毎日、何十機という航空機が偵察と爆撃を行い、地上では何十万という大軍が包囲し、追撃する中を紅軍第一軍は逃避行を行いましたが、一二月に湘江を渡河した時には三万人あまりの兵力に激減していました。

一九三五年一月、貴州省北部の山間の小さな町・遵義《じゅんぎ》（図一参照）に入城しました。ここで紅軍及び党中央は一〇日あまりの休養を得ることができました。この休養期間中、遵義会議が開催され、その後の行軍方針と戦略を決定しました。この中で従来の共産党指導者であった秦邦憲、オットー、周恩来が批判の対象となり、周恩来は自らの過ちを認めて朱徳らとともに毛沢東を支持し、毛沢東が実質的には共産党の最高指導者となりました。この遵義会議が中国共産党における一大転換点となりました。

その後、共産党は、今度は「北上抗日」の政治目標を掲げて陝西省北部の根拠地を目指して出発し、図一のように二年かけて、江西省・湖南省・貴州省・四川省・甘粛省・陝西省と転戦、大自然・軍閥・国民党軍を相手に戦って、一九三六年一〇月に忽然《こつぜん》と陝西ソヴィエト区の延安に姿を現し、長征の完了を宣言しました。これ以降、延安を党中央の所在地とし、陝西省北部一帯を中央根拠地として各地に根拠地を建設していきました。こうして毛沢東の指導権が確立され、国民政府に対する攻勢に転じる転換点として、共産党はこの「長征一万里」を、今でも栄光ある事業と位置づけています。

この長征の最中に、コミンテルンが従来の中間階級こそ革命の敵とする社会ファシズム論から路線転換をして、ファシズムに反対する幅広い統一戦線の形成を追求する方針に転じました。その結果、モスクワの中共代表団は一九三五年八月一日、抗日民族統一戦線を呼びかけた「八・一宣言」を出しました。この宣言で国防政府の成立を要求し、中国共産党の軍隊が国防政府の指導のもと、共同して抗日闘争にあたることを宣言していました。この八・一宣言の内容は上海や北京といった中国の大都市に広まり、国内の世論は内戦の停止と共同して日本へ対抗する方向に傾いていきました。

日本軍の華北侵略

国際連盟を脱退した日本でしたが、日本というか関東軍というか、その野望は満州国だけではおさまりませんでした。関東軍は、一九三三年二月中旬に熱河《ねっか》（九九ページの図二参照）侵攻作戦を起こし、三月初め、省都の承徳を占領しました。さらに中国側の反撃を利用し、長城を越えて河北省に入り、北平（北京）から三〇キロの線にまで攻め込み、一九三三年五月に塘沽《たんくー》停戦協定（図二参照）を結び、熱河省まで満州国に組み入れてしまいました。

出先の軍部の狙いは満州の次は華北であり、反日事件や停戦協定違反を口実に、ずるずると華北に浸透していって、いわゆる「華北分離工作」を推進していきました。一九三五年六月、国民政府軍事委員会北平（北京）分会の責任者・何応欽《なんおうきん》が支那駐屯軍司令官・梅津美治郎《うめづよしじろう》の要求に屈して、中央軍・国民党党機構などの河北省からの撤退を決めた梅津・何応欽協定に調印しました。これで河北省が日本軍の手中に入りました。

半月後の土肥原《どいはら》・秦徳純《しんとくじゅん》協定は、チャハル省（現在の内蒙古）東部の非武装地帯化・国民党機関の撤退などを規定したものでした。日本はそれにもまだ満足することなく、さらに「北支那」全部を準「満州国」化しようとしました。日本軍の次の目標は塘沽《たんくー》停戦協定で決められていた華北の非武装地帯でした。一九三五年一一月、日本軍は、この非武装地帯となっていた冀東《きとう》地域に日本の傀儡政権である冀東《きとう》防共自治委員会を組織させ、中央離脱、自治宣言をさせました。

日本の進出が長城に関係なく華北にも及ぶことを知った蒋介石は冀東防共自治政府を認めず、他の北支軍閥が同じように独立の宣言をしないように一九三五年一二月に宋哲元を委員長として華北・チャハル二省と北平と天津を基盤として冀察《きさつ》政務委員会を創設しました。このように華北には日本・国民党政府・諸軍閥の駆け引きにより、二つの異なる自治政権が誕生しやがて両者は対立を深めていきました。

西安事件

国民政府主席蒋介石は、張学良を陝西省に移して、長征を終えて陝北に着いた共産党討伐に従事させていました。しかし、張学良は、父である張作霖が殺害されたことから抗日的気運が高く、共産党との国共内戦の停止、一致抗日の主張に対して共感し、紅軍に対する攻撃が消極的となっていました。

これに対し、蒋は一九三六年一〇月、紅軍（共産党軍）の根拠地に対する総攻撃を命じました。そして蒋介石は消極的な張学良を督戦するため、一二月四日に西安に行きました（図二参照）。西安に来た蒋介石に対し、張学良は内戦を停止するように説きましたが、蒋介石は聞く耳を持ちませんでした。

世界を驚かせた西安事件が発生したのは、一九三六年一二月一二日のことでした。中国の最高指導者・蒋介石が西安東部の華清池《かせいち》で部下の張学良・楊虎城によって捕らえられ、「兵諫《へいかん》」（兵の力によって諫《いさ》めること）に及んだのです。張は蒋を捕らえると監禁し、この挙が抗日救国のための決起であると述べ、次の八項目を要求するとともに、内外に「通電」（新聞社、団体等に公開電報を打って意見を表明する）しました。

その八項目とは①南京政府の改組、諸党派共同の救国、②内戦の停止、③抗日七君子の釈放、④政治犯の釈放、⑤民衆愛国運動の解禁、⑥人民の政治的自由の保証、⑦孫文遺嘱《いしょく》の遵守《じゅんしゅ》、⑧救国会議の即時開催でした。

共産党の周恩来、秦邦憲、葉剣英が西安に入り、討伐対象にされていた共産党からして平和的解決による挙国抗日の路線を打ち出しました。張学良は共産党の周恩来と歩調を合わせて、あくまで抗日を蒋に要求し続けました。周恩来は黄埔《こうほ》軍官学校で蒋の部下だったこともありました。

その後、蒋は張らの要求を容れ、親日派を追放しての政府改組、政治犯釈放、紅軍と連合しての抗日の協定ができ、蒋介石は解放されました。南京に到着した蒋を迎えたのは、大歓迎の人波でした。蒋は南京まで護送した張学良を幽閉しました。

二・二六事件と日本の大軍拡

満州事変が起きた一九三一～三二年には、日本政府の支出の三一％が軍事費でしたが、一九三六～三七年にはそれが四七％にまで増えました。昭和金融恐慌などを乗り切るために積極財政をとった高橋是清蔵相は、それ以上の増加を抑えようと努力しました。しかし、彼は一九三六年二月二六日のクーデター未遂事件「二・二六事件」で軍国主義者の手にかかって暗殺され、歯止めがきかなくなった軍事費はうなぎのぼりに増えていくことになりました。

二・二六事件ですが、陸軍青年将校（二〇歳代の隊附の現役大尉、中尉、少尉）らは、かねてから「昭和維新、尊皇討奸《そんのうとうかん》」をスローガンに、武力をもって元老重臣を殺害すれば、天皇親政の軍部独裁の政権が実現し、彼らが政治腐敗と考える政財界の様々な現象や、農村の困窮が終息すると考えていました。

一九三六年二月二六日早朝、決起青年将校たちは一四八三人の下士官兵を率いて、岡田啓介内閣総理大臣、鈴木貫太郎侍従長、斎藤實内大臣、高橋是清大蔵大臣、渡辺錠太郎陸軍教育総監、牧野伸顕前内大臣を襲撃しました。

二月二六日午前九時、川島陸相が天皇に拝謁し、反乱軍の「蹶起《けっき》趣意書」を読み上げて状況を説明しようとしたら、天皇は「なにゆえそのようなもの（蹶起趣意書）を読み聞かせるのか。速やかに事件を鎮圧せよ」と命じました。この時点で陸軍幹部は昭和天皇が反乱軍の意向をまったく問題にしていないことが明瞭になり、決起将校たちに対する態度を急変させました（それまでは陸軍幹部の一部には決起将校に同調している面もありました）。

天皇の意を汲んだ陸軍と政府は彼らを「叛乱軍」として武力鎮圧を決意し、包囲して投降を呼びかけました。最終的に叛乱将校たちは下士官兵を原隊に復帰させ、一部は自決しましたが、大半の将校は投降して裁判を受けて、事件の首謀者達一五人はその年の七月に銃殺刑に処されました。

二・二六事件で青年将校たちは鎮圧されましたが、彼らは目的を達成したと言えます。その後の日本においては軍部の威圧に押され、それに表立って反対する政財界人はいなくなり、（口を出さなくなった）天皇をいただいた軍部独裁が達成されました。

二・二六事件後、日本の軍国主義の暴走に歯止めをかけるものがいなくなり、一九三七年には、軍事費は国の支出の七〇％、国民所得の二八・二％（普通、この数字は一〇％が限界だと言われています）となり、欧米列強のトップでした。一九三〇年代後半には、日本の軍隊はイタリアとは比べものにならない好条件に恵まれ、おそらくフランスやイギリスよりも軍備の点でまさっていました。

《三》日中戦争と太平洋戦争

盧溝橋事件と日中戦争の勃発

一九三七年七月七日の夜一〇時四〇分頃、盧《ろ》溝《こう》橋《きょう》（北京市南西部を流れる永定河に架かる橋）での銃声で日本軍と中国国民革命軍第二九軍との衝突事件が起き、それが日中全面戦争の発端となりました（九九ページの図二参照）。

当時の日中両軍の事件の発端についての見解は、もちろん、大きく異なっていました。その後の日本側研究者の見解は、「中国側第二九軍の偶発的射撃」ということで、概ね一致を見ています。中国側研究者は「日本軍の陰謀」説を、また、日本側研究者の一部には「中国共産党の陰謀」説を唱える論者も存在します（満州事変などと異なって、日本側には事件後の計画がなかったこと、中国側には動機がないことから、〈どちらが先に撃ったかはわかりませんが〉この事件そのものは、偶発的なものであった可能性が高いようです）。

なお、この両軍の戦闘において日本軍の損害は死傷者十数人、中国側の損害は死者二〇数人、負傷者は六〇人以上でした。

八日早朝、事件の第一報を知らせる電報が日本本国の陸軍中央に到着しました。

一八時四二分に参謀本部より支那派遣軍司令官宛、「事件の拡大を防止するため、更に進んで兵力の行使することを避くべし」と不拡大を指示する参謀総長電が発せられました。これは参謀本部の実質的な責任者であった石原莞爾《かんじ》少将（参謀本部次長）の主導によるものでした（前述しましたように、石原莞爾は満州国建国後は中国との戦争は絶対避ける方針でした）。

九日夜、参謀本部より支那駐屯軍参謀長宛、「中国軍の盧溝橋付近からの撤退」「将来の保障」「直接責任者の処罰」「中国側の謝罪」を対支折衝の方針とするよう通達する電文が、石原次長名をもって発せられました。

一〇日、現地では前日の石原次長電を受けた形で、橋本参謀長は中国側に対して、電文の四項目を骨子とする要求を提出し、以降、この内容を軸に交渉が継続されました。

その結果、現地の中国側は、一一日午後八時、北平（北京）にとどまっていた交渉委員・松井特務機関長に対し、日本側の四項目の提議を受け入れ、第二九軍代表・張自忠、張允栄の名をもって署名の上日本側に手渡し、一一日夜八時、停戦協定（松井‐秦徳純協定）が成立しました。

ところが、今度の場合は（満州事変のときとは異なって）現地ではなく本国の九〜一一日の政治折衝の過程で（現地の情勢とは関係なく）結論がひっくり返されてしまいました。

日本本国（陸軍内部）に拡大派と不拡大派があって、不拡大派の石原莞爾の指示で、本事件は、現地での停戦交渉の成立をもって終息に向かったはずでしたが（現に停戦協定が成っていました）、今度は本国の陸軍内部の、この際やってしまおうという拡大派（北支問題をいっきに解決しようとするグループ。満州事変が結果よしだったので、柳の下にドジョウという人間はいつでもいるものです）が巻き返したのです。

一〇日午前、参謀本部第三課と第二部が「支那駐屯軍の自衛」「居留民保護」を理由とする派兵提案を含む情勢判断を提出しました。

一一日一一時三〇分：五相会議にて、陸相の「威力の顕示」による「中国側の謝罪及び保障確保」を理由とした内地三個師団派兵等の提案が合意されました。

同日一四時〇〇分：臨時閣議にて、関東軍・朝鮮軍・内地師団の華北派兵を閣議決定し、事件を北支事変として華北へ出兵（増員）することにしました。

同日一六時二〇分：近衛首相は葉山御用邸に天皇をたずね、北支派兵に関し上奏御裁可を仰ぎました。開戦にあたり、杉山元《はじめ》陸軍大臣は天皇に対し「事変は一ヶ月くらいで片付く」との見通しを述べたと言われています。

同日一八時二四分：「北支派兵に関する政府声明」により、北支派兵を発表しました。早々と「北支事変」との名称の使用を決定し、事変は「支那側の計画的武力抗日」によるものだとして、三個師団派兵の声明を発表しました（調査もしないで「支那側の計画的武力抗日」と決まり文句。最初から一戦を交えるつもりの用意周到さでした）。

同日二一時〇〇分：近衛首相は政財界有力者、新聞・通信関係者代表らを首相官邸に集め、国内世論統一のため協力を要請しました。以降、有力紙の論調は、「強硬論」が主流となりました。

これまでのところでは中国と全面戦争をする考えも計画もいっさいなかったのは確かです。それは、近衛首相の行動からもわかります。一一日の午後の閣議で決めて、天皇に上奏し、政府声明を出し、政財界人・新聞関係者などとの会見を半日で終えてしまっているところをみると、「いつもの通りで、まあ、すぐ終わりますよ」というような感じではなかったかと思われます。

（それにしても半日ですべて終えるとはいかに日本首脳が軽く考えていたかがわかります。これを相手の身になって考えればすぐ、ことの重大性がわかることです。中国は満州事変以来、熱河、河北、内蒙古、華北と削り取られてきていました。たとえば、北海道がとられて、やがて青森、岩手とちびりちびりかじられて、仙台にも手を出したとなれば、窮鼠猫をも噛むとなることは明らかでしょう。日清・日露・満州事変などで奢っている日本人には相手国の立場でものを見ることはまったくなくなっていたようです。）

声明にはいつものように「不拡大」をうたっていましたが、これはあてになりません。自分の側の都合しだいで、事変はきわめて融通《ゆうずう》無碍《むげ》に「拡大」あるいは「終息」できると考えていたのでしょう（戦争は相手があることをまったく考慮していなかったようです）。今度は本国の方から現地が頼みもしないのに派兵を一方的に決めてしまったということは、現地にこれからの作戦計画もなかったということになります（実際、ありませんでした）。

一三日、日本軍は支那駐屯軍の司令部所在地の天津（九九ページの図二参照）で大規模な攻勢に出て、イギリス・フランス租界をのぞく全市街を制圧しました（一一日に現地で停戦協定が成立していた中国側は驚いたことでしょう）。

事態の急展開に迫られた蒋介石は、一七日に廬山《ろざん》で、中国も究極的には「抗戦」するであろう、状況が戦争にまでなるかどうかは日本の態度しだいである、との談話を発表し、日本に対する最後のシグナルを送りました。一九日、中国側は、日中両軍の同時撤退案と外交交渉案を通告するとともに、武力行使の可能性を宣言しました。

日本軍は二八日に華北一帯で総攻撃を開始し、翌日には天津を占領しました。日本軍は空爆と砲撃により、天津の南開大学を破壊し尽くしました。一方、古都「北京」は無血開城により破壊を免れました。

二九日には通州《つうしゅう》事件が起きました。通州とは、北平（北京）の東約一二キロにあった通県

（現在の北京市通州区北部）の中心都市であり、突如約三〇〇〇人の冀東防共自治政府保安隊（中国人部隊）が、華北各地の日本軍留守部隊約一一〇人と婦女子を含む日本人居留民約四二〇人を襲撃し、約二三〇人が虐殺されました。殺され方が極めて残虐であったとされ、日本の対中感情は大きく悪化しました。

第二次上海事変

ことここに至り、蒋介石は一九三七年七月末日に和平絶望・徹底抗戦を表明しました。あわせて、政治犯として捕らわれていた救国七君子（一九三六年に逮捕した七人の抗日救国運動指導者。西安事件で蒋介石が張学良に約束した項目の一つでした）を保釈しましたから、人々もようやく蒋が本気で抗日を決意したことを確信できました。ここに至って、ついに日中戦争が始まったのです。

日本政府は当初華北での限定作戦を意図して戦闘の不拡大方針を取っていましたが、八月九日に上海で大山中尉殺害事件が発生し、一三日には中国軍の攻撃によって第二次上海事変が勃発し、戦火は華中にも飛び火することになりました（図二参照）。

今度の上海事変は中国軍から積極的に攻めてきました。日本政府は、一四日夜から緊急閣議を開き、それまで日本側が取ってきた事態の不拡大政策を見直し、八月一五日未明、「支那軍膺懲《ようちょう》、南京政府の反省を促す」との声明を発表し、上海派遣軍が編制されました。日本海軍は、九州から南京への航空機による渡洋爆撃をこの日より開始し、国民党軍機を駆逐し上海周辺の制空権を掌握していきました。

八月一五日の日本政府声明・上海派遣軍決定・南京渡洋爆撃の開始を受けて、その翌日八月一六日、蒋介石は陸海空軍総司令官に就任し、日本軍に対する総攻撃を命令しました。当時、中国の陸軍は約二〇〇個師団（二二〇万人）でした。

八月二一日、中華民国とソヴィエト連邦の間で中ソ不可侵条約が締結され、共産党軍（紅軍）が「国民党所属第八路軍」に改編されました。総司令は朱徳、副総司令は彭徳懐、全軍三万二〇〇〇人が三個師団に改編され、山西・河北・山東三省をおおう第二戦区が割り当てられました。さらに一〇月中旬には、江南の紅軍が新編第四軍に改編されました。

条約締結と同時にソ連から中国国民政府に対する武器の供給も開始され、ソ連からは武器購入代金として二億五〇〇〇万ドルが渡され、航空機一〇〇〇機、戦車、大砲が売却されました。ソ連政府はおよそ三〇〇〇人の軍事顧問団を中国に派遣しました。同時期に中国側は第二次国共合作を成立させ、全面戦争の体制を整えました。

八月二二日、日本の上海派遣軍の三個師団が、上海北部沿岸に艦船砲撃の支援の下で、上陸に成功し、九月上旬までには上海陸戦隊本部前面から国民党軍を駆逐しました。

九月初め、上海事変の発生にともない、南北の戦いを合わせて、当初の「北支事変」は「支那事変」に名称が改められました。日本がここで名称を改めたのは、ここで初めて日本がこの戦争を中国との全面戦争と認識したからだと言われています。

上海の攻防だけでも、日本はその誤算に気づくに十分であるはずでした（この段階なら手が引けました）。当時、日本軍の完全師団は二四、うち朝鮮に一個師団、内地に二個師団ありました。五個師団は関東軍として満州の地にあり、中国に一六個師団を投入しましたが、そのうち、上海戦線には九個師団（約三〇万人）を投入していました。

翌一九三八年には一〇個師団増の全三四個師団として、内地には近衛師団一、朝鮮に一、満州に八、残り二四個師団を華北・華中、それに新たに開いた華南の戦線へとつぎこんでいきました。日本が短期決戦で決着をつけようとしたことは、この根こそぎ動員からも見てとれますが、最初から無理をしていました。

しかし、中国は広大で前述したように国民政府の陸軍だけでも二〇〇個師団二二〇万人でした。日本が大本営を設置したまさにその日に（一一月二〇日）、国民政府は重慶に遷都して抗戦を続けると宣言しました（首都南京は失陥した上海から近かったのです）。

南京陥落と南京虐殺

一〇月二六日に上海近郊の要衝大場が陥落、国民党上海攻囲軍は以後南京への全面壊走に入りました。日本軍は、一一月中旬、上海全市を占領しました。

上海で中国軍を撃ち破った勢いに乗り、上海派遣軍と第一〇軍は、「首都の南京をやったら敵はまいる」と考えて、軍中央の不拡大方針を無視して首都南京へ進撃しました。一二月一日、軍中央は、現地軍の方針無視を追認する形で、新たに両軍の上位に編成した中支那方面軍に対し南京攻略命令を下達しました。一二月八日、中支那方面軍は南京を包囲、一二月九日、同軍司令官の陸軍大将松井石根《いわね》は、中国軍に対し開城（降伏）を勧告しました。中国軍が開城勧告に応じなかったため、一二月一〇日、日本軍は攻撃を開始しました。

中国軍は崩壊し続け、一二月一一日、蒋介石は南京固守を諦め、唐生智に撤退を命令しました。唐生智は撤退命令を出しましたが、すでに命令伝達系統が破壊されつつあり、命令は全軍に伝わりませんでした。一二月一三日、中国軍は総崩れとなり、南京城は陥落しました。

ここで日中戦争中、最も悪名高い南京虐殺事件が起きました。一九三七年一二月一三日の南京陥落の翌日から約六週間にわたって行われた南京城の城内・城外の掃討で（第一六師団が掃討を行いました）、大規模な残虐行為が行われたと言われています。

被害者数は数万人、十数万人、二〇万人、三〇万人とも言われていて（日本では否定説、数千人説もありますが）、今のところ確定は難しいようです。陥落時の南京の人口は二〇万人ぐらいと推定されていて、三〇万人説は過大と思われますが、上海事変以来の中国兵の戦死者、捕虜で虐殺された数を入れている、入れていない、期間などにもよって大きく異なるようです。

というのは、南京の前にも、日本軍は移動中に上海、蘇州、無錫、嘉興、杭州、紹興、常州のような場所でも捕虜や市民への虐殺・略奪を続けていたとされ、それは日本軍兵士・将校の従軍日記や回想録からも、進軍中にそれらが常態化していたのではないかと疑われています。かなりの虐殺があったことは間違いないようです。

　極東国際軍事裁判では、事件当時に中支那方面軍司令官であった松井石根（陸軍大将）が、不法行為の防止や阻止、関係者の処罰を怠ったとして死刑となりました。南京軍事法廷では、当時、第六師団長だった谷寿夫（陸軍中将）が起訴され死刑となりました。谷は申弁書の中で虐殺は中島部隊（第一六師団）で起きたものであり、自分の第六師団は無関係と申し立てを行っていました。

　南京陥落前に駐華ドイツ大使トラウトマンによる和平工作が模索され、蒋介石も一時講和に前向きな姿勢を見せていましたが、南京陥落で気をよくして強硬姿勢に転じた近衛内閣が一二月下旬に、従来の和平条件を重くした新たな第二次和平案を国民政府に伝えたため、和平工作は頓挫してしまいました。

和平工作を打ち切った翌日の一九三八年一月一六日に、近衛内閣は「帝国政府は爾後国民政府を対手とせず。真に提携するに足りる新興支那政権に期待し、これと国交を調整して更正支那の建設に協力せんとす」と声明を発しました。これが有名な近衛内閣の「国民政府を対手とせず」声明（第一次近衛声明）でしたが、はて、これからどうするか、日本政府も軍部も次の見通しは何もありませんでした。ただ長期戦になるという認識だけはありました。

このように支那事変（日中戦争）は一ヶ月はおろか、九ヶ月経っても事変は解決せず、国家の総力を挙げねばならなくなりました。そこで、近衛内閣は、一九三八年四月一日、国家総動員法を公布し、日中戦争の長期化による総力戦の遂行のため、国家のすべての人的・物的資源を政府が統制運用できる（総動員）ようにしました。

果てしなき中国戦線

南京戦役で勝利した日本の支那派遣軍は、はてしなき中国大陸へと戦線を拡大していきました。日本軍は一九三八年五月一九日に徐州占領に成功しましたが、次に中国の要衝・武漢を攻略することを目的として武漢作戦を発令しました。日中戦争中、最大規模の三〇万人以上の兵力で行われました。日本軍は南方からの輸送路を断つべく、武漢作戦とあわせて広州作戦を展開し、まず広州を占領しました（九九ページの図二参照）。武漢三鎮への攻撃は一九三八年八月から開始され、一〇月二五日には中国軍は武漢（漢口）市内から姿を消し日本軍が突入占領しました。また一一月九日に通城を、一一月一一日に岳州を占領し作戦は終了しました。

この結果、図二のように、日中戦開始から一年五ヶ月で、「支那の要域」、河北・内蒙古・山西・山東・江蘇・浙江の各省と長江に沿って湖北省に至る地域、および広州一帯を占領し、国民政府を重慶に押し込めることに成功しました。日本軍はこれ以後も中国との戦争を七年間も続けましたが、基本的にこの占領地域をあまり広げることはできませんでした。

大東亜共栄圏構想

日本は一九三八年一一月三日、いわゆる「東亜新秩序」声明を公にしました（第二次近衛声明と言われました）。近衛文麿首相が発表した日本、満州、支那（中国）三ヶ国についての構想で大東亜共栄圏構想はここから始まりました。はじめから大東亜共栄圏構想があったわけではありません。あとから理屈付けしたのです。

ここに、日中戦争は基本的に対峙の段階に移りました。国民政府は四川省を中心とする支配地域を「大後方」と呼んでそこに抗戦体制をうち立てました。日本軍占領各省でも日本軍の占領の及ばぬ地域には、重慶政府に属する行政府が置かれていました。国民政府の系統が、いわば非占領地域を押さえたとすれば、共産党の辺区政府は日本軍の占領地域に入り込み、「根拠地」を作って遊撃戦を展開しました。

日本軍が一九三八年末に占領していた地域の人口は、省単位で加算すればほぼ満州の一〇倍、三億人ほどもありました。それほどの地域と民衆を、二四個師団、一〇〇万人の軍隊で押さえきるには無理がありました。日本の支配は広い面積を占めるように見えましたが、実際には「点と線」の占領にすぎず、それは基本的に敗戦まで変わりませんでした。

三国同盟を仕掛けた日本

一九三九年九月にドイツのポーランド侵攻によって始まった第二次世界大戦において、一九四〇年五月にオランダ、六月にフランスが敗北し、ドイツがガゼン有利になると三国同盟の締結論が（再び）盛り上がってきました（過去にも日独防共協定の同盟強化案を検討したことがありました）。陸軍ではこの「バスに乗り遅れるな」という声が高まり、オランダ領インドネシアやマレー半島を確保しようとする「南進論」の動きが高まりました。陸軍首脳は親英米派の米内内閣倒閣に動き、一九四〇年七月に近衛文麿を首班とする第二次近衛内閣が成立しました。

第二次近衛文麿内閣は、ヨーロッパ情勢の激変（フランス降伏）を、東南アジア方面に進出し、天然資源を確保して、自給自足の「大東亜新秩序」を樹立する好機ととらえ、その方向を一九四〇年七月二六日に「基本国策要綱」として定めました。近衛内閣には外相として松岡洋右が入閣しましたが、松岡はもともと日・独・ソ・伊四ヶ国同盟を主張していました。

さっそく、一九四〇年九月七日から松岡外相はドイツの特別使節ハインリヒ・スターマーと松岡洋右の私邸で交渉を開始しました。論点は対米戦に自動参戦（ＡとＢが同盟していて、ＡとＣが戦争になれば、Ｂは自動的にＣと戦争に入る）するかどうかでした。自動参戦の明記を求めるドイツ（スターマー。すでに第二次世界大戦を始めていたドイツはそれほどアメリカの参戦を避けようとしていました）とそれを避けようとする日本（松岡）の交渉の結果、条約ではなく交換公文において「第三条の対象となる攻撃かどうかは、三国で協議して決定する」こととし、条約上自動参戦条項は空文化しました（松岡が自動参戦を避けようとしたのは、以前、平沼騏一郎首相が、日独防共協定の同盟強化案を昭和天皇に奏上したときに、昭和天皇は対米戦を危惧して自動参戦条項は盛り込まないようにと注意したことがありました）。

松岡とスターマーは短期間に三国同盟案をまとめ上げ、九月一三日の四相会議、一四日の大本営政府連絡会議、一六日の閣議を経て同盟締結の方針が定まりました。九月一九日の御前会議で決定され、九月二七日、ベルリンで三国代表による調印式と松岡・スターマーは、たった二〇日間で条約をすべて仕上げてしまいました。

しかし、九月一九日の御前会議で、原枢密院議長の質問（これは昭和天皇の質問を代弁しているとされていました）を見ますと、「（前略）本条約は米国を目標とする同盟条約にして、これを公表することにより、米の参戦を阻止せんとする独伊の考えなり。米国は最近、英国にかわり、東亜の番人をもって任じ、日本に対し圧迫を加えあるも、なお日本を独伊に加入せしめざらんがため、かなりの手控えあるべし。しかるにこの条約の発表により、日本の態度明白とならば、極力日本に対する圧迫を強化し、極力蔣介石を援助し（中略）経済圧迫を加うべく、日本に対し石油、鉄を禁輸し（中略）長期にわたり日本を疲弊、戦争に堪《た》えざるに至らしむるごとく計《はか》うるべしと考う。」（この質問はその後一年間に日本に生じた問題をすべて的確に予測していて、一年後の四一年九月六日と一一月五日の御前会議で対米戦決定に追い込まれることになります。）

　この質問に対して、松岡外相が、ドイツを仲介にソ連から石油をもらえるとか、ドイツの圧力で蘭印（今のインドネシア）の石油を得るとか（つまり、ドイツが勝つことを前提にしています）、まったくでたらめな答えをしたのを、原議長は蘭印の石油は英米資本の会社が経営しているのだから、そこの石油がドイツの仲介で手に入るとは到底考えられないと切り込みましたが、松岡外相は、一転「今や米国の対日感情は極端に悪化してありて、わずかの機嫌取りして恢復するものにあらず。（中略）我の毅然たる態度のみが戦争を避くるを得べし。（中略）ヒトラーの考えも、極力米国との戦争を避け、しかのみならず、対英戦争終了（ドーバー海峡上で激しい空中戦が行われている最中。結局、一一月にドイツが敗けました）せば、極力米国と親善を図りたき意向なり」と、アメリカと戦争を避けるためには、日本側が強く出るしかないと開き直った主張をしました。結局、突っ込んだ検討をしないで逃げましたから、一年後の御前会議で日本は戦争に追い込まれてしまうようになりました。この三国同盟は、実質、日本の方向性を決めさせた同盟でした。

（独伊との同盟に入るか、中立で米英とも付き合うか。同盟は日本にすべて選択権があると思ってはなりません。相手側・アメリカにもあります。日本が独伊と組むことがはっきりすれば、その時点でアメリカ側は英側と組むことを決断することもありうるのです。実際、アメリカ・ルーズベルトは早い時点で結論を出していたようです。日本の運命を決めたのは、一年後の一九四一年九月、一一月の御前会議ではなく、この三国同盟加盟を決めた一九四〇年九月の御前会議にあったのです）

では、なぜ、日本は自分の方からドイツを誘ってまで三国同盟を結んだのでしょう。ドイツには日本にアメリカを牽制させるという目先に迫ったメリットがありました（イギリスが落ちるかどうかの寸前にあり、そこにアメリカに参戦されれば、ドイツは敗退する可能性は大でした）。では日本にとって、三国同盟の真のメリットは何だと考えていたのでしょうか。

この時点（一九四〇年九月）に返って見ますと、日本の政治家も官僚も、もうすぐドイツがイギリスを降伏させると思っていました。それは、九月にもありうると思っていました（実際には、このころ激しいバトル・オブ・ブリテン〈英独の空中戦〉がドーバー海峡で行われましたが、結局、一〇月末、イギリスの勝利で終わり、ヒトラーはイギリス上陸作戦を断念しました）。

現実に当時（一九四〇年九月初め）、外務省を中心に陸軍、海軍など各省の官僚が集まって検討会議を何度かやっていました。第一次世界大戦で敗けたドイツは、ヴェルサイユ条約によって、南太平洋に持っていたドイツの植民地をすべて放棄させられ、一応、国際連盟の委任統治領と称していましたが、結局、イギリス、フランス、日本などの植民地にされてしまいました（日本はそのおこぼれに与って、サイパン、テニアン、ヤップ、パラオ、トラックなどを領有していました）。

今度はドイツが勝利することが確実である（と日本の軍部・官僚は確信していました）。そこで日本の官僚は思いました。第一次世界大戦で憂き目を見たドイツは、ここぞとばかりに、英仏蘭の保有する植民地を取り上げるだろう（ヴェルサイユ体制打破のナチス・ドイツなら当然のことである）。オランダの石油を豊富に産出するジャワ、インドネシアの半分を、フランスのベトナムやカンボジア、インドシナ、イギリスの香港、シンガポール、マレーシア、フィジーを取り上げるだろう。このドイツが太平洋に、東南アジアに帰ってくる前に同盟を結んでおけば、ドイツに優遇してもらえる。

この検討会議では、陸軍、海軍、外務の官僚たちは、（巷間いわれるような）ドイツというバスに乗り遅れるなという話ではなく、泥沼化していた日中戦争を打開する唯一のチャンスと見なして、（ドイツが勝つことを確信して）取らぬ狸の皮算用に熱中していたことがわかっています。当時の官僚はアメリカのことなぞ、つまり、アメリカと戦争になることなど（一年先になるのですが）考えてもいなかったのです。官僚というものは、今でも昔でもそんなものです。目先の利益（官僚ですから目先の国益や省益）だけしか考えません。第二次世界大戦後はアメリカに従っていればいいので、ソ連、中国、朝鮮などにはほとんど見向きもしなかったのです。

日本軍の南進

一九四〇年九月二七日に日独伊三国軍事同盟が締結されました。予想されたように、アメリカの反発を招き、あらゆる種類の屑鉄《くずてつ》の対日輸出が禁止される結果を招きました。また、ドイツ軍のイギリス本土上陸を阻止したチャーチルは一〇月中旬以降にビルマからの援蔣ルートの再開を決定して、日本の「南進」に対抗する姿勢を示しました。このようにヨーロッパ情勢の激変を利用した日本の「南進」政策は、明らかに米英の警戒や反発を招いてしまいました。

逆に、九月二七日の三国同盟の成立は、それまで日本との孤立した戦いを余儀なくされていた中国にとっては、米英との同盟強化のチャンスと受けとめられ、重慶政権側の戦意はむしろ高まる傾向を見せていました。ルーズベルトは九月二五日、重慶国民政府に対し、二五〇〇万ドルの借款供与を発表し、また一一月三〇日には、五〇〇〇万ドルの借款追加と戦闘機の供与を決定しました。アメリカの中国援助が明確化されました。

（これは現代についても言えることですが、同盟によって敵国を抑止する、戦意をなくさせるという発想はいつの時代でもその逆の効果が大きかったと言うことです。ある同盟を形成して、他を圧倒（抑止）しようとすれば、人類という動物は必ずそれに反発して、それに反する同盟を形成するのが常でした。それは自分（自国）ならどうするかと考えれば、すぐわかることです。後述しますが、明らかに米中の行動は覇権の交代期の行動に入っています。現在、台湾海峡で火花が散っています。アメリカが台湾に対する武器援助を強化しています。日本が安易に同調していると、その先に何が起きるか。歴史を顧みて自分（自国）のこととして真剣に考え、何が自分（自国）にできるか、熟考すべきです。）

微妙な役割をはたすことになる日ソ中立条約

このように日本の「南進」政策や枢軸国との同盟強化策が米英との対立を強め、中国の交戦意欲を高めるという逆効果を招くことが明らかになる中で、三国同盟外交の強力な推進者であった松岡洋右《ようすけ》外相は、ソ連との間で中立条約を結ぶことで米英への対抗力を強めるとともに、ソ連に重慶政権への援助を停止させることができると主張するようになりました。

そのため、松岡は、一九四〇年一一月にモロトフ外務人民委員がベルリンを訪問した機会をとらえて、リッベントロップ外相に日ソ間の仲介を依頼しました。リッベントロップは喜んで仲介の労をとりました（リッベントロップはヒトラーの本心を読めていなかったようです）。しかし、ヒトラーのソ連打倒の考えはまったく変わっておらず、このころから対ソ戦の準備を本格化させ始めていました。日ソ中立条約については、当初、ソ連は応じませんでしたが、そのうちドイツの対ソ侵攻（計画）がありうると予見し始め、日ソ中立条約の提案を受諾し、一九四一年四月一三日に調印しました。

このときにはヒトラーはすでに一ヶ月後に独ソ戦開始を考えていました。ヒトラーがその時点で日ソ中立条約に反対しなかったのは、独ソ戦開始をさとられないようにするためだったのでしょう（前述しましたように、ヒトラーは電撃作戦の成功によって増長し、日本がどうあろうと、ソ連を短期間に〈年内に〉落とすことができると甘く見ていたふしもあります）。

いずれにしても日ソ中立条約はドイツにとって裏目に出ました。予定より一ヶ月遅れで（後顧の憂いがないように、ヒトラーは一ヵ月かけてバルカン半島を征服しました。その分、独ソ戦開始が一ヶ月遅れ、モスクワ征服が遅れ、冬将軍にとらえられ、失敗します）一九四一年六月二二日にヒトラーが独ソ戦を開始しましたが、同年一一月には、ソ連は日ソ中立条約によって極東に（ノモンハン事件の報復を考えて、ソ連は満州国境に最新鋭の機械化部隊を配置していました）配備していた精鋭部隊を西部へ急遽転送し、同年一二月のモスクワ防衛戦に投入し、ソ連崩壊の危機は救われました。皮肉なことに、日ソ中立条約はソ連を助けるために結ばれたようなものでした。つまり、日独伊三国同盟といっても、その間に何ら作戦の共有も情報の交換もなかったということです（米英は緊密にやっていました）。

勝ち目のない日米経済力格差

当時の日米の経済力の差はきわめて大きなものでした。アメリカは日本のおよそ二倍の人口があり、年間の国民所得は一七倍、工業生産高は一〇倍、鉄鋼の生産高は五倍、石炭は七倍、自動車は八〇倍という大国でした。これらの数字を冷静に見れば、日本に勝ち目はないことは明らかであり、しかも、中国でも戦争中であるので日本の軍隊の大半がそのまま中国にとどまるという計画であれば、なおさらでした。

すでに、中国における作戦で飛行隊が大量の燃料を使っていた結果、日本国内では工場は三七％、船舶は一五％、自動車は六五％、それぞれ燃料の使用を減らすよう命じられていました。

日本人にとって、このような状態はすでに耐えがたいことでした（総動員令が何年も続いていました）。

すでに一九三八年六月に、アメリカは日本に対する航空機用資材の輸出を禁止し、その翌年には日米通商条約を破棄しました。一九四〇年九月、三国同盟成立でアメリカはあらゆる種類の屑鉄《くずてつ》の対日輸出を禁止しました。さらに、一九四一年に日本が仏領インドシナを占拠したのに対応して、イギリス、オランダ、アメリカの三国が、日本に対して原油と鉄鉱石の輸出を禁じる措置をとりました。石油はほとんど輸入に頼っていましたので、備蓄がなくなれば、日本はまったくお手上げになり、原油の禁輸措置は日限を切られたことになりました。

このような日米の経済・軍事上の格差については、日本政府も軍部もよく知っていました。陸軍省戦争経済研究班（通称「秋丸機関」）は一九四〇年から一九四二年にかけて活動していました（戦後に活躍する有沢広巳や中山伊知郎らの多くの経済学者、統計学者を動員していました）。

また、この秋丸機関の報告書の内容は当時の『改造』などの総合雑誌で数字まで含めて公表されており、秘密でも何でもなかったと言われています。また、対米英戦の困難さについては他の陸軍内の研究や内閣総理大臣直轄の総力戦研究所などでも指摘されており、そもそも日本とアメリカとの国力の隔絶は当時の常識で、正確な情報自体は日本の指導者も国民も知っていました。問題は「正確な情報を知りながら、なぜ対米英開戦という愚かな選択が行われたか」ということになります。

時間が経つほど日米戦力に差が出る

アメリカは一九四〇年には海軍の戦闘艦隊の倍増計画、陸軍航空隊の七八〇〇機の戦闘機からなる八四個の航空部隊創設計画、陸軍の選抜徴兵法による一〇〇万人兵員計画など大規模な軍備増強計画が動き出して大恐慌時からの生産力過剰の状態は一変していきました。

しかし、アメリカにはまだ膨大な余剰生産力があり、「相対的にみた潜在的戦力」によれば、当時アメリカは日本の一二倍、ドイツの二・九倍、米英ソ／独日伊は三・二倍であったことがわかっています。まさにアメリカは眠れる巨人で、それがやっと一九三八年頃に目覚め、一九四〇年以降に活動を始めたのです。

ということは、この巨人がいったん目覚めると時間が経てば経つほど、自国に不利になることはドイツも日本もわかっていました。超大国の影響力がますます強くなる世界にあって、中級国家の運命に甘んじたくなければ、先手を打つしかなかったというのはドイツも日本も同じでした（この早く始めなければ、ますます不利になるという脅迫観念に襲われてきました）。

日中戦争から太平洋戦争への動き

一九四一年六月二二日、突然、ドイツ軍三〇〇万人がソ連国境の全線にわたってモスクワを目指して破竹の勢いで進撃を開始し、独ソ戦が勃発しました。日本にとって独ソ戦の開始は（またまた）青天の霹靂《へきれき》でした。なぜなら、独ソ不可侵条約が締結され、日独伊三国同盟が締結され、日ソ中立条約を結んだのなら（しかもドイツの仲介で）、むしろソ連を枢軸側に引き込み、英米の孤立をはかって、日本は「南進」を容易にしようと考えていたときに、独ソ戦開始でした（日本は諜報活動に劣り、まったく情報を得ていませんでした。独ソ戦については、同盟国ドイツからもまったく得られなかったということです）。日本政府内でもさまざまな意見がぶつかりあいました。

独ソ戦開始を知った松岡外相や参謀本部は、（今度は）ドイツと呼応してソ連を今撃てば、ソ連は急速に土崩瓦解《どほうがかい》すると、四一年六月末の時期に急遽、北進論を起こしました。実際、陸軍は関東軍特殊演習という形式を装いながら、ソ連国境に近い満州北部に、内地や朝鮮から軍を送り込み、一六個師団七〇万人以上に膨れ上がりました。

松岡は外務大臣として、この間まで外務官僚らと、捕らぬ狸の皮算用で南進論を力説していましたが、ドイツ軍が緒戦で破竹の勢いでソ連軍を破っている状況をみて北進論、対ソ開戦論に一転し、対ソ開戦を主張したのです。

近衛首相はむしろ三国同盟の価値は低下したと判断して、対米関係の改善に進むべきという見解を示しました。

一九四一年七月二日の御前会議でまとめられた「情勢の推移に伴う帝国国策遂行要綱」では、日本は日中戦争の処理に邁進し、南方進出に備えるとともに、北方問題を解決するという両論併記（両論でなく、三方様子見の三方よし論）の曖昧なものでした（官僚の作文行政でした）。

実は、このとき、日本は北進論を唱える松岡外相、参謀本部、陸軍とそれを抑えたい軍令部、海軍省の対立がありました。北進論を唱える松岡と参謀本部に対抗するために、軍令部などが、「要領」には「対英米戦を辞せず」という強い言葉を入れることで、陸軍側がソ連攻撃に突っ込まないように、北進論を抑えるための海軍側の作文であったと言われています。

御前会議における帝国国策遂行要綱の決定に基づき、七月三日に陸軍は南部仏印進駐の作戦命令を発動しました。日本軍の南部仏印進駐がわかると、案の定、アメリカ政府（America）は、七月二五日、制裁という名目で全面禁輸と在米日本資産の凍結を決定、翌日にはイギリス（Britain）が対日資産の凍結と日英通商航海条約等の廃棄、翌々日にはオランダ（Dutch）亡命政権が対日資産の凍結と日蘭民間石油協定の停止を決定したため、交戦状態にある中華民国（China）も含めて、日本に対するＡＢＣＤ包囲網ができあがっていきました。

四一年七月一六日、第二次近衛内閣が総辞職し、北進論の松岡は外相を辞めました。なんと近衛は、すぐ後の七月一九日、外相を豊田貞次郎に代えて、第三次近衛内閣を組閣しました。松岡外相を辞めさせるために組閣し直したのです（大日本帝国憲法では首相には閣僚の罷免権がありませんでした）。これによって、陸軍は四一年八月、年内における対ソ攻撃を断念することになりました。つまり、北進論を放棄したのです。

アメリカの石油対日全面禁輸

その上、アメリカ政府は一九四一年八月一日には（日本にも予想されていたことでしたが）石油の対日全面禁輸に踏み切りました。日本は石油の約八割をアメリカから輸入していたため、この石油輸出全面禁止はきわめて深刻でした（これが致命傷になりました）。当時、日本国内での石油貯蓄分も平時で三年弱、戦時で一年半と言われていました。

結局、日本政府内では陸軍を中心に、対米戦争を辞さずに「南進」によって石油資源を確保すべきという強硬論が強まっていきました。一年前の三国同盟締結時に原枢密院議長を通して昭和天皇が質問したことは、あからさまにアメリカと対立すると石油禁輸などによって日本は窮することになるのではないかということでしたが、その通りになりました。

一九四一年九月三日の大本営政府連絡会議において帝国国策遂行要領が審議されました。五日、天皇は軍部を呼んで「本当に戦争に勝てるか」と詰問されましたが、軍部はあいまいな言葉でお茶を濁しました。

九月六日の御前会議で決定された「帝国国策遂行要領」では、一〇月前半までに外交的解決に至らない場合には、一〇月末を目途に米英との戦争準備を完了させるというものでした。

近衛首相は駐日アメリカ大使ジョセフ・グルーと極秘会談し、ルーズベルトとの日米首脳会談の早期実現を強く訴えましたが、一〇月二日のハル国務長官の回答は、すでに一九四一年春の時点で示していたハル四原則（日米諒解案）を繰り返し、中国からの撤兵など日本側の大幅譲歩がなければ首脳会談は無意味と事実上、日米首脳会談を拒否する回答を示してきました。

戦争の決断を迫られた近衛首相は対中撤兵による交渉に道を求めましたが、東条英機陸相などの軍部は、ハル四原則の受け入れは満州事変以来、獲得してきた日本の全権益の喪失を意味し、とうてい受け入れられないと猛反発しました。東条陸相は総辞職か国策要綱に基づく開戦を要求し、交渉継続を主張する近衛首相は閣内で孤立したため、一〇月一八日に総辞職しました。

東条内閣の成立

代わって東条内閣が発足しました。東条は陸軍大臣や内務大臣も兼務して、強大な権限を掌握しましたが、外相には対米交渉の継続論者の東郷茂徳を起用しました。

一一月四日の天皇臨席の軍事参議官会議で天皇は心配して再び「（太平洋戦争は）絶対に勝てるか⁉」の質問がなげかけられましたが、海軍の永野修身《おさみ》軍令部総長は「予見を得ず」と答え、首相兼陸軍相の東条英機は「戦争の短期終結は希望するところにして種々考慮するところあるも名案なし」と曖昧な返事で逃れたと言われています。

一一月五日の御前会議ではやはり、海軍の永野修身・軍令部総長は、長期戦になれば日本に勝ち目のないことを認めながら、緒戦の二年間で資源の確保に成功すれば長期戦にも堪えられるとして、即時開戦を主張しました。結局、再度一一月末までに外交交渉を継続し、失敗の場合には一二月以降に開戦する方針が決定されました。

最後の外交交渉

一一月二〇日、来栖《くるす》三郎特命全権大使、野村吉三郎大使は、交渉案甲乙二つをコーデル・ハル国務長官にわたし、最終交渉に当たりました。アメリカ側では開戦を引き延ばす意向もあり、乙案に関心を示し、暫定協定案（南部仏印進駐の前に返すこと、対日石油禁輸を解除すること）が検討されました。この暫定協定案は三ヶ月間の引き延ばしを意味しているだけでしたが、しかし、アメリカ側では二五日まではこの暫定協定案が検討されていました。なお、日本側が乙案を最終提案と考えており、交渉終了の目安を一一月末程度と考えていることも、アメリカの日本暗号解読により、アメリカ側は事前に知っていました。

それが、おそらく二六日早朝までに、ハル国務長官とルーズベルト大統領の協議によりこの案は放棄され、二六日午後にハル・ノートが日本側に提示されました。なぜ急に暫定協定案を放棄しハル・ノートを提示したかは明確ではありませんでした。

二〇一三年一二月八日のNHKスペシャル『日米開戦への道―知られざる国際情報戦』によりますと、一九四一年一一月二六日の朝、陸軍長官スティムソンがルーズベルト大統領に「日本軍の艦船三〇~五〇隻が南下中」という電話を入れました。あとの調査で実際に動いていた日本陸軍の船は一六隻であったことがわかりました。その誇大化された電話を聞いたルーズベルトは激怒して「これは事態を一変させるものだ」とスティムソンに語ったと言われています。その後、ハル・ノートの提示になったと述べています。

二六日午後に提示されたハル・ノートは、日米交渉において日本側が提示した最終打開案（乙案）に対する拒否の回答と同時に、アメリカ側から提示された交渉案でした。

その内容は、日本が日露戦争以降に東アジアで築いた権益と領土、軍事同盟のすべてを直ちに放棄することを求めるもので、一〇項目からなっていました（一〇項目は省略します）。最も対米交渉促進派であった東郷茂徳外相もこのハル・ノートの内容には、あっと驚き、かつ失望し外交による解決を断念しました。日米交渉に対して日本政府内では当初、妥協派が優位でしたが、ハル・ノートを提示されたことで軍部を中心に強硬意見が主流になりました。

東条首相はこれをアメリカ政府側の「最後通牒」と受けとめ、一二月一日の御前会議の席上「外交手段によって到底帝国の主義を貫徹しえない」との判断を示しました。もはや誰も異論を述べるものはいませんでした（御前会議で異論を述べるものがいるとしたら天皇だけでしたが）。御前会議は米英蘭三国への開戦を決定しました。

太平洋戦争の開始

一九四一年一二月七日（現地時間）、日本海軍の機動部隊は三五〇機の攻撃機を発進させ、ハワイのオアフ島のパール・ハーバー（真珠湾）のアメリカ海軍の太平洋艦隊を空襲し、「アリゾナ」、「オクラホマ」などの主力戦艦八隻を沈没または大破させました。二〇〇〇人以上の死者が出ました。

真珠湾攻撃の翌日八日、ルーズベルト大統領は議会に対して、対日宣戦布告を要請する演説を行い抗戦に強い意志を表明し、アメリカ議会は日本に対して宣戦布告を行いました（アメリカでは宣戦の権限は議会にありました）。パール・ハーバー奇襲攻撃は宣戦布告なしで行われた「だまし討ち」と受けとめられ（現にそうでした）、それまで参戦に消極的であったアメリカの国民を一挙に参戦の方向に団結させ、「リメンバー・パール・ハーバー」のスローガンがしばしば繰り返され、長期的には連合国側の総合的な戦力を飛躍的に増大させることになりました。

また、長年、アメリカの参戦を渇望してきたチャーチルは、「奇襲」の知らせを聞いて、「(これでアメリカが参戦するので）勝った」と思ったと言われています。イギリスも一二月八日に対日宣戦を布告しました。

一九四一年一二月五日、ヒトラーはモスクワ攻防戦でソ連軍の予想外の反抗に直面し、八日には当面「防御」陣形への転換を命令せざるを得なくなりました。それは独ソ戦での最初のつまずきでした。そこへ日米開戦の知らせが入ってきました。

リッベントロップ外相は対米参戦に強く反対しました（日独伊三国同盟は自動的に参戦する必要はありませんでした。これは前述しましたように、日本の方からそうしたのです）。しかし、日本の緒戦での勝利に感動したヒトラーは、いずれ対米戦が避けられないものなら早い方が良いと判断し、一二月一一日、イタリアとともに、対米宣戦を行いました。ここにアジア・太平洋の戦争とヨーロッパの戦争は一体化し、戦争は文字通り「世界大戦」となりました。

アメリカが参戦してその工業力が発揮されるまでには時間がかかりましたし、日本も参戦してから六ヶ月間は、防備の整っていなかったアメリカ、イギリス、オランダの部隊を相手に勝利したので、アメリカの参戦が直ちに戦局を左右したわけではありませんでした。

やがて一九四三年から四四年にかけて、アメリカだけで一日に一隻の割合で船舶が建造され、五分に一機の割合で航空機が製造されるようになりました。アメリカの兵器生産は一九四一年から四三年にかけて八倍以上に増大しました。これによって連合国側の総軍需生産高が枢軸国側の三倍以上になりました。その上、数多くの新型兵器（B－29、ムスタング〈高性能戦闘機〉、軽空母、挙句の果てには原爆など）を次々と開発し戦力化していきました。

こうなると一九四四年、四五年に枢軸国側がいかに戦術をつくして反撃を試みても結局は連合国軍の圧倒的な火力に敗北することは時間の問題でした。要するに、長期の全面戦争では、最後に勝利を手にするのは経済力のある側であることがはっきりしたのです。以下の太平洋戦争は省略します。

第三章　米ソ冷戦時代の日米中

《一》発展できない毛沢東方式の中国

米英ソに認められた国民党による中国統一

一九四五年八月一五日、ポツダム宣言の受諾とともに日本軍が降伏することで太平洋戦争は終結しました。しかし、その直前にソ連が対日参戦したことによって複雑な展開を遂げることになりました。一九四五年二月のヤルタの密約によって、ルーズベルトはスターリンにソ連の対日参戦の交換条件として旅順の租借など、中国の主権に関わる利権の獲得を約束していました。

しかし、ソ連の対日参戦によりソ連軍と中国共産党軍が結合する事態を恐れた蒋介石は、八月一四日に至り、三〇年間に及ぶ旅順港の海軍基地の共同使用などを含む形で、中ソ友好同盟条約を締結しました。その結果、ソ連は蒋介石政権を中国の正統政府と認め、中国共産党への支援を手控えるようになりました。このように、第二次世界大戦が終結した時点で、連合国の大国の間には、中国での内戦勃発を回避し、蒋介石が率いる国民政府のもとに統一された安定した中国を作るという点に関しては、合意が存在していました。

中国共産党は、抗日戦争で積極的な役割を果たして、その勢力を拡大していたといっても、終戦時の兵力でいえば、国民政府軍の四三〇万人に対して、中国共産党軍の兵力は一二〇万人であり、力関係は国民党に圧倒的に有利でした。

一九四五年八月八日、ソ連は、日本に宣戦布告し、満州国に対して全面侵攻を開始しましたが、中共中央主席毛沢東と朱徳総司令は、八路軍の一部兵力を東北部に派遣し、現地の東北抗日連軍とともに、ソ連軍の作戦に協力させました。

一九四五年八月二八日、毛沢東は、蔣介石との話し合いのために重慶に赴きました。ただし毛沢東は、話し合い路線一本にしたわけではなく、ソ連軍が入っている東北地方には、大規模な部隊を送り込む命令を、八月二六日に出していました。

重慶に赴いた毛沢東は、蔣介石との話し合いで、一九四五年一〇月一〇日にはともかくも両者の間に協定が成立（双十協定）し、国民党の優位を認めつつも、共産党をはじめとする他の党派の間の協議の場を設けることが約束されました。

一九四六年一月一〇日から三一日にかけて、国民党八人、共産党七人を含む各党派、無党派知識人三八人による政治協商会議が開かれ、憲法草案や政府組織法案などを採択しました。ここでは、最高の国務機関である国民政府委員会は、定数四〇人のうち、半数は国民党以外の各党派や知識人にあてることなどが合意されました。

しかし、ソ連軍の撤退が始まった中国東北部に国民党の軍隊の進駐が開始されると、すでに大幅に増強されていた中国共産党の軍隊との衝突が各地で頻発するようになりました。また、一九四六年三月に開催された国民党の中央委員会では、国民党以外の国民政府委員の選任も、国民党の中央常務委員会で行うことなど、政治協商会議での合意を覆すような決定が行われました。

国共内戦の再開

これに対して、毛沢東も一九四六年四月には、大国に支持されていた「蒋介石のもとに統一された中国」を拒否する姿勢を示しました。さらに一九四六年五月四日、共産党は土地改革を再開する指示を出し、国民党の農村における支持基盤だった地主に挑戦する姿勢を明確にしました。こうして、一九四六年七月には、国民党と共産党の間の内戦が本格化することになりました。

国民党軍は約四三〇万（正規軍二〇〇万）でアメリカの援助も受けており、共産党軍の約四二〇万（正規軍一二〇万）と比べ優位に戦闘を進め中国全土で支配地域を拡大しました。国民党軍は東北部で大攻勢をかけ、一九四七年中頃になると共産党軍は東北部で敗退・撤退し、国民党は大陸部の大部分を手中に収めるようになりました。

ところが、一九四八年に入ると、圧倒的な軍事的優勢をほこっていた国民党の支配は、急速に崩壊していきました。それは共産党が一九四六年五月に土地改革の再開を指示し、一九四七年一〇月に中国土地法大綱を公布し、地主や富農の土地や財産を没収して、それを貧しい農民や土地なし農民に均分するという急進的な土地改革政策を実施したことにありました。これによって、中国の人口の大半を占める農民の共産党に対する支持が拡大し、内戦の局面を転換する上で、大きな役割を果たしました。

また、共産党軍はソ連軍が満州から撤退したときに引き渡された、かつて日本が開発した鉱山や工業を手に入れたこともありました。さらに日本の旧関東軍第二航空団の元隊員三〇〇人余りが教官となって日本陸軍の戦闘機などで八路軍のパイロットを養成し、続々と戦線に送り出すようになり、戦力が強化されたこともありました。

このようなことで、人民解放軍と称するようになった共産党軍は、東北地方で反攻に転じ、翌一九四八年一月には、東北を基本的に解放しました。

そして、決定的な戦闘は淮海《わいかい》戦役《せんえき》でした。蒋介石総統は、長江・淮河一帯を固めて南京を守るため、徐州を中心に八〇万人を配置しました。これに対して共産党中央軍事委員会は、六〇万人あまりの人民解放軍を展開させて、戦いは一九四八年一一月六日から一九四九年一月一〇日まで行われ、劉伯承・鄧小平らが指揮する人民解放軍が国民党軍に勝利しました。国民党軍は淮河から長江にかけての地区を放棄し、長江南岸に撤退しました。

一九四九年一月には人民解放軍が北京に入城しました。その後も人民解放軍の進撃は続き、一九四九年四月二一日には長江を渡り、四月二三日には国民政府の首都だった南京を陥落させました。蒋介石は中国国民党軍とともに台湾島へ退却しました。

中華人民共和国の成立

ここに内戦に決着がつき、一九四九年一〇月一日、北京で毛沢東は中華人民共和国（以下、中国と言います）の成立を宣言しました。ここにソ連と緊密な関係を持った共産党が支配する国家が誕生し、アジアにおける冷戦構造を激化させることになりました。

一九五〇年、中国で土地改革法が成立して全国で土地の再配分が行われました。地主に対して積年の恨みを抱いていた貧農などによって運動は急進化し、短期間で土地改革は完了しました。また、中国の発足直後は、旧国民党、富裕層などによる反共・反政府運動が続発しました。このため、「反革命活動の鎮圧に関する指示」が出され、大衆を巻き込んだ形で反政府勢力の殲滅が図られました。一九五三年までに七一万人が処刑、一二九万人が逮捕、一二三万人が拘束され、二四〇万人の武装勢力が消滅させられたことが、中国の解放軍出版社より出版された国情手冊《しゅさつ》（手帳）に記されています。

米ソの冷戦はまず、朝鮮半島で朝鮮戦争という熱戦になりましたが、成立間もない中国はこれに巻き込まれました。

朝鮮の分断と朝鮮戦争

朝鮮については、一九四三年一一月末のカイロ宣言の中で将来的な独立が認められていました。しかし、一九四五年八月八日に対日参戦したソ連軍が朝鮮に進撃する一方で、アメリカ軍の派遣が遅れました。そこでアメリカはソ連による朝鮮全土の解放を阻止するため、北緯三八度線による分割占領を提案、八月一六日、ソ連もこれに同意しました。

南朝鮮では一九四八年に単独選挙が強行され、李承晩が初代大統領に当選しました。一九四八年八月一五日に大韓民国の成立が宣言されると、北朝鮮では一九四八年九月九日に金日成を首班として朝鮮民主主義人民共和国が成立しました。こうして朝鮮の南北分断が固定化されていきました。

その後、金日成は李承晩を倒して統一政府を樹立するために、ソ連のスターリンに南朝鮮への武力侵攻の許可を求めましたが、スターリンは第二次世界大戦で国力が疲弊しているために、アメリカとの直接戦争を望まず、許可しませんでした。

一九四九年秋には、アメリカにとって衝撃的な事件が立て続けに起こりました。まず八月末にはソ連が原爆実験に成功し、公式に原爆保有を認めました。また、一〇月一日には中華人民共和国の成立が宣言されました。このようなことから、アメリカではアジア政策の見直しが行われ、アチソン国務長官がその骨子を翌一九五〇年一月に首都ワシントンのナショナル・プレス・クラブで公表しました。そこでは、アチソンが、太平洋地域における「アメリカが責任を持つ防衛ラインは、フィリピン－沖縄－日本－アリューシャン列島までである。それ以外の地域は責任を持たない」と発言し（これを「アチソンライン」と言います）、韓国、台湾を含めていませんでした。このラインはアメリカ軍が実際に駐留している地点を結ぶものでしたが、そこには韓国と台湾が除外されていました（この時には米軍は実際に韓国、台湾に駐留していませんでした。確かにアチソンの表現は誤解を生む恐れがあり、後に朝鮮戦争を誘発したと非難されました）。

金日成はこれを「アメリカによる西側陣営の南朝鮮（韓国）放棄」と一方的に受け取り、一九五〇年三月にソ連を訪問してスターリンに改めて南朝鮮への開戦許可を求めました。スターリンは原爆の保有や中国革命の成功で自信を深めていましたので、毛沢東の許可を得ることを条件に南朝鮮への侵攻を容認し、同時にソ連軍の軍事顧問団が南侵計画である「先制打撃計画」を立案しました。

これを受けて、一九五〇年五月に中国を訪問した金日成は、「北朝鮮による南朝鮮への侵攻を中国が援助する」という約束を取り付けました。

一九五〇年六月二五日午前四時（韓国時間）、北緯三八度線で北朝鮮軍が砲撃を開始し、三〇分後には朝鮮人民軍が三八度線を越えて、南朝鮮に進撃しました。

緊急に招集された国連安全保障理事会で、アメリカは北朝鮮の行為を「平和に対する侵犯」と見なし、三八度線以北への撤退を要求する決議案を提案しました。その時、ソ連は、中国革命後も台湾政府が安保理の常任理事国の議席を譲らない事態に抗議して、安保理の欠席を続けていたため、アメリカの提案に拒否権が発動されず、国連安全保障理事会は「北朝鮮弾劾決議」を賛成九：反対〇の全会一致で可決しました。

このような国連安保理の意思表示にもかかわらず、北朝鮮は進撃をやめませんでした。ソウルは北朝鮮の攻撃により住民に多くの犠牲者を出した末に開戦四日目の六月二八日に陥落しました。

七月七日に国連は、アメリカ軍二二五万人を中心とした国連軍を派遣することを決定し、釜山（プサン）に上陸しました。マッカーサーが国連軍最高司令官に任命されました。しかし、準備不足の国連軍は各地で敗北を続け、朝鮮半島南端まで追い詰められました。

マッカーサーは戦線を立て直すため、一九五〇年九月一五日に、ソウル近郊の仁川（イチョン）に、国連軍七万人を上陸させると戦局は一変しました。補給部隊が貧弱であった北朝鮮軍は、補給線が分断されると敗走を続け、九月二八日に国連軍がソウルを奪還しました。

一九五〇年一〇月一日に韓国軍は、逆に「祖国統一の好機」と踏み、単独で三八度線を突破しました。韓国軍の進撃に対し北朝鮮は中国首脳に参戦を要請し、中国の国務院総理（首相）の周恩来は「国連軍が三八度線を越境すれば参戦する」と警告しました。

その後一〇月九日には、アメリカ軍を中心とした国連軍も三八度線を越えて進撃し、トルーマン大統領や統合参謀本部の命令を無視し北上を続け、先行していた韓国軍は一時中朝国境の鴨緑江に達し、「統一間近」とまで騒がれました。

一九五〇年一〇月二四日頃から中国人民志願軍の大部隊が鴨緑江を越えて密かに進撃を開始しました。彭徳懐を司令官とし、最前線だけで二〇万人規模、後方待機も含めると一〇〇万人規模という大軍でした。この中国人民志願軍は一一月に入り国連軍に対して大攻勢をかけ、南下を続けました。国連軍・韓国軍は一九五一年二月には忠清道まで退却しました。

その後も三八度線を挟んで、戦線は二転、三転しましたが、省略します。一九五三年に入ると、アメリカでは一月にアイゼンハワー大統領が就任、ソ連では三月にスターリンが死去し、両陣営の指導者が交代して状況が変化しました。

一九五三年七月二七日に、三八度線近辺の板門店で北朝鮮、中国軍両軍と国連軍の間で休戦協定が結ばれ、三年間続いた戦争は休戦し、現在も停戦中です。

結局、朝鮮戦争では、韓国軍は約二〇万人、アメリカ軍は約一四万人（死者は五万四〇〇〇人）、国連軍全体では三六万人が死傷しました。一方、アメリカの推定では、北朝鮮軍の死傷者数は約五二万人と言われています。中国人民志願軍は約一五万二〇〇〇人が「戦死」したと中国側は発表しています。民間人の犠牲者の数は一〇〇万人とも二〇〇〇万人とも言われ、一説には全体で四〇〇万人〜五〇〇万人の犠牲者が出たと言われています。このように米ソ冷戦は、ついに朝鮮戦争で熱戦になり、南北朝鮮に多大の被害を与えることになりました。建国間もない中国もこれに巻き込まれ、大きな被害を出しました。

ソ連モデルの第一次五ヶ年計画

スターリンは共産主義運動の盟主たる地位を確保し、中国をコントロール下に置くため、一九四五年八月に国民政府と締結した不平等な友好同盟条約を変更する意図はありませんでした。毛沢東は一九四九年一二月に改定交渉のためモスクワを訪問し、一九五〇年二月中ソ友好同盟相互援助条約を調印しましたが、スターリンの譲歩は少なく、旅順港の条件付き返還のほか、秘密協定で旅順への無通報兵力移送など不平等性は強く残りました。

朝鮮戦争が休戦に入った一九五三年夏ごろから、中国はソ連の中央計画経済をモデルにした経済システムを導入しました。これは、農業への国家投資を減らし、第一次五ヶ年計画（五三〜五七年）として重工業を中心に、軍需産業を振興させる経済計画で、すべての分野でソ連式モデルが導入されていきました。

そのために多くの生産設備をソ連から輸入し、ソ連の技術者の指導の下に生産ラインの立ち上げと操業を行いました。その結果、一九五七年以降は、年率五・七％の経済成長を示しましたが、汚職、脱税などによる政治の腐敗や自然災害によって、必ずしも計画目標通りの成果を上げることはできませんでした。

スターリン批判と百家争鳴運動

一九五三年三月のスターリンの死後、ソ連は「平和共存」路線をとり、一九五六年二月にはフルシチョフがスターリン批判を行いました。中国では一九五六年四月上旬から限定的なスターリン批判を開始しました。一九五六年五月、毛沢東は最高国務会議で「共産党への批判を歓迎する」として、批判の自由を容認した「百花斉放《ひゃっかせいほう》・百家争鳴《ひゃっかそうめい》」を提唱しました。百花斉放とは様々な文化を開花させるという意味であり、百家争鳴とはたくさんの意見を自由に論争するということでした。

これ以後、知識人の間で中国共産党に対する批判が徐々に出始めるようになり、時が経つにつれてその批判は強烈なものに変わっていきました。そのうちに、党の機関紙である人民日報も党を間接的に批判するようになりました。「朝鮮戦争を初めとする外国への援助のバラマキをやめよ」、「工業生産高のような情報さえ国家機密にしている現状を改善せよ」などなどでした。

一九五七年六月、人民日報は「右派分子が社会主義を攻撃している」という毛沢東が執筆した社説を掲載しました。これによって党を思い切って批判した知識人たちは毛沢東によって社会主義政権破壊を画策した「右派」というレッテルを貼られました。知識人への粛清運動である反右派闘争が、この時から始まりました。

毛沢東が最初から百家争鳴運動をやらせて批判勢力を誘い出そうとしたのか、真に人民の本音を聞こうと思って百家争鳴運動をやらせてみたら、予想以上に激しくなったので弾圧に転じたのか、過去さまざま論じられてきましたが定説はありません。しかし、公称で五五万人が追放されました。結果的には、百家争鳴運動によって毛沢東は反対派をあぶり出すことになりました。以後一九七六年に毛沢東が死ぬまで、中国で自由な言論が許されることはありませんでした。

中ソ対立

中ソ対立が表面化したのは、一九五七年一一月にモスクワで開催された社会主義一二ヶ国の共産党・労働者党代表者会議からでした。この会議に出席した毛沢東は、今や社会主義陣営と第三世界の民族解放闘争が帝国主義を圧倒しているとして、「東風が西風を圧する」という演説を行いました。これは、資本主義諸国との平和共存を重視し、もはや武装闘争よりは経済競争による社会主義陣営の影響力の拡大を図ろうとしていたソ連の立場と対立するものでした。

毛沢東は、「アメリカ帝国主義は張り子の虎にすぎない」として、核兵器の威力を重視するソ連の主張に反対しました。またソ連は、第三世界における武装闘争が平和共存を脅かし、世界戦争を招くことを危惧していましたが、中国は、中国革命の経験が示す武装闘争こそ第三世界解放の道であり、それを平和共存の名において抑圧するのは誤りであるとしました。

台湾海峡危機

一九五八年八月下旬から台湾海峡が再び（五四～五五年にもありました）危機に陥りました。というより、中国側から危機を起こしました。一九五八年八月二三日、中国人民解放軍は台湾の金門《きんもん》・馬祖《ばそ》守備隊に対し砲撃を開始しました。この武力衝突に対し、アメリカは第七艦隊を派遣し、九月にはアメリカが提供した八インチ砲により中国側への砲撃を開始し、また金門への補給作戦を実施しました。これにより中国による金門の海上封鎖は失敗、台湾は金門地区の防衛に成功しました。

この時期、毛沢東路線は、国内的には後述します大躍進運動を展開していました。なぜ、毛沢東が危機を煽ったかについては諸説がありますが、アメリカとの危機を煽り、毛沢東の大躍進運動に人民を駆りたてるためだったという説、ソ連に原爆製造技術の供与を要請するためだったという説などがあります（あるいはそれらの説の組み合わせ）。

そして、中ソがこの金門・馬祖危機から学んだ教訓は異なっていました。フルシチョフは、毛沢東の社会主義路線がソ連のそれと異なるばかりか、ソ連に挑戦するものであると認識しました。毛沢東はソ連の原爆製造技術の供与は及び腰で、やはり自主的な発展（自力更生）と自主核武装が必要であることを認識しました。

その結果、一九五九年六月にソ連は中ソ協定を一方的に破棄し、中国への原爆製造の技術資料の提供も中国の核兵器開発プログラムへの協力も停止しました。こうしたことのすべてを、毛沢東はソ連の裏切りと考えました。

一九六〇年四月、モスクワで開かれた世界共産党大会で、「分裂」は誰の目にも明らかになりました。一九六〇年七月には、すべてのソ連の中国に対する経済技術援助条約は打ち切られ、一五〇〇人近いソ連技術者は中国から引き揚げました。ここで中ソ対立は本格化しました。

毛沢東モデルへの転換―大躍進運動（一九五八年～一九六〇年）

前述しました一九五七年一一月の社会主義一二ヶ国の共産党・労働者党代表者会議から帰国

すると、もはやソ連は頼りにならない、有言実行あるのみと、ソ連に頼らないで短期間に中国を自立した社会主義大国にするための「大躍進」計画を発動しました。

毛沢東は、反右派闘争の延長として大衆の士気を鼓舞することによって生産は増産させることができると単純に考えたようで、一九五八年五月、八全大会第二回会議において「社会主義の総路線」が決定され、「大躍進」運動が展開されることになりました。また、これに続いて開催された中央軍事委員会拡大会議において、核兵器の開発が決定されるとともに、軍建設でもソ連モデルが批判され、毛沢東の人民戦争論に立脚する方針が決定されました。

また組織面でも、国家と党の分業はなくなり、党中央に組織された「小組」が大きな権限を持つ、党の「一元的指導」が導入されました（歴史的には政治と政党の分離が趨勢でしたが、毛沢東はその逆をやりました）。イデオロギー、戦略、組織の面でソ連モデルからの離脱が顕著となりました。このためこれ以降、文化大革命までの中国の共産主義は、「毛沢東モデル」とか「第三世界路線」とか呼ばれるようになりました。

中国共産党指導部は、一九五八年の第二次五ヵ年計画において、当時世界第二位の経済大国であったイギリスを一五年で追い越すという、壮大でかつ無謀な計画を立案しました（これはソ連のフルシチョフが世界第一位のアメリカを一五年で追い越すと言っていたことに対抗するものでした）。この大躍進運動は一九五八年から一九六〇年まで施行された農工業の大増産政策であり、ずさんな「非科学的」な生産計画でした。

農業集団化（合作化）

革命期の毛沢東は土地改革を行い、地主や富農の土地を没収して、土地のない貧農に与えました。この農村革命のなかで権力を得た毛沢東にとって、次は農民を貧しさから解放することが目標でしたが、それは農業集団化（合作化）以外にはあり得ませんでした。つまり、毛沢東は、個別農家を人民公社に組織することにより、生産の規模を拡大すれば生産性が上がると考えていました。

「大躍進」計画を支えるものとして農民は「人民公社」という政治・経済が一体化した集団農業組織に編成されることになりました。従来のソ連のコルホーズ（集団的経営）型の三〇〇戸規模の合作社では、とても間に合わないから、その一〇余倍にした「人民公社」とし、政治権力と合体した農村組織を作れとなりました。これは日本で言えば村役場と（農家込みの）農協を合体させたようなもので、国家権力で有無を言わさずやったので一九五八年末までに再編は完了しました。人民公社の成立当初の数は約二万五〇〇〇に及びました。そして私有地の存在は国営農業での労働意欲をそぐという理由で廃止されました（ソ連では私有地は一部〈一割程度〉認められていました。ここで農民は野菜などを作りました）。

農業の集団化は、大規模経営による機械化を促進して、農業生産性を上げるというものでしたが、まだ工業化が遅れていた当時の中国では、工業が農業に機械を提供しうる可能性はありませんでした。にもかかわらず、集団化をするのは、農民の生産物が個々の農家の納屋にまずいったんは収められ、国家がそこから必要な税金や貢納を求めるシステムよりは（これが一般的な国家の仕組みですが）、農民の生産物を一挙に集団農場の倉庫に集中し、まず国家が必要とする分を確保した上で農民に残りを分配する集団農業システムの方が、毛沢東は理論的に効率的だと考えたわけです。

このようなシステムは、人々の主観的な「やる気」に大幅に依存せざるを得ないもので、戦争などの危機が存在して初めて有効に機能する面がありました。毛沢東は、あえてソ連の平和共存論を拒否し、第三次世界大戦不可避論を掲げて（ヒトラーなど独裁者がやった危機を煽って国民を労働や戦場に駆るやり方で、前述の台湾危機を煽って）、このような「貧しさを分かちあう社会主義」で人民を駆って中国を一気に一〇年で大国にしようと考えたのです。

毛沢東の考えでは、この農村再編を通して（農業が大規模化して効率が上がるから、余剰の農民を工業に回せるはずであると）数百万の農民が工業へ投入されることになっていました。これによって、毛沢東は鉄鋼生産を年率一五％で上昇させ、一五年後の一九七三年には、イギリスの鉄鋼生産を追い抜くという、目標を織り込んだのです。数字だけを計算すればそのとおりで、年率一五%を一五年間続ければ、イギリスを追い越すでしょう。

「大躍進」の実態

その製鉄・製鋼運動では、一九五八年一〇月から、鉄鋼の大増産を目指して原始的な溶鉱炉（土法炉）を用いた製鉄が全国の都市、農村で展開されましたが、金属工学の専門家もそれに適した設備もなく、原材料も満足に確保できない中で、素人に良質な鋼鉄が作れるはずはありませんでした。

土法炉を建設するための主な資材である耐火煉瓦《たいかれんが》の供給元は、手っ取り早く煉瓦製の塔・寺院・城壁などで、中国全土で多数の歴史的建造物が解体・破壊されました。土法炉の燃料の木炭を生産するために、中国全土で樹木の大規模な伐採が開始され、樹木は見境もなく果樹園の果樹・園芸用の灌木も切り倒されました。

石炭が入手可能な都市部でも、コークス炉を備えていないので、石炭を地上で直接燃やしてコークスを生産したので〈通常、コークス炉で石炭を乾留〈蒸し焼き〉してコークスにしてから高炉に投入します）、結果的に大量の石炭を浪費することになりました。鉄鉱石は多くの地方では砂鉄の入手すら困難な状況にありましたので、都市部では鉄製の各種設備・構築物を解体し、農村部では鉄製の農機具・炊事用具を供出させ、土法炉に投入しました。

「一〇〇万基の溶鉱炉を六〇〇〇万人の人民が建設する」などといったスローガンが唱えられ、生産性上昇の報告を義務づけたため、報告は虚偽に粉飾されたその場しのぎのものとなっていました。このような土法炉生産システムの結果は悲惨なもので、需要のない品質の劣悪な工業製品を山のごとく生み出していきました。一一一七万トン生産された鉄の内、六〇パーセントがまったく使い物にならない粗悪品（銑鉄）でした。

また、この時の製鉄事業により大量の木材が伐採されたため、中国では毎年洪水が発生するようになりました。しかも農民が大量に駆り出されたため、管理がズサンとなった農地は荒れ果ててしまい、ノルマ達成のために農民の保有する鍋釜、農具まで供出されたために、地域の農業や生活の基盤が破壊されてしまいました。

農業の分野でも同じようなことが行われました。

ソ連の農学者ルイセンコ（一八九八～一九七六年）は低温処理によって春まき小麦が秋まきに、秋まき小麦が春まきに変わる春化処理（植物が低温状況に一定期間さらされることによって、開花もしくは発芽が変化する）を発見したようですが、ルイセンコはこれを拡張して遺伝的性質がこのような操作によって変化するものと見なし、これまでのメンデル遺伝学やダーウィンの自然選択説を否定しました。後天的に獲得した性質が遺伝されるというルイセンコの学説（ラマルクの説でまったく誤っています）は努力すれば必ず報われるという共産主義国家には都合のよい理論であり、スターリンが強く支持しました（自然科学は政治思想によって左右されるものではないことはもちろんです）。

中国でも毛沢東が大躍進政策の中でルイセンコの非科学的な学説を採用し、農業生産を行いました。これは度を越えた密植（同じ種類の種はお互いの成長を阻害しないとする理論に基づく）や種を二メートル以上の深い穴に埋める農法（穴が深ければ深いほど根が発達するとする理論に基づく）などでした。その結果は惨憺たるもので多数の餓死者を出しました。

その他にも、大躍進運動ではいろいろな非科学的な奇策がまかり通りました。結局、市場原理を無視して人民に厳しいノルマを課し、ずさんな管理の元で無理な増産を指示し、非科学的な生産方法でかえって生産力が大低下していたにもかかわらず、罰則を恐れて虚偽の申告をしてその場逃れをしていました。スターリンのソ連でも似たようなことは日常茶飯事で起きていて、独裁国家の通弊でした。

経済産業には人と資源、つまり高度の技術と経営技術を持った人、高度な設備、そのための資金が必要です。資本主義であろうと、社会主義（共産主義）であろうとそれは同じことです。農業で余った人間を回せば自ずと工業はできてくると毛沢東は思ったのでしょうか。実際、毛沢東はそのように思ったようです。一人の独裁者が思ったことが誤っていてもそのまま実施されるのが独裁政治の恐ろしいところです。それでなければ、「大躍進」時代に中国で起こったことは理解できないことです。独裁主義は人類をいかに後退させるか、そして取り巻き連や政党はいかに追随するか（忖度するか）という社会実験をしているようでした。

大躍進運動の帰結…大飢饉

「大躍進」の結果は、惨憺たるものでした。農業から二割の労働力が二年間に非農業部門へと移動し、農業をやる農機具も溶かして使い物にならなくなってしまいました。一九六〇年には自然災害も影響して穀物生産は四割減少し、中国は二〇世紀最大の大飢饉に遭遇しました。一九五九年から六一年の三年間で、一六〇〇万人から二五〇〇万人が飢えのため死亡したと推定されていますが、正確な数字は不明です。

大飢饉を引き起こした原因には、分配にも問題があったことが指摘されています。地方政府が誇大な成果を党中央に申告した結果、中央政府は申告に従って地方に農産物の供出を命じ、地方政府は農村から洗いざらい食料を徴発したため、広範囲の農村で餓死者続出の惨状が起きたと言われています。飢饉の最悪期にも中国はソ連からの借款の返済に農作物を輸出していました。

いくら独裁国家といえども、このように人類の進歩に逆行した愚かで非科学的な政策に誰も気がつかないはずはないのですが、大躍進政策が始まる前に毛沢東は一九五六年の百花斉放・

百家争鳴運動で共産党を批判した知識人たちを一九五七年の反右派闘争で根絶やしにしていたため、再度の弾圧を恐れた知識人層は沈黙するしかなかったと言われています（毛沢東の百家争鳴運動の意図が当時不明でしたが、ここにあったかもしれません）。

しかし、さすがに一九五九年七月から八月にかけて、江西省の廬山《ろざん》会議において、国防相の彭徳懐《ほうとくかい》が大躍進運動を批判しましたが、毛沢東は右翼日和見主義と激怒して一九五九年八月には彭徳懐をはじめとする軍幹部を「反党集団」として追放処分にし、国防相に林彪《りんぴょう》を指名しました。この結果、大躍進に意見するものがいなくなるとともに、一層無理なノルマが課されるようになり、ノルマを達成できなかった現場指導者たちはさらに水増しした成果を報告しました。そして、その報告を受け取った毛沢東は更なる増産を命令するという悪循環に陥っていきました。

実際、これは共産主義勢力の中核であるソ連でも同じでした。一九八〇年代半ばになってゴルバチョフが「計画、報告、計画、報告……もっと具体的な資料や案は出せないのか！」とソ連共産党幹部を初めて叱責するまで、基本的に共産主義・社会主義国家では実体を伴わない「ノルマ―虚偽報告」が続いていました。このノルマ・虚偽報告で社会主義経済は実態から乖離し衰退し、東西陣営間の実力均衡は一九七〇年代には崩壊していったのです。大躍進運動はその中国での端緒だったのです。

劉少奇の経済調整期（一九六〇～一九六五年）

こうした大躍進の失敗は主席である毛沢東の権威を傷つけ、一九五九年四月、毛沢東は党務と理論活動に専念するとして国家主席を辞任しました（しかし、毛沢東は中国共産党中央委員会主席と中央軍事委員会主席にはとどまり、党内序列も毛が一位、劉が二位でした）。

劉少奇が国家主席に就任し、鄧小平が党総書記でした。劉少奇は鄧小平とともに、一九六〇年から経済調整といわれる大躍進運動の修正を行いました。劉少奇は第二次五ヶ年計画の失敗を人民公社による分権的傾向にあると指摘し、計画経済を見直し市場原理を導入、個人経営を一部認めるなど経済調整を行いました。このため一九六二年には経済は回復軌道に入りました。

さらには一九六二年一～二月に開催された七千人大会（中国共産党の中央委員会拡大会議。各省・市・自治区・地・県党委、重要な工場や鉱山、また軍幹部ら七〇〇〇人あまりが参加しました）において、大躍進の失敗、とくに農業の不調による餓死や経済の混乱が問題となり、大躍進政策に対する自己批判をせざるを得ない状況にまで追い込まれました。

劉少奇は草稿を大会に提出し、出席者の意見を反映したものを正式な「拡大会議の報告」として完成しました。過剰な生産計画や農業政策、人民公社の失敗などが挙げられ、「我々は経験不足で」「一部指導的地位にある同志に謙虚さが足りない」ことに原因を求めましたが、批判の対象が毛沢東であることは誰の目からも明らかでした。

毛沢東の「修正主義」批判の開始

第一線から退いたようにみえた毛沢東は、実際は「修正主義」批判の理論武装を練っていました。毛沢東は、アメリカは力の政策に加えて、米ソ首脳会議で示されたように、ソ連を腐敗させ資本主義を復興させることを企図しているとし、アメリカ帝国主義、ソ連の修正主義、国内の劉少奇ら「実権派」を暗に批判するようになりました。

そして、資本主義の浸透による腐敗と弱体化を防ぐため、国内思想の引き締めを強化しようと考え、一九六三年に毛沢東は「社会主義教育運動」を提唱しました。またこのころ毛沢東は「文芸整風」運動と称して学術界、芸術界の刷新をはかっていました（のちの文化大革命の伏線となりました）。

ソ連技術者が引き上げた後に独自開発していた核ミサイル開発の成果が出てきました。中国は一九六四年一〇月一六日新疆ウイグル自治区のロプノール湖の核実験場で原子爆弾の爆発実験に成功しました。この実験は米ソの地下核実験禁止条約への挑戦でもありました。さらに一九六六年一〇月には中距離弾道ミサイル（ＭＲＢＭ）実験に成功し、一九六七年六月一七日には水素爆弾の爆発実験にも成功しました。

文化大革命（一九六六年～一九七六年）

文化大革命の時代は一九六六年から七六年までの一〇年と言われていますが、大きく三段階に分けられます。第一段階は一九六六年五月の紅衛兵結成から一九六九年の第九回党大会で林彪が文化大革命を宣言するまで、第二段階は一九七三年八月の第一〇回党大会における林彪事件の総括まで、第三段階は毛沢東の死の直後、即ち一九七六年一〇月六日の四人組逮捕までです。

《文革の第一段階―造反有理》

一九六五年一一月、北京市副市長でもあった呉晗《ごかん》の新編歴史劇『海瑞罷官《かいずいひかん》』を「大毒草」であるとした姚文元《ようぶんげん》（のちの文革四人組の一人）の論文が上海の新聞『文匯報《ぶんわいほう》』に掲載され、これが端緒となり、一九六六年五月北京大学に反革命批判の壁新聞が貼り出され、事実上、文化大革命が始まりました（姚文元の論文は、『海瑞罷官』はプロレタリア独裁と社会主義に反対する「毒草」であると攻撃するもので、毛沢東の意向を受けて書いたと言われています）。

毛沢東は過激派青年たちの暴力行為に対し「造反有理《ぞうはんゆうり》（反動派に対する謀反には道理がある）」として積極的に支持、自ら天安門広場に赴き、一〇〇万人の紅衛兵を煽動し「四旧打破」（旧い思想・文化・風俗・習慣の打破）のスローガンを打ち立て、運動は全国の学生ら、青年層に拡大しました。

八期一一中全会以後、中国共産党中央は麻痺し、陳伯達・江青（毛沢東の妻）らにより「中央文革小組」が結成されて取って代わりました。反対派の実質的中心は毛沢東であり、その拠点が「文化大革命の司令部」と言われた上海の文化革命小組でした。この小組の中枢は四人組と言われましたが、実際はその頭目であった毛沢東を含めて五人組でした。そして、その闘争の基盤を、前半では紅衛兵、後半は林彪の人民軍においていました。いずれにしても大衆煽動とその暴力、武力を基盤としていました。

北京の青少年によって革命に賛同する組織である紅衛兵が結成されました。毛沢東は「造反有理」という言葉でこの運動を支持しましたので、紅衛兵は各地で組織されるようになりました。とくに無知な一〇代の少年少女が続々と加入し拡大を続けました。

毛沢東は文革の目的をブルジョワ的反動主義者と「実権派」であるとし、劉少奇とその支持者を攻撃対象としました。「実権派（走資派とも呼ばれました）」と目された鄧小平や劉少奇などの同調者に対しては、紅衛兵らによって徹底的な中傷キャンペーンが行われました。批判の対象とされた人々には自己批判が強要され、「批闘大会」と呼ばれる吊るし上げが日常的に行われました。実権派とされた者は三角帽子をかぶらされ町を引き回されました。

しかし、文化大革命は政治だけにとどまらず、広く社会や文化一般にも批判の矛先が向けられ、反革命派とされた文化人を吊るし上げたり、反動的とされた文物が破壊されたりしました。吊るし上げ・暴行を受けた多くの著名な文人名士などは自ら命を絶ちました（スターリンは秘密警察・公開裁判などを使って、広く文化人まで含めて始末させましたが、毛沢東は紅衛兵を使って始末させました）。

一九六六年の末ごろから武力的な闘争が本格化し、地方では党組織と紅衛兵との間で武力を伴った激しい権力闘争が行われました。紅衛兵のエネルギーは、「造反有理」などを掲げ、権力中枢（実権派）の逮捕・追放・自己批判を迫り、しだいに内訌し相互に武闘を繰り返しました。フランス革命がそうであったように、凄惨な血の祭りとなりました。

またマルクス主義に基づいて宗教が徹底的に否定され、教会や寺院・宗教的な文化財が破壊されました。とくにチベットではその影響が大きく、仏像が溶かされたり僧侶が投獄・殺害されたりしました。内モンゴル自治区においても権力闘争に起因し多くの幹部・一般人や旧貴族階級などの指導階級は徹底的に殺戮《さつりく》されました（内モンゴル人民党事件）。文化大革命中、各地で大量の殺戮が行われ、その犠牲者の合計数は数百万人から一〇〇〇万人以上とも言われていますが、本当のところは不明です。

一九六七年の後半になると、毛沢東は内乱状態になった国内を鎮めるために人民解放軍を紅衛兵運動の基盤であった学校や工場に駐屯させました。一九六八年、実権派が追放されるなかで一二中全会が開催され、劉少奇は党籍を剥奪され、永久追放にされました（劉少奇は非人間的な扱いを受け、一九六九年一一月、河南省開封市で死亡しました）。

一九六八年以後、用済みとなった紅衛兵の青少年たちは農村から学ぶ必要があるとして大規模な徴農と地方移送が開始されました（下放と呼ばれました）。紅衛兵運動から下放収束までの間、中国の高等教育は機能を停止しました（現在の中国最高指導者の習近平も国務院副総理だった父・習仲勲が批判され、一九六九年から七年間、陝西省延川県に下放されました）。

《文革の第二段階――林彪事件》

一九六九年四月の第九回全国党代表大会（九全大会）は、毛沢東の勝利であり、いわゆる「造反派」の勝利でした。

この大会において、林彪の政治報告には、「実権派の奪い取っている権力を奪い返すには文化大革命を実行して公然と、全面的に、下から上へ、広範な大衆を立ち上がらせ上述の暗黒面を暴き出すよりほかかない。……これは実質的にはひとつの階級がもうひとつの階級を覆す政治大革命であり、今後とも何度も行われねばならない」と書かれていました。林彪は文化大革命を、国内の反動的勢力に対する新たな階級闘争としてとらえていました。

林彪は一九六九年の第九回党大会で、毛沢東の後継者として公式に認定されましたが、劉少奇の失脚によって空席となっていた国家主席の廃止案を毛沢東が表明すると、林はそれに同意せず（自分がなろうとして）、野心を疑われることになりました。執念深い毛沢東にいったん野心を疑われると簡単に収まりませんでした。また、林彪と毛沢東には対外政策（対ソ、対米）での意見の食い違いがあり、これが反目につながったとも言われています。

毛沢東は、一九六九年三月に起きたソ連との珍宝島（ダマンスキー島）事件を契機に、ソ連の脅威をますます実感するようになり、「二正面作戦をとるのは上策ではない」として、かつては「米帝（アメリカ帝国主義）」とののしり敵視していたアメリカに接近を試みました。一方、林彪は「あくまでも敵はアメリカである」と主張したと言われています。

その後、毛沢東ににらまれていることを知った林彪とその一派は、一九七〇年頃から毛沢東の国家主席就任や「毛沢東天才論」を主張して毛沢東を持ち上げ懐柔しようと試みましたが、毛沢東は林彪の野心を疑い続けました。さらに、毛沢東は、林彪らの動きを警戒し、林彪とその側近に対する粛清に乗り出しました。

このため、まさかのときを考えて、一九七一年三月二七日には、林彪の息子で空軍作戦部副部長だった林立果が中心となり、クーデター計画書「五七一工程紀要」を作成しました。これによると地方視察中の毛沢東を爆殺し、同時にその後の権力掌握のためのクーデターを実行し、広州で新政権を樹立することなどを画策していました。この計画書のなかで、林立果らは「毛沢東は真のマルクス・レーニン主義者ではなく、孔孟の道を行うものであり、マルクス・レーニン主義の衣を借りて、秦の始皇帝の法を行う、中国史上最大の封建的暴君である」、「中国を人民の相互軋轢によるファシズム独裁国家に変えてしまった」と決起の主旨を記していました。

その後、一九七一年八月から九月にかけて南方を視察中の毛沢東が、視察先で林彪らを「極右」として猛烈に批判しました。このため、いよいよ身辺の危機を感じた林彪とその側近らは、九月五日に毛沢東の乗った専用列車を爆破する暗殺計画の実行を決意し、八日に実行に移すことにしました。しかし事前に暗殺計画の情報が毛沢東らに漏れたために、毛沢東らは専用列車を当初の杭州から直接北上させ上海で下車するルートから、紹興《しょうこう》へ迂回させた上で、上海で下車せず一二日に北京へと戻るルートを取ったために爆破に至らず、暗殺計画は失敗しました。

結局、林彪たちは、一九七一年九月一三日に、ソ連へ人民解放軍が所有するイギリス製のホーカー・シドレートライデント旅客機で逃亡中にモンゴル人民共和国のヘンティー県イデルメグ村付近で墜落死しました（墜落の原因は不明です）。

この林彪事件が起きた時期に、米中関係正常化の交渉が密かに進められていました。一九七一年四月、アメリカのニクソン大統領は米中関係正常化を目指す意向を示し、七月には米大統領補佐官キッシンジャーが秘密裡にパキスタン経由で北京を訪中して毛沢東と会談し中国を承認するニクソンの意向を伝えました。林彪機墜落事件の二ヶ月前でした。この間、米中関係正常化が明らかになったところで、七一年一〇月に国連総会で中華人民共和国の代表権を圧倒的多数で決議し、国連代表権が台湾から中華人民共和国へと交替しました。

翌年の一九七二年二月にアメリカのニクソン大統領が北京を訪問し毛沢東と会談し、両国は上海コミュニケを発表しました。このコミュニケで①米中関係の正常化に向けて努力することがすべての国の利益になる、②アメリカと中国はまた、自分たちも他のどの国もアジア太平洋地域で覇権を求めるべきではないことで合意する、③台湾の政治的地位について、一つの中国政策、および台湾が中国の一部であると認知している。米国政府はその立場に異議を唱えない。中国自身による台湾問題の平和的解決に関心を持っていることを再確認している。この見通しを念頭に置いて、台湾からのすべての米軍及び軍事施設の撤退という究極の目的を確認している、というものでした。その後アメリカは中華民国と断交し、米中は国交を樹立しました。

米中関係正常化を受けて、日本の田中角栄首相も七二年九月訪中し日中国交正常化を果たしました。

このような米中の衝撃的なニュースに隠されて、林彪事件はほとんど真相がわかりませんでした。

《文革の第三段階―批林批孔運動》

その後も文革は続いていました。マルクス主義的無神論を掲げる中国は、「儒教は革命に対する反動である」として儒教を弾圧の対象としていたため、一九七三年八月から一九七六年まで「批林批孔運動」を行い、林彪と孔子及び儒教を否定し、徹底的に罵倒しました。

多くの学者は海外に逃れ、中国に留まった熊十力《ゆうじゅうりき》（新儒学の代表的思想家）は激しい迫害を受け自殺したと言われています。中国の思想のうち、「法家を善とし儒家を悪とし、孔子は極悪非道の人間、その教えは封建的とされ、林彪はそれを復活しようとした人間である」とされました。こうした「儒法闘争」と呼ばれる歴史観に基づいて中国の歴史人物の再評価も行われたと言われています（現在、中国の習近平は再び法家を善とし、儒家を廃しています）。

この運動は、後に判明したところによれば、孔子になぞらえて（二年も前に死去した林彪ではなく）周恩来を引きずり下ろそうとする四人組側の目論見で始まり、学者も多数孔子批判を行いました。彼らは中国の歴史上の人物を善人と悪人に分けましたが（基準は法家が善人、儒家が悪人）、武則天が善人の中に入っているのは江青が自らを武則天になぞらえ、女帝として毛沢東の後継者になろうとしていたからだと言われました。

毛沢東に信頼されていた華国鋒（一九二一～二〇〇八年）は、一九七五年に国務院副総理（副首相）に昇進しました（党内序列は第一一位）。一九七六年一月八日には、文革派と実権派の間にあって両者を調停してきた国務院総理・周恩来が亡くなりました。その後任として毛沢東の意向により華国鋒を国務院総理代行とする決定がなされ、二月二日に党中央の「一号文件」として通知されました。

一九七六年四月七日、毛沢東の指示に基づいた党政治局会議の決議により、華国鋒は国務院総理兼党中央委員会第一副主席・中央政治局常務委員に任命され、毛に次ぐ序列第二位の地位に抜擢されました。毛沢東は華国鋒を後継にすることをかなり早くから決めていたようです。

そして、一九七六年九月九日、毛沢東が八二歳で亡くなりました。

一九七六年一〇月六日、華国鋒は、葉剣英、李先念、汪東興等の後押しを受け、四人組を逮捕しました。これにより、毛沢東の死後に激化していた党内対立は一気に解決し、文化大革命は事実上終結しました。華国鋒は、翌一〇月七日、党主席・中央軍事委員会主席に就任しました。

《二》国連を作ったアメリカ、国連を形骸化したアメリカ

ルーズベルト大統領の国連構想

第二次世界大戦を勝利に導いたアメリカの第三二代大統領ルーズベルト（一八八二～一九四

五年）は、第二次世界大戦に参戦する前にすでに、戦後世界の安全保障を新たな国際機構の設立によって実現しようとする構想を持っていました。それは第一次世界大戦を戦ったアメリカの第二八代大統領ウィルソン（一八五六～一九二四年）が提案した国際連盟にいろいろ欠陥があって、たった二〇年で再び世界大戦が起きてしまった人類世界の現実を深く洞察し人類はどうしたら戦争をなくすることができるかという問題意識に立ってのことでした。

具体的な検討は、アメリカのサムナー・ウェルズ国務次官の下に国際機構小委員会が設置され、一九四二年一〇月作業が開始され、一九四三年三月には「国際機構憲章草案」がほぼ完成されました。国務長官コーデル・ハルがこれを練り直して、同年八月「国際連合憲章草案」を完成させました。

世界の戦争の歴史をみると、勢力均衡策（あるいは同盟主義）というのがあります。過去の三十年戦争（一六一八～一六四八年）、ナポレオン戦争（一七九九～一八一五年）、第一次世界大戦（一九一四～一九一八年）、第二次世界大戦（一九三九～一九四五年）など、みな勢力均衡策（あるいは同盟主義）から大戦が起きているという人類の歴史があります。

一九世紀から二〇世紀の初めにかけて三国同盟と三国協商という欧米列強の同盟主義が第一次世界大戦を起こしてしまいました。その後、再びあまり時間をおくこともなく同盟主義が復活して（同盟を結ぶと必ずそれから外れた勢力が反同盟を組織する、同盟国に頼って無責任な行動〈戦争など〉をとる、同盟間の戦争は長期かつ大規模になる）、第二次世界大戦になりました。

とかく、国家は同盟を形成し、勢力均衡策で他国側を牽制しようとしますが（これを抑止力と言います）、相手同盟は決してお手上げになることはなく、必ず対抗して軍備増強に走り、結局、それは双方の軍事拡張政策に陥り、その結果は大戦争（世界大戦）に陥るのが常でした。

そこで、当時、ルーズベルトたちは次のように考えました。第二次世界大戦後のように拡大し強大化した世界の平和を保つには、カントが『永遠平和のために』で構想したような国際機関が必要であり、それは一応国際連盟で実現しましたが、初めての試みであり、多くの欠陥があることがわかりました。それに世界最大の実力国アメリカが入っていなかったことが一番の問題点でした（と彼らは考えました）。

（歴史に「もし」が許されるなら）もしアメリカが連盟に入っていたら、国際連盟のもとに、日本の大陸進出にもっと早い段階でイギリス、フランス、ソ連を動員して介入したでしょう。そして、ヒトラーのヴェルサイユ体制の破棄に対しても、アメリカは国際連盟規約にしたがって、その時点で具体的な歯止めをかませたでしょう。

ルーズベルトたちは、今度はアメリカが中心となって国際連盟の欠陥を取り除き新しい集団安全保障の国際組織を作ろうと考えたのです。その考え方はその組織の加盟国はすべて安全が保障される、逆に違反国はその組織全体から制裁を受けるというもの。ここには同盟というものはまったく存在しません。

また、第一次世界大戦後の一九二〇年代にアメリカにおいては、「戦争違法化」運動が起きていて、それをも考慮しました。

ひとつの「戦争違法化」運動は、コロンビア大学総長でカーネギー平和財団理事長であったバトラーなどのグループが唱えたもので、彼らは戦争違法化には（理想主義だけではダメで）強制手段の制度化がまず必要と考え、その点で国際連盟の集団安全保障の原則を支持していました。

もうひとつは、シカゴの弁護士レヴィンソンによって開始されたもので、従来、国家間でなされるあらゆる戦争は合法的なものとされてきましたが、レヴィンソンによれば、大量の殺人と破壊でしかない戦争行為は犯罪であり、これを禁止して法廷で裁かれるべきであるとする「戦争違法化」でした。国際連盟規約で違法とされた戦争は、「侵略」戦争に限定されており、「自衛」戦争、及び侵略国に対する連盟の「制裁」は合法的な武力行使として認められていましたが、レヴィンソンたちは、すべての戦争は「犯罪」であり、すべての戦争を禁止してすべて問題は法廷で裁かれるべきであるとしていました。

この考えは一九二八年のパリ不戦条約に結実していきました。不戦条約前文「国際的紛争解決の手段としての戦争を罪悪と認め、国策手段としての戦争は相互の関係において放棄する」と戦争を初めて「罪悪」と認めていました。しかし、不戦条約は何らの強制力を持っていないという致命的な欠陥がありました。

ルーズベルト大統領らは、このようなカントの永遠平和論や国際連盟の問題点、レヴィンソンの「あらゆる戦争の違法化」「すべての戦争を法廷で裁く」の主張、不戦条約の問題点などを総合的に勘案して、一九四〇年代初めにはハル国務長官らの国連憲章草案に結実していったと考えられます。

このアメリカの国連憲章原案をもとに米英ソ三国外相会談で討議した結果、「すべての国の主権平等に基礎を置き、大国小国を問わずすべての国の加盟のために開放される、国際の平和と安全の維持のための一般的国際機構」を創設することで合意しました。これが「一般安全保障に関するモスクワ宣言」となり、中国（蒋介石）もこれに同意しました。こうして、アメリカ案に沿った国際機構の創設が連合国側の構想として公式に示されることになりました。

この合意を受けてルーズベルトは、一九四三年一一月二八日〜一二月一日にテヘランで開催された米英ソ三国首脳会談の場で、その国際組織においてはすべての連合国からなる総会が勧告権を持ち、紛争解決のための強制機関は米英ソ中四大国が担う「四人の警察官」構想（つまり、安全保障理事会の仕組み）を提案し、了承を得ました（フランスは後に参加）。

国連憲章の原案「ダンバートン・オークス提案（ＤＯ案）」

ここに主権平等原則に基づく総会と大国主導の安全保障理事会という二本立ての方向性が明確になってきましたが、細目は一九四四年八月から約一ヶ月半ワシントン郊外のジョージタウンにあるダンバートン・オークス・ガーデンでアメリカ、イギリス、ソ連、中国の四大国代表によって詰められ、国連憲章の原案「ダンバートン・オークス提案（ＤＯ案）」ができあがりました。

注目すべきは、このＤＯ案には、現在の国連憲章第五一条はありませんでした（集団的自衛権の概念そのものが歴史的にはありませんでした）。したがって、ＤＯ案は、「一般の加盟国に、独自に戦争をする権利」を認めていませんでした。

つまり、どこかの国が戦争をしかけると、国連軍（その他の国連加盟国）が戦争をしかけた国を撃つということになり、戦争はなくなると考えられていました。どこか一国が戦争を始めれば、それ以外の国で構成される国連軍が相手となりますから、短期間で国連軍の勝利になります。ということはそのような無謀な戦争にあえて挑戦する国はないだろう。ということで、この新機構（国連）そのものが集団安全保障の仕組みになることに疑問を呈する者は誰もいませんでした。それは始めから自明のこととしていました。

このＤＯ会議の合意点は一九四四年一〇月に、「一般的国際機構の設立に関する提案」として各国政府に送付されました。

ヤルタ会談─国連の拒否権問題

ＤＯ会議で持ち越された安全保障理事会における表決手続き（拒否権）の問題はヤルタ会談で議論されました。

ヤルタ会談で米英は、紛争の当事国となった大国は安全保障理事会で表決を棄権すべきと主張しましたが、ソ連のスターリンはすべての議題について「大国一致」の原則を貫くよう主張し対立しました。この対立は、結局、手続き問題以外の議題では大国の拒否権を認める方向で妥協がはかられました（ここで拒否権が認められたことは、後に大国が関与した紛争に対して安全保障理事会が機能麻痺に陥る原因となりました）。

たとえば、米英とソ連が割れて（そのようなことはしょっちゅうありましたが）事を構えるとそれこそ世界大戦になってしまいますので、そのような場合には「拒否権」で決定しないという選択をとったのです（現在の世界では拒否権はやむを得ないとも思われますが、問題を決定しないで放置してしまうことが問題です。また、拒否権を発動するなら、こちらはこちらの考えでかってにやるとなっても困ったことになります。つまり、「拒否権」で拒否された案件をどう処理・解決するかの紛争処理システムが現在の国連・安保理にはありません。つまり、拒否権で暗礁に乗り上げた案件を解決する仕組みを作ることが現在の安保理に必要です）。

ルーズベルト案（ＤＯ案）を一変させた第五一条「集団的自衛権」の挿入

一九四五年四月一二日昼食前に、恒久的な国際安全保障の仕組み作り（国際連合の構築）に絶えずリーダーシップを発揮してきていたルーズベルト大統領が急死しました。

この第二次世界大戦後の世界を先まで見通し（いわば人類の未来を見通して）、このカント的平和機構を構築しようとしていた中心人物がいなくなってしまったことは、これから誕生しようとしていた国連にとって大きな不幸でした。なぜかと言いますと、このときの国連憲章原案（ＤＯ案）には第五一条の集団的自衛権は入っていませんでした。これが挿入されたのは、この後のサンフランシスコ会議においてでしたが、ルーズベルトが生きていたら、そうはさせなかったでしょう。

そのサンフランシスコ会議は、一九四五年四月二五日から六月二六日にかけて（ドイツ、日本はまだ、戦っていました）連合国五〇ヶ国の代表が集まり、戦後処理と国際平和問題を討議し、国際連合憲章の原案「ダンバートン・オークス提案（ＤＯ案）」を検討し、最終的に決定しました。その国際連合設立の最大の目的は、有史以来の人類の宿弊とも言うべき戦争を未然に防止することを平和の思想や哲学ではなく、具体的な仕組み（社会システム）として設定することにありました。

まず、サンフランシスコ会議にかけられた国際連合憲章の原案「ダンバートン・オークス提案（DO案）」の仕組みをみましょう（これはそのまま現在の国連憲章の仕組みです）。

国連憲章前文において、「……共同の利益の場合を除く外は武力を用いないことを原則の受諾と設定によって確保し、すべての人民の経済的及び社会的発達を促進するため国際機構を用いることを決意して、これらの目的を達成するために、われらの努力を結集することに決定した。この国際連合憲章に同意したので、ここに国際連合という国際機構を設ける。」この国連憲章の最大の特徴は、自衛以外のいかなる武力行使も禁止していることです。

国連憲章第一条の目的でも、以下のように記されています。

第一条　国際連合の目的は、次のとおりである。

1．国際の平和及び安全を維持すること。そのために、平和に対する脅威の防止及び除去と侵略行為その他の平和の破壊の鎮圧とのため有効な集団的措置をとること並びに平和を破壊するに至る虞《おそれ》のある国際的の紛争又は事態の調整または解決を平和的手段によって且つ正義及び国際法の原則に従って実現すること。

と記されています。そのための具体的な方法は以下のように定められています。

第六章紛争の平和的解決としては、第三三条〔平和的解決の義務〕→第三四条〔調査〕→第

三五条〔提訴〕→第三六条〔調整の手続きと方法の勧告〕→第三七条〔付託の義務と勧告〕→第三八条〔合意による付託〕

第七章平和に対する脅威、平和の破壊及び侵略行為に関する行動としては、

第三九条〔安全保障理事会の一般的権能〕→第四〇条〔暫定措置〕→第四一条〔非軍事的措置〕―安全保障理事会は、その決定を実施するために、兵力の使用を伴わないいかなる措置を使用すべきかを決定することができ、且つ、この措置を適用するように国際連合加盟国に要請することができる。この措置は、経済関係及び鉄道、航海、航空、郵便、電信、無線通信その他の運輸通信の手段の全部又は一部の中断並びに外交関係の断絶を含むことができるとなっています。

こうしてやるべきことはやって、それでもダメであれば最後に軍事的措置に至ることになります。これだけやれば、もはややることはやったのです。国連は問題を解決しなければなりません。そこで、第四二条の〔軍事的措置〕となります。

第四二条〔軍事的措置〕―安全保障理事会は、第四一条に定める措置では不十分であろうと認め、又は不十分なことが判明したと認めるときは、国際の平和及び安全の維持又は回復に必要な空軍、海軍又は陸軍の行動をとることができる。この行動は、国際連合加盟国の空軍、海軍又は陸軍による示威、封鎖その他の行動を含むことができる。

その軍事的措置の手続きが第四三条から第五〇条までに記されています。

ＤＯ案はここまででしたが、この最後にサンフランシスコ会議で次の憲章第五一条が追加されました。

第五一条　この憲章のいかなる規定も、国際連合加盟国に対して武力攻撃が発生した場合には、安全保障理事会が国際の平和および安全の維持に必要な措置をとるまでの間、個別的または集団的自衛の固有の権利を害するものではない。この自衛権の行使にあたって加盟国がとった措置は、ただちに安全保障理事会に報告しなければならない。また、この措置は、安全保障理事会が国際の平和および安全の維持または回復のために必要と認める行動をいつでもとるこの憲章に基づく権能および責任に対しては、いかなる影響も及ぼすものではない。

第五一条の集団的自衛権が挿入された経緯

アメリカ代表団の顧問としてサンフランシスコ会議に参加していたジョン・フォスター・ダレス（一八八八〜一九五九年。後のアイゼンハワー政権の国務長官）は、サンフランシスコ会議の五年後の著書『War or Peace』のなかで、次のように述べています。

「われわれがサンフランシスコに集まったとき、われわれは合衆国政府が最近に起こった二つの行動の間の矛盾、調整しがたい矛盾に直面することとなった。一つは、五大国の拒否権を認めたヤルタ会議での決定（一九四五年二月一一日）であるが、この決定をＤＯ原案（一九四四年九月）に合わせて読むと、地域的取極（国連憲章第八章）に基づく強制措置はいっさい、五大国全部の同意を得た安全保障理事会の許可なしには、行われえないということになる。それがどういうことを意味するか……。もう一つは、一九四五年二～三月メキシコ・シティの協定（チャプルテペク協定）は、アメリカの国（南北アメリカという意味）のどれ一つに対する攻撃も他のアメリカ諸国に対する侵略行為とみなされるという原則を定めるとともに、アメリカ諸国の間での侵略行動には兵力の使用を含めて共同の制裁措置を適用する組織的な手続きを確立するところの全米条約を締結することをリコメンドしているのである。」

　つまり、アメリカを中心にラテンアメリカの国々はチャプルテペク協定を結んで、この中の一国が攻撃されれば（たとえばソ連から）集団でこれに対抗しようという集団安全保障条約を結ぶ寸前にまできていました。それを国連憲章の第八章で認められている（認められる予定の）地域的取極に入れてもらえると思っていました。ところが、これも（たとえばソ連の）拒否権で否認される可能性があると初めて気がついたのです。

　そこでダレスの著書は「この矛盾に初めて気づいたのは中南米との連絡役をしていたネルソン・ロックフェラーだった。彼は五月五日（一九四五年）の夕、この事についてアメリカ代表のひとり、ヴァンデンバーグ上院議員と話し合った。ヴァンデンバーグはその夜のうちに国務長官ステチニアス宛に、アメリカ諸国の地域的アソシエーションにソ連の拒否権から離れて自由に作動することを許すような方策が見つけられなくてはならない旨の手紙を送った。この問題の解決は容易ではなく、アメリカ代表団内部で意見の対立があり、大統領（トルーマン）に請訓し、その指令を得て決定された。ついで、ソ連代表の同意をかちとるために、この期に及んで取引できる材料も持たなかったので、最良の外交マナーからは外れた思い切った手があえて打たれることとなった。実質的な交渉の相手方ソ連の内諾を得ないまま、五月一五日、国務長官ステチニアスは、ダレスとともに準備した一つの新聞発表を行い、そのなかで、世間一般に対していわゆるUS Formulaにコミットしてみせた。

この手は成功した。ソ連代表は、最初は、われわれが公然と提唱した案を受諾することを拒否したが、結局は屈したのである。」

実際、サンフランシスコ会議の会場では、五月一五日に、アメリカ代表団は、国務長官声明という形で、ひとつの文書を公表しました。その英文が、いわゆるUS Formulaと言われるものでした。この予告の文書に続いて、五月二〇日には同じ国務長官声明の形で、二つ目の文書が公表されました。この文書は、先のUS Formulaの修文上の改善をはかり、現在の国連憲章第五一条とほぼ同じ文章でした。

このとき国連憲章第五一条が挿入されることになったのですが、それが何を意味するのか、どんな効果を発揮するのかラテンアメリカ諸国の代表が待っている会場に行って説明する場面をダレスの著書は、「彼らは、われわれの提案した章句にまったく満足したわけではなかった。彼らにとって、collective self-defence（集団的自衛権）の二語がそんなに大きな問題を解決できるなどと信じることは困難だったのである。彼らは、憲章のなかでチャプルテペク協定にはっきり言及すること、そのようにして安全保障理事会の拒否権にしばられるコントロールから彼らを特別に外すということのほうを強く望んでいた。しかし、ホテル・フェアモントでの会合のあとでは、彼らはわれわれのUS Formulaに同意することになった。」つまり、ここで集団的自衛権の真の意味を説明し納得させたのです。

国際法学者・祖川武夫は『国際政治思想と対外意識』（創文社、一九七七年刊）「集団的自衛——いわゆるUS Formulaの論理的構造と現実的機能——」で、このようにして国連憲章第五一条の集団的自衛権が登場してきたことを述べて、それは次のように理解できると述べています。

「アメリカ合衆国の当時の政策を規定していたものは、初期冷戦政策であって、東欧解放地域問題を経て、やがて原爆投下作戦にはっきりと露呈されてくるところの一貫した対ソ戦略でした。中南米諸国が紛争の平和的処理にかんして地域システムの優先性を確実に保障するために具体的に細かく提案したものはほとんど顧みられず、US Formulaとして現れた解決方式は、実に地域的取極とは本来無縁な、軍事技術的に立った諸提案のうち、構造においてもっとも単純な、それだけ効果においてもっとも破壊的なフランス（およびトルコ）の提案に拠っていたのです。

アメリカ合衆国の対ソ政略が、一般的機構の枠組づくりのなかで、ラテンアメリカ諸国の地域主義のもつなにほどかの正当性を僭称しながら、フランスなどの強力な軍事的主張を梃子にして、アメリカ合衆国自らの政策を貫徹させたのです。フランスは『安全保障理事会に届出た救助条約が規定している緊急措置は（安全保障理事会の許可なしに）おこないうる、措置は速やかに安全保障理事会に報告すべきものとする』と提案していました。」

以上、サンフランシスコ会議の舞台裏でアメリカ合衆国がすでに始まっていた対ソ戦略の一環として、のちに反共の闘士と言われるダレスなどが暗躍して、トルーマン大統領の指示を受けて、第五一条の集団的自衛権を挿入したのです。これによって、国際連合の集団安全保障制度の概念は、国連を創造したルーズベルトやコーデル・ハルなどの意図（DO原案）とは大きく顚倒《てんとう》したものとなってしまいました。

集団的自衛権の学説

現在では、この国連憲章第五一条の集団的自衛権については、祖川武夫の『国際法と戦争違法化』を参考に解釈しますと以下のようになります（三つの学説があるとしていますが、一つは明らかに個別自衛権ですので、それを除いて二つとして説明します）。

①集団的自衛権の一つの考え方は、図三のように、X国がY国に対して武力攻撃を行った場合、Y国は個別的自衛権を行使できるようになります。その一方で、被害国でないZ国は、Y国に支援を与えることができ、X国に対して武力を行使することが許されると考えることです。

　たとえば、国際法学者ハンス・ケルゼン（一八八一～一九七三年）は、「いやしくも集団的自衛権が意味を持つとすれば、それは、武力攻撃を受けた国が自らを防衛することを意味するだけでなく、支援に駆けつけた他国も武力攻撃を受けた国を防衛することを意味する」と述べています。この定義によりますと、集団的自衛権を行使するのはどこの国でもよいことになりますが、こうした集団的自衛権は組織されたものであるので、実効的なものにするためには、武力攻撃の発生以前に、集団防衛の取りきめ（同盟関係）がなければあまり意味はありません。

②もう一つの考え方は、死活利益を防衛する権利です。つまり、図三のように、X国がY国に対して武力攻撃を行ったとして、Z国がY国に死活利益を有する場合（保護国、属国のような関係）に、Z国の死活利益を害するX国

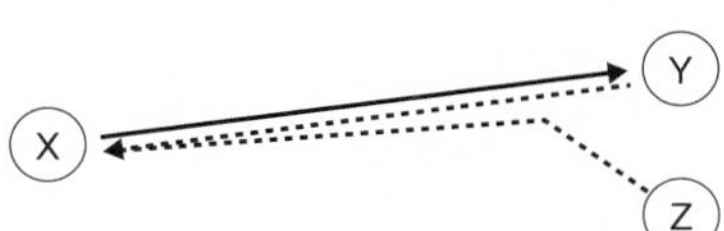

図三　集団的自衛権の学説

の武力行使をZ国に対する武力攻撃とみなし、X国に対して武力を行使することが許されると考えることです。

このように集団的自衛権に関しては二つの学説があるようですが、国際司法裁判所（ICJ）の判例から、集団的自衛権には次のような要件も必要であるとしています。

まず、①の要件として、「武力攻撃の被害国は、武力攻撃を受けているという認識を形成し宣言しなければならない」。さらに、「武力攻撃の被害国であるとみなす国家が、援助の要請をしない場合、集団的自衛権の行使を認める法規則は存在しない」と述べ、第二の要件を明らかにしています。つまり、集団的自衛権の場合には、被害国が武力攻撃について宣言し、かつ援助の要請を第三国に行うことが必要であるとしています。

集団的自衛権は、結局、①と②の場合ですが、いずれにしても、原則として、他者を防衛する権利、つまり他衛権であるとみなされるようになっています。何でもない他者を防衛することはないから、①、②のZ国とY国は同盟関係か、宗主国と属国などのような関係がある場合が多いことになります（たとえば、Y国が日本、Z国がアメリカとみなしますと、①の場合は日米安保による同盟関係となり、②の場合はアメリカが日本の宗主国、日本はアメリカの属国というような関係になるでしょう）。

個別的自衛権と集団的自衛権の厳密な要件

もう一度、国連憲章第五一条（一九〇ページ）に返ってみますと、次のような要件を規定しています。こうした要件は、個別的自衛権と集団的自衛権に共通の要件です。

A．武力攻撃の発生という実質的要件

B．安全保障理事会が必要な措置を執るまで行使できるという時間的要件

C．安全保障理事会への報告という手続的要件

第五一条では明記されていませんが、それ以外に、必要性と均衡性という二つの要件が慣習法上課されています（以下、有斐閣『国際法〔第五版〕』〔松井芳郎、二〇〇七年刊〕を参考にさせていただきました）。

D．必要性

自衛権を行使できるのは「武力攻撃」に対してであります。単なる権利侵害や義務違反に対して自衛権を行使することはできません。自衛権行使の対象となる武力攻撃とは、武力行使のうち「最も重大な諸形態」のものを指し、「それほど重大でない諸形態」のものに対しては、自衛権ではなく、「均衡のとれた対抗措置」をとることができるにとどまります。たとえば、国際司法裁判所（ＩＣＪ）が下したニカラグア事件判決では、アメリカがニカラグアに対して行った武力行使は違法の判決が出ました。戦前の満州軍などがちょっとした武力衝突からすぐ、

自衛権の侵害であるとして一二時間の最後通牒を発して、時間切れを狙って大陸で新たな戦争を連発していきましたが、これらは自衛権を逸脱しています。

他方、自決権（民族自決権。自衛権ではありません）の確立にともない、植民地本国の武力行使による抑圧行為は違法な武力攻撃にあたり、植民地人民の解放闘争は自衛権の行使にあたると考えられるようになりました。

なお、私的な武装集団によるテロ攻撃を理由として他の国家や国家領域に対して自衛権を行使できるのは、武力攻撃に相当するほどの重大性を有する武力行使（テロ攻撃）を他国に対して実行する武装集団がその国により、またはその国家のために、派遣されるか、当該武力行使（テロ攻撃）に対してその国が実質的に関与している場合だけです（侵略の定義決議第三条）。

さらに自衛権は、武力攻撃が現に行われているか、あるいは今まさに行われようとしている場合に限って、個別国家の判断に基づく武力行使を認めるという急場の例外的な権利でありますから、相手の攻撃を見越して先に攻撃する先制自衛や予防的自衛は許されません。武力攻撃がいったん終息したのちに、それに対する報復や再発防止を目的として武力を行使するのも自衛権の行使とは言えません。これらの場合には、国連の（本来の）集団安全保障制度に訴えることが可能であり、個別国家の判断に基づく武力行使を認めなければならない緊急の必要性が存在しないからです。

九・一一テロ事件以来、アメリカのブッシュ（息子）政権は、脅威が確実であれば攻撃の時間と場所が不確かであっても先制的に行動するという「先制攻撃戦略」を採用し（ブッシュ・ドクトリン）、アフガニスタン攻撃やイラク攻撃を実行してきましたが、そのような戦略と行動は、現代国際法が達成した戦争・武力行使の違法化を根底からくつがえすものと言えます（第四章で述べます）。

E．均衡性

均衡性とは、自衛のための行動は、武力攻撃を撃退するために必要な限度内に限られ、かつ、攻撃行為と均衡を失するものであってはならないというものです。したがって、軽微な攻撃に対して大規模な軍事行動を起こしたり、攻撃を撃退した後、逆に相手国の領土に侵入・占領したりして、これを併合するようなことは自衛の限度を越えたものであって許されません。

後述しますが、九・一一テロ事件によって、アメリカのブッシュ（息子）政権は、アフガニスタン攻撃を開始し国家を破綻させてしまったのは均衡性を欠くものでした。イラク攻撃でイラクを破綻させたのは、九・一一テロ事件を起こしたアルカイダとも関係がなく、憲章第五一条の集団的自衛権とまったく関係のない、根拠のない違法戦争であったと言えます。

国連の集団安全保障制度を空洞化させたアメリカ的（ソ連的）集団安全保障制度

アメリカは、さっそく一九四七年九月二日にこの国連憲章第五一条を利用して、アメリカおよび中南米の二一ヶ国、あわせて二二ヶ国の間で、全米相互援助条約という安全保障条約を結びました。

次は一九四九年にできた北大西洋条約機構（ＮＡＴＯ）でした。北大西洋条約第五条は、いずれかの締結国に対して武力攻撃が行われた場合には、「各締約国が、国際連合憲章第五一条によって認められている個別的又は集団的自衛権を行使して、北大西洋地域の安全を回復し及び維持するために、兵力の使用を含めてその必要と認める行動を、個別的に及び他の締結国と共同して直ちに執ることによって、右の攻撃を受けた一以上の締約国を援助する」と規定しています。これでは国連の集団的安全保障制度が出る幕がどこにもありません。国連にはかることなく、実質、アメリカの意向によって、アメリカ的集団安全保障制度によって、すべて処理されるようになったのです。

北大西洋条約機構（ＮＡＴＯ）ができると、ソ連も、これに対抗した共同防衛体制であるワルシャワ条約機構（ＷＴＯ）を第五一条の集団的自衛権に基づいて構築しました。結局、この第五一条の集団的自衛権が拡大解釈されて、ＮＡＴＯやＷＴＯになってしまったのです（国連に加盟していても、アメリカ陣営にもソ連陣営にも属していない国々はどうなるのでしょう）。

安保理事会では常任理事国が拒否権を持っていますから、常任理事国やそれに支持された国（つまり、常任理事国の同盟国）による自衛権行使の主張が否認されることはありません。つまり、五人の警察官に世界の安全保障を任せようとする本来の国連の趣旨がまったく裏切られて、その逆、人類古来の恐怖心につけ入って、寄らば大樹の影と拒否権を持った万能の五人（実際には米ソの二人、将来は米ロ中の三人かもしれません）の警察官に世界の他の国々がすり寄っていって同盟の形成を促進することになってしまいました（本書では取り扱いませんでした原水爆の核の傘もあり、それが同盟化を促進することになりました）。

同盟国にとってはこれほど頼りがいのある警察官はいませんが、それから外れた国（非同盟国）にとっては、危険な暴力団のボスと映っています。第二次世界大戦後、独立した多くの国々が第三世界（非同盟諸国）を形成しましたが、それも結局、切り崩されて米ソの同盟に吸収されていきました。それに外れた国が核武装などをしようとするのは当然と言えば、当然です。

こうして国連の集団安全保障制度は、できた瞬間から、その基盤を掘り崩され、第二次世界大戦前の勢力均衡の世界に逆戻りしてしまったのです。つまり、ルーズベルトらが緻密に練り上げた戦争放棄の仕組みである国連の集団安全保障制度は、この第五一条の集団的自衛権によって、実質的に同盟国の安全保障だけをはかるアメリカ的（あるいはソ連的、将来は多分、中国的）集団的自衛権に取って代わられたのです。しかもたちが悪いことには、彼らはそれを国連の集団安全保障制度と言って世界の人々を惑わせているのです。つまり、羊頭《ようとう》狗肉《くにく》です。

アメリカは、南北アメリカでは全米相互援助条約、ヨーロッパでは、北大西洋条約機構を作ったのに引き続き（ソ連はそれに対抗してワルシャワ条約機構を形成しました）、アジアでも反共陣営の強化をはかり、一九五〇年に米タイ軍事協定、五一年に米比相互防衛条約、太平洋安全保障条約（オーストラリア、ニュージーランド、アメリカ）、日米安全保障条約を結び、朝鮮戦争終結後の一九五三年には米韓相互防衛条約、五四年には米華（台湾）相互防衛条約を結びました。さらに、インドシナ休戦協定成立後の五四年には東南アジア条約機構、五五年には中東条約機構を結成し、集団防衛体制を固めました。

なお、東南アジア条約機構の参加国はアメリカ、イギリス、フランス、オーストラリア、ニュージーランド、タイ、フィリピン、パキスタンであり、中東条約機構の参加国は、イラク、トルコ、パキスタン、イラン、イギリスでした（アメリカはオブザーバー参加でしたが、アメリカはこの機構には軍事・経済的援助を行いました）。

これだけの同盟関係、同盟条約を結んでおけば、どんなことでもアメリカは世界中で「アメリカ的集団的自衛権」の発動という名目で介入できました。アメリカは拒否権を持っていますから、第五一条の自衛権の制約、たとえば攻撃があろうとなかろうと、短期間であろうと無期限であろうと、報告しようとしまいとどうでもできました。

国際連合の集団安全保障制度が軌道に乗っていれば、人類は国家間の戦争には終止符が打たれたはずでした（二〇世紀後半は植民地が独立する時期でもありましたので、独立戦争や国内の内戦などが増えたことはやむをえないとしても）。しかし、この時期（米ソ冷戦期）にもあいも変わらず、戦争が多発したのは本来の国連機能が形骸化されたからです。

戦後、最も多く戦争をした覇権国家アメリカ

それでは第二次世界大戦後の七五年間で、最も多く戦争し、最も多く国連憲章違反を繰り返した国はどこでしょうか。それは、実はアメリカでした。

アメリカは建国以来二三五年間で四一回（五年に一回）の戦争を行っていますが、第二次世界大戦後、二〇一一年までの六八年間で三一回の戦争・武力行使を行っています（二年に一回）。

アメリカの戦争・武力行使の事例は三一件ありますが、このうち国連安保理の承認がある戦争・武力行使は、一九五〇～一九五三年の朝鮮戦争（ソ連が欠席で安保理決議が成立した変則的なものでした）、一九九一年の湾岸戦争（第一次イラク戦争）、一九九二～一九九四年のソマリア、一九九四年のハイチ、二〇〇三年のリベリア、二〇〇三年のハイチへの各ＰＫＦの派遣でした（以上六件）。ＰＫＦの四件は当然国連の要請によるもの、それ以外の二件は国連の決

議による制裁行動でした。それ以外のあとの二五件は国連の言う「自衛」戦争（憲章第五一条のように攻撃を受けた場合だけ反撃できる）でもありませんでした。つまり、他の二五件、八一％はすべて自分から攻撃をかけた国連憲章違反でした。

ベトナム戦争（一九六〇～一九七五年）の例

集団的自衛権でもって、五代の大統領がベトナム民族独立に介入して二〇年も続いたベトナム戦争を一つの例として述べます。

アイゼンハワー政権（一九五二～一九六一年）は、冷戦下において共産主義の東南アジア台頭を恐れ、ドミノ理論を掲げて（ベトナムが共産化するとドミノ的に東南アジア全体が共産化するという議論）、ベトナム独立戦争（第一次ベトナム戦争）に介入し始めました。フランスがジュネーブ協定を結んでベトナムから撤退する時、南北統一選挙が実施されれば、北ベトナムのホーチーミンが当選する可能性が高いと判断し、ジュネーブ協定の調印を拒否しました。

そして、アイゼンハワー政権は一九五六年七月、ジュネーブ協定で決まっていた南北統一総選挙を拒否した南ベトナムのゴ・ディン・ジエム政権を軍事・経済両面で支援し、南ベトナム軍への重火器、航空機などの供給を強化しました。

アイゼンハワー政権のベトナム政策を受け継いだケネディ大統領は、軍事顧問団をジュネーブ協定に違反する規模である一万六〇〇〇人に増加させていましたが、一九六二年一〇月にキューバ危機を経験し、ベトナム政策も見直しし、ベトナムから撤退すること（ベトナム戦争のベトナム化）を示唆していましたが、一九六三年一一月二二日に暗殺されてしまいました。

　ケネディ大統領の時の副大統領だったジョンソン（副大統領の時からベトナムに派遣され、積極策を進言していました）が大統領になるとケネディの撤退の方針は反故にされ（ケネディとは反対のベトナム戦争のアメリカ化を企図し）、二ヶ月後にアメリカ派遣軍を一気に二万三〇〇〇人に増やしました。一〇ヶ月後の一九六四年八月のトンキン湾事件とそれに続く議会のトンキン湾決議採択後には、南ベトナム駐留のアメリカ兵は一気に二〇万人とし本格的なベトナム戦争を開始しました。

　このトンキン湾事件とは、一九六四年八月、北ベトナムのトンキン湾で北ベトナム軍の哨戒艇がアメリカ海軍の駆逐艦に二発の魚雷を発射したとされる事件でした。このトンキン湾事件を契機に、アメリカ議会は国連憲章第五一条及び東南アジア集団防衛条約の集団的自衛権に基づいて、兵力の使用を含む必要なあらゆる手段をとる旨の決議をアメリカ議会は上院で八八対二、下院で四一六対〇の圧倒的多数で通し、アメリカは北爆を開始し、本格的にベトナム戦争に介入していきました。

　ところが、のちにトンキン湾事件そのものがＣＩＡの工作であったことが判明しました。一九七一年年六月ニューヨーク・タイムズのニール・シーハン記者が、報告書『ベトナムにおける政策決定の歴史、一九四五年―一九六八年』こと〝ペンタゴン・ペーパーズ〟を入手、トンキン湾事件はアメリカCIAが仕組んだものだったことを暴露しました。つまり、アメリカは謀略によって、ベトナムへの北爆と大量の地上部隊派遣を開始してベトナム戦争を本格化させたということです（このやり方は、ブッシュ大統領〈息子〉が二〇〇三年に起こしたイラク戦争の開始とよく似ています。イラクが大量破壊兵器を持っているというCIAなどの捏造資料によって、国民を煽ってイラク戦争を開始しました）。

　このベトナム戦争の時もアメリカの集団的自衛権を誇示するため、韓国、タイ、フィリピン、オーストラリア、ニュージーランドが、アメリカの同盟国として派兵し、多国籍軍という形態がとられました（これらの国々も国連憲章違反の派兵でした）。

　ベトナムはソ連、中国の支援を受けて戦争を継続しました。ベトナム戦争は泥沼化し、ベトナム派遣のアメリカ兵は一九六八年の最大時には五四万人に達しました。

　このジョンソン大統領の後も、ニクソン大統領、フォード大統領とベトナム戦争が続きました。一九七三年一月のパリ協定では、アメリカ軍の撤退と捕虜の釈放だけで、あとの南ベトナムをどうするかは何ら解決していませんでした。すべてを投げ打って形だけの協定を南ベトナムに押し付けて逃げるようにしてアメリカはベトナムを去ってしまいました。アメリカ軍に見捨てられた南ベトナムでは、一九七五年四月三〇日、北ベトナム人民軍の戦車隊がサイゴンの南ベトナム大統領官邸に突入、ベトナム共和国が崩壊し、長かったベトナム戦争は、北ベトナムと解放戦線の側の勝利で終結しました（二〇二一年八月末、トランプ大統領のまいた種を引き継いだバイデン大統領は、ベトナムと同じようにアフガニスタンから一方的に撤退しました）。

ホーチーミンは必ずしもソ連型あるいは中国型の共産主義者ではありませんでした。彼はフランスから独立しようとした民族主義者でした。フランスが和平条約を結んで撤退した後をアメリカが頼まれもしないのに、ホーチーミンを共産主義者のレッテルを帖ってドミノ理論などを唱えて追い込んでいったのです。それに国連憲章第五一条の集団的自衛権が利用されたのです。

国連の機能が発揮されたゴルバチョフ時代

ルーズベルトが描いた国連は人さえ得れば、うまく機能するということを証明する、束の間の時期がありました（人によって、国際法の運用が変わるのではなく、そのようなときに問題点を指摘して国際法を、この場合には国連憲章を改正して具体的な社会システムに定着させておく必要がありました）。ゴルバチョフがソ連の指導者になってから、国連の活動は一変しました。

ゴルバチョフはできるだけ拒否権を発動しない新思考外交を推進し、一九八七年以降、冷戦の雪解けが始まってからは、国連の派遣活動が増えていきました。

常任理事国が練り上げ、事務総長の「仲裁」任務によって交渉された安保理決議は、一九八八年にイラン・イラク戦争に終止符を打ちました（国連イラン・イラク軍事監視団UNIMOG）。

事務総長はまた、その翌年アフガニスタンからのソ連の撤退を交渉し、モスクワ政府の面目を立て、国連アフガニスタン・パキスタン仲介ミッション（UNGOMAP）は、兵力一〇万を超えるソ連軍のアフガニスタン撤退を監視し、移行期のあらゆる苦情を処理しました。

同じ時期、アンゴラからのキューバの撤退とナミビアの独立も、安全保障理事会の監視のもとで行われました。国連ナミビア独立移行支援グループ（UNTAG）はナミビアの独立を首尾よく監督しました。

一九九〇年八月、イラクのクウェート侵攻が起きると、国連はその集団安全保障制度に則って、イラク制裁の決議を連発し（前述の国連憲章の手続きにしたがって）、多国籍軍の武力行使を容認するなど、問題解決のために大きな役割を果たしました。国連は軍事行動（戦争）をすることが目的ではありません。イラクが国連の警告にしたがって、クウェートから撤退していれば、湾岸戦争にはならなかったのです。これは冷戦時代にはみられなかったことでした。

一九三〇年代の満州（日本の満州侵略）か、エチオピア（イタリアのエチオピア侵略）か、ラインラント（ドイツの非武装地帯進駐）かと言うところでしたが、国際連盟と違って、今度の国際連合には実行力（国連の武力行使）がありました（フセインは国連も結局、国際連盟と同じように大したことはできないだろうと読んでいたのでしょう）。

安全保障理事会は、イラクの侵攻を同日午後のうちに糾弾し、その後数ヶ月にわたり、最初は経済制裁、次に海上封鎖、最後に武力行使と、国連憲章の手順を踏んで一一件の決議を採択しました。軍事参謀委員会は名目のみの存在になっていましたが、このときはソ連と中国は各決議に賛成し（経済制裁には同意しましたが武力行使には参加しませんでした）、対イラク攻撃は事実上アメリカ主導の多国籍軍によって行われ、アメリカの攻撃能力が連合軍の軍事力の大半を占めていました。

これは国連決議がある実質、国連の多国籍軍となりました。朝鮮戦争のときの変則的な国連軍を除けば、初めての実質的な国連軍でした。イラク戦争のときも多国籍軍と称しましたが、このときは安保理の決議がなかったので、いわばアメリカの私兵集団だったと言えます。今後は国連憲章に則って、軍事参謀委員会を発足させ、正式な国連軍を組織して万全の体制で憲章違反国に対処すべきでしょう。

この湾岸戦争のその後の展開については省略しますが、このとき多国籍軍はイラク軍をクウェートから駆逐し、そこでブッシュ大統領（父親）は、深追いをしないで戦闘を中止しました。これも侵略国に侵略を中止させればよいという国連憲章の集団的自衛権の趣旨に則ったものでした。

このように国連の集団安全保障制度は、安保常任理事国が協力さえすれば、十分その安全保障の機能を発揮することができることがわかりました。国連の集団安全保障制度の機能が米ソ冷戦によって大きく低下してしまっていましたが、ゴルバチョフが新思考外交を始めて国連に協力するようになってから、国連の集団安全保障制度の本来の機能が回復されました。

このように世界中で発生する紛争（戦争）を国連憲章の紛争処理の手続きにしたがって処理していけば、紛争（戦争）は早い段階で消し止めることができるのです。違反国に加担する国はなく、戦争は短期間で終了し、違反国も違反事項を改めれば、復活も早くなるのです。このあとのブッシュ（息子）時代のアフガン戦争やイラク戦争のように破綻国家を出さなくてすみます。

冷戦後に急増した平和維持活動・平和執行活動

ゴルバチョフの時代に冷戦が終わり、安全保障理事会が本来の機能を回復しました。冷戦後の大きな特徴の一つは国連の再生であったと言えます（一時的でしたが）。この冷戦終焉の前後から一九九一年のソ連崩壊までの数年間は、米ソの協調が実現しました。

しかし、米ソ冷戦の終焉は、冷戦という厚い氷に閉ざされていた各国の不満を解凍させることにもなりました。冷戦時代に封印されていた多くの問題がいっせいに勃発し、国連はその対応に追われるようになりました。とくに、冷戦の終焉のころから一段と活発化したものに、国連平和維持活動（ＰＫＯ）がありました。

ＰＫＯが初めて創設された一九四八年から一九七八年までに、一三のＰＫＯが送られました。それから一九八八年までは一〇年間は一件もなかったのですが、冷戦も終わりに近づいた一九八八年からは、一九九八年までの一〇年間で三四件のＰＫＯが送られました。

そのうち一九九〇年から一九九四年の間に一六件もの平和維持活動が承認されたことからも国連の平和維持・平和執行活動がいかに急増したかがわかります。このように国連は世界の平和を取り戻すために、縁の下の力持ち、地道な努力を重ねるようになりました。

冷戦の終了は、ソ連の協力もあって、国連が本来の機能を発揮しつつあり、世界平和の見通しに明るいきざしが見え始めていましたが、アメリカが名実ともに単独の覇権国家になったら、アフガニスタン戦争やイラク戦争のように、再び国連がないがしろにされる時代に逆戻りすることになりました。

《三》国連の趣旨を戦後七〇年堅持した日本

前述のように国連憲章第五一条に集団的自衛権が挿入され、国連の集団的安全保障制度が空洞化されて、世界では第二次世界大戦後も戦前と同じように戦争が絶え間なかったのですが、ここに国連設立の本来の趣旨（これは人類の進むべき道を示しています。これしか人類が戦争を防止する方法はありません）を踏まえて、自国憲法で集団的自衛権を容認しないで、第二次世界大戦後一度も戦争に巻き込まれることがなかった国がありました。それは日本でした。以下に人類史上、希有な事例となった日本国憲法と国連憲章の関係を述べることにします。

日本国憲法制定の経緯

国際連合憲章は、一九四五年四月二五日から六月二六日にかけてのサンフランシスコ会議で連合国五一ヶ国の代表によって採択されたことは述べました。このときドイツは降伏していましたが、日本は沖縄戦が終わったころでした。

一九四五年八月一四日に日本はポツダム宣言を受諾して降伏しました。

一九四五年八月三〇日には連合国軍最高司令官ダグラス・マッカーサーが厚木に到着し、直ちに総司令部（GHQ）を設置し、日本に対する占領統治を開始しました。

マッカーサーの最初の仕事は、戦争犯罪人の究明とその逮捕および処分でした。トルーマン大統領が、極東委員会（日本の占領政策を決める米ソ英など一一ヶ国からなるGHQの上部機関）やアメリカ世論は、日本の軍国主義、とくに天皇制に対して厳しくなってきていることを伝えてきていました。

日本に詳しいマッカーサーは、ここで天皇制に手をつけると大変なことになることはわかっていました。むしろ天皇制に則って統治した方がうまくいくと考えていましたが、アメリカでだんだん厳しくなっていく天皇の戦争責任論を問う声にどううまく答えたらよいか思案していました。

一九四五年一〇月五日、東久邇宮内閣は総辞職し、一〇月九日に幣原《しではら》喜重郎《きじゅうろう》内閣が成立しました。同一一日、幣原首相が新任の挨拶のためマッカーサーを訪ねた際、マッカーサーは口頭で「憲法の自由主義化」の必要を指摘しました。

幣原内閣は、松本烝治《じょうじ》・国務大臣を委員長とする憲法問題調査委員会（松本委員会）を設置して、憲法改正の調査研究を開始しました。松本委員会では、調査会を一五回開いて一九四六年一月九日に松本委員長の「憲法改正私案」をまとめました。その「憲法改正四原則」は次の通りでした。

①天皇が統治権を総攬するという大日本帝国憲法の基本原則は変更しないこと。
②議会の権限を拡大し、その反射として天皇大権に関わる事項をある程度制限すること。
③国務大臣の責任を国政全般に及ぼし、国務大臣は議会に対して責任を負うこと。
④人民の自由および権利の保護を拡大し、十分な救済の方法を講じること。

他方、松本委員会による憲法改正の調査活動が進むにつれ、国民の間にも憲法問題への関心が高まり、各界各層の人々の憲法に関する意見なども広く報道され、政党や知識人のグループなどを中心に、多種多様な民間憲法改正案が発表されました。しかし、その多くは松本委員会案を含めて大日本帝国憲法に若干手を加えたものであって、大改正に及ぶものは少数でした。はたして、これで日本がポツダム宣言受諾のときに国際的に約束した事項が果たせると言えるかどうか、前述しました極東委員会や厳しい米世論などを納得させることができるかどうか疑問でした。

つまり、ポツダム宣言を受諾したことによって、当然、以下のような点は、新憲法に反映されなければならないことでした。

①軍国主義を排除すること。
②民主主義の復活強化へ向けて一切の障害を除去すること。
③言論、宗教及び思想の自由ならびに基本的人権の尊重を確立すること。

ＧＨＱは、当初、憲法改正については過度の干渉をしない方針で、一月中は、憲法改正に関する内部の準備作業を続け、日本政府による憲法改正案の提出を待つ姿勢をとり続けました。

マッカーサーは、天皇制を残すことと軍国主義復活の懸念をどう説明するか、思いあぐねていました。そこで一九四六年一月二四日に幣原首相と会談したとき、「天皇制を残すといつまた日本が軍国国家になってしまうかもしれないとアメリカ人は心配しているんだ」と言ったところ、幣原は個人的な意見としながらも（その前の一二月、幣原は風邪で倒れ、病床でつくづく日本の行く末を考えていました）、「日本人はみな、もう戦争はこりごりだと思っています。軍隊を持たなければ戦争をすることもないでしょう」と皇室の護持と戦争放棄の考えを幣原の側からマッカーサーに述べたとされます。

マッカーサーはできたばかりの国連のことも、その集団安全保障制度の仕組みももちろん知っていたのでしょう（多分、この時点では憲章第五一条の集団的自衛権がどう運用されるようになるかまではわからなかったと思われます）。そうか、国連の集団安全保障の仕組みの中で最初に憲法を持つ日本を戦争放棄させ、平和国家にさせる、これなら「天皇制を残してどうして日本がまた軍国国家にならないと言えるのか」といきり立っているアメリカ内外の連中を説得することができるし、極東委員会のうるさがたも黙らせることができるとマッカーサーは考えました。

一九四六年二月一日、「憲法改正要綱」（松本試案）がＧＨＱに提出される前に、毎日新聞が「松本委員会案」なるスクープ記事を掲載しました。政府は直ちに、このスクープ記事の「松本委員会案」は実際の松本委員会案とは全く無関係であるとの談話を発表しました。しかし、この記事を分析したＧＨＱのホイットニー民政局長は、それが真の松本委員長私案であると判断し、また、この案について「きわめて保守的な性格のもの」であり、世論の支持を得ていないこともわかりました。

そこでＧＨＱは、このまま日本政府に任せておいては、極東委員会の国際世論（特にソ連、オーストラリア）から天皇制の廃止を要求される恐れがあると判断し、ＧＨＱが草案を作成することを決定しました。その際、日本政府からＧＨＱに「受け入れ難い案」を提出された後に、その作り直しを「強制する」より、その提出を受ける前にＧＨＱから「指針を与える」方が、よいと考えました。

一方、内閣は一九四六年一月三〇日から二月四日にかけて連日臨時閣議を開催して松本私案を審議し、二月七日、松本は「憲法改正要綱」（松本試案）を天皇に奏上し、翌八日に説明資料とともにＧＨＱへ提出しました。この「憲法改正要綱」は内閣の正式決定を経たものではなく、まずＧＨＱに提示して意見を聞いた上で、正式な憲法草案の作成に着手する予定でした。

二月三日、マッカーサーは、ＧＨＱが憲法草案を起草するに際して守るべき三原則を、憲法草案起草の責任者とされたホイットニー民政局長に示しました。これが「マッカーサー・ノート」でした。その三原則の内容は以下の通りでした。

①天皇は国家の元首の地位にある。皇位は世襲される。天皇の職務および権能は、憲法に基づき行使され、憲法に表明された国民の基本的意思に応えるものとする。

②国権の発動たる戦争は、廃止する。日本は、紛争解決のための手段としての戦争、さらに自己の安全を保持するための手段としての戦争をも、放棄する。日本はその防衛と保護を、今や世界を動かしつつある崇高な理想に委ねる。つまり、本来の国際連合の安全保障制度にまかせる。日本が陸海空軍を持つ権能は、将来も与えられることはなく、交戦権が日本軍に与えられることもない。

③日本の封建制度は廃止される。貴族の権利は、皇族を除き、現在生存する者一代以上には及ばない。華族の地位は、今後どのような国民的または市民的な政治権力を伴うものではない。予算の型は、イギリスの制度に倣うこと。

マッカーサーは当初、自衛権（個別的自衛権）の放棄も意図していたので、「マッカーサー・ノート」では、「日本は、紛争解決のための手段としての戦争、さらに自己の安全を保持するための手段としての戦争をも、放棄する。」としていましたが、ＧＨＱ原案の作成にあたった運営委員会の法律家らが自衛権（個別的自衛権）の否定は不適当だと言ったので（個別的自衛権はすでに第二次世界大戦前から認められていたし、国連憲章でも認められているので）、その点は改められて、「マッカーサー（ＧＨＱ）草案」では、自衛権（個別的自衛権）は最初から認められていました。それは、マッカーサー・ノートでついていた「even for preserving its own security」（自己の安全を保持するための手段としての戦争をも）が「マッカーサー（ＧＨＱ）草案」ではなくなっていますので、米側の意図は自衛権（個別的自衛権）を認めていたのは確かです。しかし、次のように「マッカーサー（ＧＨＱ）草案」では、自衛権（個別的自衛権）については明示されてはいなかったので、後述するような問題が起こったのです。

「マッカーサー（ＧＨＱ）草案」（ひらがなに改めています）

第二章　戦争の廃棄

第八条　国民の一主権としての戦争は之を廃止す他の国民との紛争解決の手段としての武力の威嚇又は使用は永久に之を廃棄す

陸軍、海軍、空軍又は其の他の戦力は決して許諾せらるること無かるべく又交戦状態の権利は決して国家に授与せらるること無かるべし

この「マッカーサー（ＧＨＱ）草案」では自衛権（個別的自衛権）を保持しているとも、保持していないとも記されていないのでわかりません（古来、〈個別的〉自衛権を持つことは当然でしたので、わざわざ書かなかったのでしょう）。当時、この草案について、ＧＨＱと折衝

した者もこの点を確かめなかったようです。その時点では、日本側もわからなかったようですが、のちにアメリカでは公文書などが公開されたので、また、マッカーサーも後年の回想録の中で憲法九条は自衛権まで放棄したものではないと述べていますので、憲法第九条は最初から「自衛権あり」でよかったのです。

当時の官僚が国連憲章を知らなかったわけではないでしょうが、自衛権との関連をアメリカにあえて尋ねなかったようです。尋ねればＧＨＱは自衛権は認められると答えたでしょう。

この三原則を受けて、ＧＨＱ民政局には、憲法草案作成のため、立法権、行政権などの分野ごとに、条文の起草を担当する八つの委員会と全体の監督と調整を担当する運営委員会が設置されました。二月四日の会議で、ホイットニーは、すべての仕事に優先して極秘裏に起草作業を進めるよう民政局員に指示しました。

民政局での昼夜を徹した作業により二月一〇日、最終的に全九二条の草案にまとめられ、マッカーサーに提出されました。つまり、一週間で仕上げたということになります。

マッカーサーは、一部修正を指示した上でこの草案を了承し、最終的な調整作業を経た上で、二月一二日に草案は完成しました。マッカーサーの承認を経て、二月一三日、いわゆる「マッカーサー草案」（ＧＨＱ原案）が日本政府に提示されました。

この「マッカーサー草案」は、先に日本政府が二月八日に提出していた「憲法改正要綱」（松本試案）に対する回答という形で示されたものでした。提示を受けた日本側、松本国務大臣と吉田茂外務大臣は、ＧＨＱによる草案の起草作業を知らず、このまったく初見の「マッカーサー草案」の手交に驚きました。

「マッカーサー草案」では、天皇の地位が「象徴」となるなど、政府部内では受け入れをめぐり賛否が割れました。「マッカーサー草案」を受け取った日本政府は、二月一八日に、松本の「憲法改正案説明補充」を添えてＧＨＱに再考するよう求めました。これに対してホイットニー民政局長は、松本の「説明補充」を拒絶し、「マッカーサー草案」の受け入れにつき、四八時間以内の回答を迫りました。

二月二一日に幣原首相がマッカーサーと会見し、「マッカーサー草案」の意向について（ポツダム宣言受諾で日本は現憲法の骨格を了承していると）確認しました。そこでのマッカーサーの発言について「元帥曰《いわ》く。『天皇の問題については、自分は諒承《りょうしょう》しているが、南と北とから、反対がある。天皇を象徴とする憲法を承認するというは、日本の為に望ましいと思う』〈南とは豪州、ニュージイランド、北とはソ連だろう〉」との幣原首相のメモがありました。

幣原首相は、二二日午前の閣議で事実上の受け入れを決定し、同日午後、幣原首相は天皇に事情説明の奏上を行いました。その面談した際の天皇の発言を示すメモが、憲法学者の故宮沢俊義・東大教授のノートに記されていました（のちに幣原首相から宮沢が聞きながらメモしたのでしょう。二〇一七年五月三日の朝日新聞）。宮沢ノートには、「陛下に拝謁して、憲法草案（先方から示されたもの）を御目《おめ》にかけた。すると陛下は『これでいいじゃないか』と仰せられた。自分はこの御一言で、安心して、これで行くことに腹をきめた」と幣原はこのときの様子を記していました。

一九四六年二月二六日の閣議で、「マッカーサー草案」に基づく日本政府案の起草を決定し、作業を開始しました。草案は三月二日に完成しました。三月四日、松本国務大臣は、草案に「説明書」を添えて、ホイットニー民政局長に提示しました。

ＧＨＱは、日本側係官と手分けして、直ちに草案と説明書の英訳を開始しました。英訳が進むにつれ、ＧＨＱ側は、「マッカーサー草案」と「三月二日案」の相違点に気づき、松本とケーディス・民政局行政課長の間で激しい口論となりました。徹夜の逐条折衝が開始されました。成案を得た案文は、次々に首相官邸に届けられ、三月五日の閣議に付議されました。閣議は、確定案の採択を決定して「三月五日案」が成立、午後五時頃に幣原首相と松本国務大臣は宮中に参内して、天皇に草案の内容を奏上しました。

翌三月六日、日本政府は「憲法改正草案要綱」を発表し、マッカーサーも直ちにこれを支持・了承する声明を発表しました。日本国民は、翌七日の新聞各紙で「三月六日案」の内容を知ることとなりました。国民にとっては突然の発表であり、またその内容が予想外に「急進的」であったことから衝撃を受けたものの、おおむね好評でした。

三月二六日、国語学者の安藤正次博士を代表とする「国民の国語運動」が、「法令の書き方についての建議」という意見書を幣原首相に提出しました。これから口語化作業が開始され、四月五日に終わりました。

四月一〇日、衆議院議員総選挙が行われました。この総選挙は大日本帝国憲法下（帝国議会）での最後の総選挙であり、また、第二次世界大戦敗戦後、及び男女普通選挙制度を採用した初めての選挙となりました。

ＧＨＱは、この選挙をもって、「三月六日案」に対する国民投票の役割を果たさせようと考えました。しかし、国民の第一の関心は当面の生活の安定にあり、憲法問題に対する関心は第二義的なものでした。

四月二二日に幣原内閣が総辞職し、五月二二日に第一次吉田内閣が発足しました。

五月二九日、枢密院は草案審査委員会を再開しました（六月三日まで、三回開催）。六月八日、枢密院の本会議は、天皇臨席の下、第二読会以下を省略して直ちに憲法改正案の採決に入り、美濃部達吉・顧問官を除く起立者多数で可決しました。

これを受けて政府は、六月二〇日、大日本帝国憲法第七三条の憲法改正手続きに従い、憲法改正案を衆議院に提出しました。

この憲法改正草案の衆議院における審議の過程で、憲法改正草案第九条について、芦田修正と呼ばれる修正が行われました。最初に衆議院に提出された第九条の内容は、次のようなものでした。

第九条　国の主権の発動たる戦争と、武力による威嚇又は武力の行使は、他国との間の紛争の解決の手段としては永久にこれを抛棄《ほうき》する。

陸海空軍その他の戦力の保持は許されない。国の交戦権は認められない。

一九四六年七月二七日、衆議院・帝国憲法改正案小委員会（芦田均委員長）において、（以下、二〇二〇年五月二日NHK／ETV特集「義男さんと憲法誕生」より）、福島県選出の社会党議員・鈴木義男が「軍備を皆棄てるということはちょっと泣き言のような消極的な印象を与えますから先ず平和を愛好するのだと云うことを宣言しておいてその次に此の条文を入れようじゃないか」と提案しました。そこで、各派から、様々な文案が示され、これらを踏まえて、芦田委員長が次のような試案（芦田試案）を提示しました。

日本国民は、正義と秩序とを基調とする国際平和を誠実に希求し、陸海空軍その他の戦力を保持せず、国の交戦権を否認することを声明する。

前項の目的を達するため国権の発動たる戦争と武力による威嚇又は武力の行使は、国際紛争を解決する手段としては、永久にこれを放棄する。

芦田試案について、委員会で懇談が進められ、一項の文末の修正や一項と二項の入れ替えをすることがまとまりました。芦田委員長は、これらの議論をまとめて案文を調整し、最終的に次のように修正することを決定しました（現憲法第九条です）。

第九条1　日本国民は、正義と秩序を基調とする国際平和を誠実に希求し、国権の発動たる戦争と、武力による威嚇又は武力の行使は、国際紛争を解決する手段としては、永久にこれを放棄する。

2　前項の目的を達するため、陸海空軍その他の戦力は、これを保持しない。国の交戦権は、これを認めない。

後に第九条解釈をめぐる重要な争点の一つとなり、芦田の意図などについても論議の的となりました。芦田本人は自衛権が別途あることを意識して「芦田修正」をしたと言っています。

なお、この憲法第九条と国連憲章の関係ですが、鈴木義男は、それに先立つ一九四六年六月の帝国議会衆議院本会議で以下のように発言しています。

「今日は世界各国団結の力に依って安全保障の途《みち》を得る外ないことは世界の常識であります。加盟国は軍事基地提供の義務があります代わりに、一たび不当に其の安全が脅かされます場合には、他の六十数箇国の全部の加盟国が一致して之を防ぐ義務があるのである。我々は消極的孤立、中立政策等を考えるべきでなくして飽くまでも積極的平和機構への参加政策を執るべきであると信ずるのであります。」

一九四五年六月の設立された国連の当初の加盟国は五〇ヶ国ばかりでしたから、「他の六十数箇国の全部の加盟国が一致して」というのは、不当国家以外は一致して事に当たるということですから、国連の安全保障制度（ルーズベルトの意図）本来の仕組みをよく理解した上での発言であり、前述しました国連憲章第五一条の集団的自衛権による同盟主義的安全保障など毛頭考えていないことがわかります。

また、「加盟国は軍事基地提供の義務があります代わりに」と言っているのは（まだ、日米安保条約などありません。現在の安保条約による基地提供のことではなく）、国連憲章第四五条と第四六条で、すべての加盟国は安保理の決議が履行されるよう援助を与えなければならないことを指しているのでしょう。

さらに（社会党・共産党は戦争放棄・非武装中立であると批判されることがよくありましたが、そうではなく）、「積極的平和機構への参加政策を執るべきである」ということは、国連憲章第四二条の国連による不当国に対する武力行使も含めて（いずれ独立したらでしょうが）、国連に積極的に参加すべきであると言っています（ここには個別的自衛権は意識されていると思います。第二次世界大戦で三一〇万人もの犠牲者を出した直後であっても、この国連のためには積極的に参加すべきであると言っています。ここに終戦直後の日本人の世界平和を希求する積極的な心情が読み取れます)。

この一九四六年の帝国議会衆議院本会議や帝国憲法改正案小委員会(芦田均委員長)の議論は、当時の世界の情勢と将来を見通して日本国憲法第九条を審議したのですから、第九条の真意を示すものとして尊重されるべきです(当時の国民を代表する政治家が消極的に、アメリカから押し付けられて、いやいやながら現憲法を受け入れたとは考えられません。みな新しい日本を再び作り出そうという意気込みを持っていたようです)。

(ところが、二〇一四年、安倍首相は「積極的平和主義」を掲げて、二〇一四年、憲法第九条の解釈を変更する閣議決定をしましたが、まったく、意味は反対で、アメリカ的集団的自衛権、つまり、同盟主義に積極的参加しようというものにすりかえてしまいました。「人類の進むべき道」に逆行するものでした。この道(アメリカ的集団的自衛権)を進む限り、人類は戦争から脱出することはできません。日本も、この道を行くと、「人類の平和への道」からますます離れて行って、「人類の希望の星」でなくなってしまいます)

なお、一九四六年七月の衆議院・帝国憲法改正案小委員会(芦田均委員長)において、鈴木義男は、「生存権はもっとも重要な人権です。」と、一九世紀までの憲法の体裁だけでなく(自由権)、二〇世紀になってから出てきた各国の憲法のような社会権の重要性を説き、憲法第二五条の「すべての国民は、健康で文化的な最低限度の生活を営む権利を有する。国は、すべての生活部面について、社会福祉、社会保障及び公衆衛生の向上及び増進に努めなければならない。」を追加修正させました。また、憲法一七条の国家賠償請求権や第四〇条の刑事補償請求権なども追加させました。いずれも現在非常に重要な憲法条文となっています（以上、二〇二〇年五月二日ＮＨＫ／ＥＴＶ特集より）。

（いずれも、その後の日本あるいは世界の動向を見通した適切な政治見識で当時の政治家レベルの高さがうかがえます。）

衆議院は六月二五日から審議を開始し、八月二四日、若干の修正を加えて圧倒的多数（投票総数四二九票、賛成四二一票、反対八票）で可決しました（この圧倒的多数で可決したという事実は重いことです。アメリカに押しつけられた憲法という意識があれば、これほどの賛成票は得られなかったでしょう。当時の日本人は心からこの憲法でよいと思ったのでしょう）。

続いて、貴族院は一九四六年八月二六日に審議を開始し、一〇月六日、若干の修正を加えて可決しました。翌七日、衆議院は貴族院回付案を可決し、帝国議会における憲法改正手続きはすべて終了しました。

帝国議会における審議を通過して、一〇月一二日、政府は「修正帝国憲法改正案」を枢密院に諮詢《しじゅん》しました。一〇月二九日、枢密院の本会議は、天皇臨席の下で、「修正帝国憲法改正案」を全会一致で可決しました。同日、天皇は、憲法改正を裁可し、一九四六年一一月三日、日本国憲法が公布されました。

その後、日本では（現在でも）、現日本国憲法はアメリカ（ＧＨＱ）に押し付けられた憲法であり、自主憲法を制定すべきだと主張している者もいますが（後の自由民主党は、これを党是としていますが）、実際はそうではなく当時、各政党も政府案をよく検討し、積極的に追加修正していたことがわかります。

確かに、一週間で日本案（松本案）と大きく異なるＧＨＱ案が出てきたので（また、マッカーサーが時間をかけて日本案とＧＨＱ案との解説をしなかったので）、押しつけられたという印象があったかもしれませんが、その内容の骨格（天皇制の民主化と非軍国主義と基本的人権）については、日本がポツダム宣言を無条件受諾したときに、日本が国際社会へ約束したことです。このとき、大日本憲法の枠組みを余り変えない日本案では、国際社会が（具体的には極東委員会やアメリカ上院など）許さなかったでしょう。

日本国憲法の自衛権問題の発生

最初の憲法問題に返ります。日本国憲法第九条は、最初から、自衛権ありでしたが（もちろん、個別の自衛権ですが）、この時点で（憲法制定のとき）、日本は国連憲章第五一条でいう集団的自衛権というのはまったく想定していなかったことは確かです。なぜなら、国連憲章第五一条に集団的自衛権が挿入された経緯で述べましたように、アメリカの為政者の一部が対ソ戦略上、この集団的自衛権を利用して国連の集団安全保障制度を形骸化してしまうようなアメリカ的集団自衛権の同盟条約を表立って締結していくのは、一九四七年九月二日の全米相互援助条約が初めてであったからです（もちろん、国連憲章第五一条には集団的自衛の権利のことも書かれていますから、日本もわかっていたでしょうが、それは米州機構の例のような場合と了解して、それは何ら日本とは関係のないことと思っていたのでしょう）。

（そのうちに、憲法問題が発生して）なぜ、政府が（個別的）自衛権ありと明確にこたえなかったのかは疑問でありますが、たぶん、まだ、ＧＨＱの占領下にあり、独立するまでは、連合国の国際世論を気にして明確にしない方が得策と考えたかもしれません。

この第九条をめぐって、のちに、以下のような説が対立するようになり、その後、日本を二分するような大騒動になりました。以下自衛権といっているのは、個別的自衛権のことです。

①自衛権放棄説―憲法九条は自衛権を放棄しているとする説。

②自衛権留保説―自衛力なき自衛権説（非武装自衛権説）で、憲法九条は自衛権を放棄してはいないが、軍事力を伴わない手段に限られるとする説。憲法九条第二項により「戦力」や「武力」を用いた自衛権の行使は禁じられている。

③自衛力による自衛権説（自衛力肯定説・自衛力論）―憲法九条は自衛権を放棄しておらず、

「戦力」に至らない程度の実力（自衛力・防衛力）の範囲において自衛権が認められるとする説。日本政府の見解（公定解釈）はこの立場を一貫してとっている。

④自衛戦力による自衛権説（自衛戦力肯定説）―憲法九条は自衛戦争のための「戦力」を保持することを否定していないとする説。本説は憲法上、自衛目的のための「戦力」の保持は可能である。

以上のように、いろいろな説が出て、途中で憲法解釈が変わったという人がいますが、日本国憲法第九条は③のもともと自衛権有りだったのです。

日本の具体的な自衛力（個別的自衛権）の範囲

政府見解では我が国が自衛権の行使として我が国を防衛するため必要最小限度の実力を行使することのできる地理的範囲は、必ずしも我が国の領土、領海、領空に限られるものではなく、自衛権の行使に必要な限度内で公海・公空に及ぶとしています。

また、武力行使の目的をもって自衛隊を他国の領土、領海、領空に派遣することは、一般に自衛のための必要最小限度を超えるものであって、憲法上許されないが、わが国に対して急迫不正の侵害が行われ、その侵害の手段としてわが国土に対して誘導弾等による攻撃が行われた場合に、その攻撃を防ぐのに必要最小限度の措置をとること、たとえば誘導弾等による攻撃を防御するのに、他に手段がないと認められる限り、誘導弾等の基地をたたくということは、法理的には自衛の範囲に含まれることも可能であるとしています。

政府見解では性能上専ら他国の国土の潰滅的破壊のためにのみ用いられる兵器については、いかなる場合においても、これを保持することが許されないとし、たとえばＩＣＢＭ、長距離戦略爆撃機、攻撃型空母については保有することが許されないとしています。

憲法第九条のもとでの集団的自衛権について

日本政府の公式見解は「憲法第九条の下において許容されている自衛権の行使は、我が国を防衛するため必要最小限度の範囲」にとどまるべきものであると解しており、集団的自衛権は認められないとしてきました。また、日米安保条約は、当初から、集団的自衛権に基づく集団防衛条約ですが、日本政府は憲法第九条が国連憲章第五一条の集団的自衛権を認めていないと解しています。

日米安保条約では、共同防衛は「日本国の施政の下にある領域における、いずれか一方に対する武力攻撃」が発生した場合にのみ発動されることになっており（第五条）、アメリカ本土や日本領域外にあるアメリカ艦船が攻撃されても、共同防衛の義務は発生しないことになっています。

日米安保条約がこのように変則的な共同防衛を規定したのは、日本の憲法第九条が集団的自衛権を認めていないと解されているからです。日本領域内にあるアメリカ軍が攻撃される場合の共同防衛は、日本にとっても個別的自衛権の行使となりますが、アメリカ本土や日本領域外にあるアメリカ軍艦船が攻撃された場合の日米共同防衛は、（日本政府見解のように）日本にとっては集団的自衛権の行使となり、憲法違反になると考えられるからです。

このように、日本国政府は、七〇年近く「集団的自衛権を行使することは、その範囲を超えるものであって、憲法上許されない」としてきました。七〇年も経てば、それはもう、一種の社会規範となって定着しています。国連憲章がその規定通りに集団安全保障制度が実施されていないのであれば、日本政府は国際社会に働きかけて、国連憲章の厳密なる実施を求めるなり、国連憲章の改正を働きかけるなりすべきであります。

（二〇一二年一二月に発足した第二次安倍内閣は憲法第九条の解釈を変えることによって、国連憲章第五一条の集団的自衛権を認めるようにしようと、二〇一四年七月一日に日本国憲法第九条の集団的自衛権の行使を容認する閣議決定を行いました。しかし、憲法改正はしていません。筆者は一日も早く、政治が変わり、内閣が変わり、安倍内閣の憲法解釈を取り消して、本来の「日本国憲法」、つまり、集団的自衛権を認めない憲法解釈に返るべきだと思っています。それが人類の歴史の進むべき道で、それしか人類が「戦争から脱却する」方法がないからです。

なお、このことについては拙著『人類はこうして戦争をやめることができる』〈幻冬舎、二〇二二年一月刊〉に詳述しています。）

第四章　冷戦後三〇年間の日米中

《二》高度経済成長を遂げた改革開放後の中国

《1》鄧小平の時代（一九七七年〜一九八九年）

華国鋒のもとで、一九七七年七月、党副主席、国務院副総理、人民解放軍総参謀長に復帰した鄧小平が、中国の舵切りを始めました。

一九七七年八月に開催された第一一回共産党大会において、中国共産党は、一九六六年以来一一年にわたった文革の終結を宣言しました（ただし、左派勢力に配慮し「第一次文化大革命を勝利のうちに終結した」と表現し、「第二次文化大革命」が将来ありうるような表現としました）。

鄧小平は文革で混乱した人民解放軍の整理に着手するとともに、科学技術と教育の再建に取り組み、同年、大学統一入学試験を復活させました。文革で失われた人材を作りだすことが喫緊の課題でした。

一九七八年一〇月、鄧小平は日中平和友好条約の批准書交換のため、中国首脳として初めて訪日し、昭和天皇や日本政府首脳と会談したほか、千葉県君津市の新日鉄、東海道新幹線やトヨタ自動車などの先進技術、施設の視察を精力的に行い、京都や奈良も訪ねました。鄧小平にとって、戦後日本の産業と社会の視察は、まさに百聞は一見にしかずでした。この訪日で鄧小平が目の当たりにした日本の躍進ぶりは、後の改革開放政策の動機になったと言われています。また、新日鉄との提携で、上海に宝山製鉄所を建設することが決定されました。

農業、工業、国防、科学技術の「四つの近代化」

一九七八年秋に鄧小平は農業、工業、国防、科学技術という「四つの近代化」を掲げ、これを二〇世紀中に達成することを約しました。もともと周恩来が一九五四年という中国にとっては非常に早い時期に中国の農業・工業・国防・交通運輸の近代化を提起し、その後、一九六四年に周恩来が全国人民代表大会（全人代）の政府報告で工業、農業、国防、科学技術の四つの分野で二〇世紀末までに近代化を達成することを正式に提起し国家計画としましたが、直後から始まった文化大革命で雲散霧消してしまっていました。鄧小平は周恩来の思いを受け継いだのです。

三中全会で改革開放路線の決定

一九七八年一二月の第一一期中央委員会総会第三回会議（三中全会）では、それまでの政治路線「プロレタリアート独裁のもとでの継続革命」の理論は否定され、活動の重点を「社会主義近代化建設への移行」すなわち開放路線が決定され、歴史的な政策転換が図られました。この会議（三中全会）は二回目の中国革命の始まりとも称され、この会議の決議内容が発表されたときに全国的に歓喜の渦に包まれたとも言われています。鄧小平はこの会議で中心的なリーダーシップを発揮し、事実上中国共産党の実権を掌握したと言われています。

　しかし、まだ、形式的には華国鋒が中国の最高指導者で、彼自身は文化大革命の時期に台頭し、毛沢東思想の信奉者であったため、四人組に連なる党内左派の排除は緩やかであり、その一方では鄧小平ら右派の台頭も抑え込めないため、党内では不安定な立場のままでした。

鄧小平体制の確立

　華国鋒は三中全会で中国共産党のトップとしての実権を鄧小平に奪われ、一九八〇年に国務院総理（首相）を辞任しました。鄧小平は、その後任の国務院総理（首相）に彼の信頼厚い趙《ちょう》紫《し》陽《よう》を就任させました。さらに華国鋒は一九八一年六月の第一一期六中全会において党中央委員会主席兼中央軍事委員会主席を解任され、胡《こ》耀《よう》邦《ほう》が党主席（一九八二年九月以降、党中央委員会総書記）に就任し、鄧小平が党中央軍事委員会主席に就任しました。

　このように華国鋒が失権するたびに鄧小平の信頼できる同僚や部下をそのポストに就け、中国の指導体制を整えていきました。従来、華国鋒が一人で占めていた最高指導者の地位を三人で分け持つ形でしたが、実質は鄧小平が最高指導者であり、ここに鄧小平体制が確立しました。

毛沢東と文化大革命の評価

一九七九年一〇月一日、建国三〇周年にあたる国慶節を記念して、葉剣英が行った講話は文化大革命について、「党内と国内の情勢について現実と食い違う判断を行い、民主集中制の原則から離れて、誤った闘争を行い、人民に大きな災難をもたらした。建国以来の最も重大な挫折であった」と、その誤りを党幹部が初めて初歩的にではありますが、公式に認めました。

続いて、一九八〇年二月、第一一期中央委員会総会第五回会議（五中全会）で、劉少奇の名誉回復が決定されました。一九八〇年秋から「四人組」関係者の裁判が特別法廷で行われ、八一年一月、江青、張春橋に死刑、ただし執行猶予二年、王洪文、姚文元《ようぶんげん》らにそれぞれ実刑が言い渡されました。この裁判の特徴は「四人組」と毛沢東を切り離し、毛沢東は裁かれませんでした。毛沢東は共産党そのものであり、（自らがよって立つ共産党は）裁けなかったのです。

毛沢東の歴史的評価は党内での議論を経て、一九八一年六月に第一一期六中全会で採択された「建国以来の党の若干の歴史問題についての決議（歴史決議）」では、文化大革命は「毛沢東が誤って発動し、反革命集団に利用され、党、国家や各族人民に重大な災難をもたらした内乱である」として、完全な誤りであったことが公式に確認されました。

中国は現在も実質上の言論統制下にあるため「林彪、四人組が共産党と毛沢東を利用した」という記述にとどまっています。毛沢東についても、「七分功、三分過」という鄧小平の発言が党の見解だと受け止められています。

鄧小平は、すべてを経験してきて、すべてを考慮してのことでしょうが（鄧小平自身も三度失脚し、生死の境をさまよったのですが）、毛沢東について、偉大なマルクス主義者であり、文化大革命において重大な誤りを犯したが、七分と三分でまだ功績のほうが誤りより大きかったと評価を下したのです。

二〇〇六年五月、文化大革命発動から四〇周年を迎えましたが、中国共産党から「文化大革命に関しては取り上げないように」とマスコミに通達があったために、中国国内では一切報道されませんでした。このように、四〇年経っても「文化大革命」に関しては中国国内のマスコミにとって触れてはいけない政治タブーのままです。

鄧小平の改革開放の「四つの基本原則」

一九七九年三月、鄧小平は改革開放を進めるための「四つの基本原則」を提唱し、改革開放はこの枠内で進められるべきことを明らかにしました。その基本原則とは、①社会主義の道、②プロレタリアート独裁、③中国共産党の指導、④マルクス・レーニン主義・毛沢東思想という四つを堅持した上での改革開放であるということでした（鄧小平のこの四つの基本原則は後の天安門事件鎮圧の根拠となりました）。

鄧小平の改革開放政策

一九八〇年一月、鄧小平は党中央の招集した幹部会議における報告のなかで、八〇年代の任務として覇権主義反対、台湾統一、経済建設の三つをあげ、経済建設が核心であると指摘しました。その経済建設ですが、鄧小平は国内的には改革、対外的には開放政策を進めるとしました。

①人民公社の廃止、農業の振興

当初の政策の中心は農業振興であって、人民公社は解体され、個人農に戻りました。これは決して新しい政策でもなんでもありません。日本をはじめ、韓国、台湾などが戦後、農地改革をやって、まず、自作農を創設し、余裕ができた人材と資本蓄積を工業に投入しました。そうすることによって市場を通じてより広く所得を分配する「ごく普通の経済成長」の原則に沿ってやったまでです。

鄧小平の農業面の改革は、農業機械、化学肥料などの価格を値下げし、農民の生産意欲を高めるため、生産隊の自主権を尊重し、農村には生産責任制を導入するというものでした。人民公社はあっという間に解体され、一九八四年には九五％が個人農に戻っていました。これによって農民の生産意欲は高まり、八四年には食糧生産量が年産四億トンを超えました。

鄧小平の「ごく普通の政策」の導入で、中国は農村部門を中心として、非国営部門は顕著な伸びを示しました。農業が軌道に乗ると、農村の余剰労働力を吸収するために、郷鎮《ごうちん》（村落）企業の設立が奨励されました。郷鎮企業は旧人民公社の企業や、農民の共同出資企業・個人企業等があり、業種としては飼料工業、食品加工工業などがありました。郷鎮企業は急速に発展し、多くの農民を吸収しました。

②市場経済の導入

農業が改革され農村がよくなると、今度は工業の改革でした。これももとからやり直すことで、初期資本主義に返ってのやり直しでしたが、中国経済は、アメリカの経済学者ロストウの『経済成長の諸段階』（一九六〇年刊）で述べられているように、伝統的社会（人民公社の時代）、離陸先行期（農業の改革）、離陸（テイク・オフ。工業の導入。郷鎮企業の導入）、成熟期へと進んで行くことになりました。すでに先進国がやってきたことですから、まさに典型的な「創造と模倣・伝播の法則」の通り、先進国からの技術導入・外資導入で短期間に（先進工業国が五〇年かかったことを半分で）達成することができました。

一九八四年一〇月、第一二期中央委員会総会第三回会議（一二期三中全会）で、「経済体制

改革についての決定」が採択されました。この決定は農村における改革の成功の上に、都市の工業企業の改革に取り組もうというものであり、具体的には政企分離、すなわち企業を行政機関から分離して、企業自主権を認め、価格体系についても合理化し、需給に基づいた価格とすることなどを認めました。

この考え方は従来の「計画経済を主とし、市場調節を従とする」という考え方から、「市場調節を主とし、計画経済を従とする」という考え方に転換したのです（実質、資本主義経済の市場経済と変わりませんでした）。

鄧小平は「豊かになれるものから豊かになっていったらよい」とも言いました。遅れたものもその波及効果で必ず豊かになれる。「先富論」という言い方もされるようになりました。イデオロギーは抜きにして、生産力の増大を第一に考える彼の政策は「白猫であれ黒猫であれ、鼠を捕るのが良い猫である」という「白猫黒猫論」にも表れています。実際、一戸の年間収入が一万元を超える万元戸が次々と登場するようになりました。

③経済特区、経済技術開発区の設置

こうして国内経済は活性化していきましたが、経済近代化のためには内資だけでなく、外資も決定的に不足していました。そこで鄧小平は改革開放政策の一環として、経済特区を設置し、外資の導入を一部地域に限り許可促進することにより経済成長を高めることにしました。一九八〇年五月に、広東省の深圳《しんせん》、珠海《じゅかい》、汕頭《すわとう》、福建省の廈門《あもい》を経済特区に指定しました（一九八八年に海南省を追加）。経済特区では、財政、対外貿易、外資導入などの面で大幅な自由裁量権を与えられ、外資に対する税制優遇措置が与えられましたので、これが外資を引き付け、安価な労働力を求めて、台湾資本や香港資本が特区やその周辺に生産拠点を移しました。

引き続いて、一九八四年四月には、経済特区に続く対外開放政策として、上海、大連、天津、青島、寧波、温州、福州、広州等に代表される一四の沿海都市が経済技術開発区に指定されました。ここでも外資と技術の導入を目的に、経済特区並みの優遇措置がとられ、経済技術開発区は、二〇〇六年までに四九ヶ所が指定されました。

中国の沿海地方の安い労働力を目当てに、香港や台湾の企業、東南アジアの華人企業が進出してきました。とくに華南地方は外資企業の進出により急速に発展していきました。

このような改革開放路線のもとで、やがて一般の都市の開放や、工業改革にも進んでいきました。国営部門の成長は八％でしたが、非国営部門は三〇％にも達しました。このため一九七八年当時は八割に近かった国営経済の比重は、九三年には四割程度に減少しました。

鄧小平の外交
《対米国交樹立》

一九七二年のニクソン大統領の訪中時に発表された上海コミュニケ後、一九七五年に共和党のジェラルド・フォード大統領が訪中し、アメリカの対中関係正常化の意思を再確認しました。一九七七年には民主党のジミー・カーター大統領が米中共同声明の目的を再確認し、一九七八年一二月一五日の第二次米中共同声明（中国とアメリカの外交関係樹立に関する共同コミュニケ）で、米中両国は一九七九年一月に国交を樹立することを発表しました。

一九七九年一月一日をもってアメリカは中華民国に代わって中国と外交関係を開き、アメリカは上海コミュニケで示した「台湾は中国の一部である」との中国の立場を改めて確認しました。中国はアメリカ人が台湾の人民との商業的・文化的・その他の非公式の交流を続けていくことを確認しました。こうした台湾との実務的な非公式関係を保障するため、アメリカは国内法で『台湾関係法』を制定しました。

米中国交が正式に樹立され、鄧小平（まだ、党副主席・副首相でした）は一九七九年一月二八日から二月五日にかけて訪米し、首都ワシントンDCで大統領ジミー・カーターとの会談に臨んだ後、ヒューストン、シアトル、アトランタなどの工業地帯を訪れ、ロケットや航空機、自動車、通信技術産業を視察しました。前年の日本訪問とこの訪米で立ち遅れた中国という現実を直視した鄧小平は改革開放を決意したようです。

この鄧小平副首相のアメリカ訪問により両国のハイレベルな政治交流が始まり、以後科学的・技術的・文化的交流や貿易に関する二国間条約が次々と締結されていきました。一九七九年三月一日に両国はそれぞれの首都に大使館を正式に設置しました。

鄧小平になってから、中国の外交も変わりました。反ソ統一戦線の結成を目指す政策を見直し、かわって平和五原則（領土・主権の相互尊重、相互不可侵、相互内政不干渉、平等互恵、平和共存の五原則。周恩来首相とインドのネルー首相の会談に基づき一九五四年に合意された原則）に従ってすべての国との関係を発展させていく方針に転換しました（戻ったとも言えます）。

この新方針は一九八二年九月の第一二回党大会の政治報告にまとめられ、中国がいかなる大国あるいは国家ブロックにも依存するつもりはないこと、平和五原則が社会主義国を含め、すべての国との関係に適用されることなどが指摘されました。この転換により、中国はアメリカなど西側諸国との関係を維持しつつ、ソ連とも関係改善を進められるようになりました。この新方針の採用は中国外交の選択肢を増しました。

《中ソ関係の正常化》

中ソの関係改善は一九八五年三月のゴルバチョフ書記長の登場と彼の「新思考外交によって進展しました。中国指導部も、一九八六年七月のゴルバチョフのウラジオストク演説頃から、ソ連の変化は本質的であることを見抜き、八七年からの国境交渉など、対ソ関係改善を急ぎました。

一九八九年五月、ゴルバチョフが訪中し、鄧小平との首脳会談で、中ソ関係は正常化しました。その際、発表された中ソ北京コミュニケには平和五原則が書き込まれました。この五原則は米中上海コミュニケ（一九七二年）、日中共同声明（同年）にも盛り込まれていましたが、ソ連も受け入れたのです。中国は、この五原則が比較的長期間、国際政治経済新秩序の準則となるべきだと主張しました（この直後の一九八九年六月初め、天安門事件が起きました）。

その後、中国は経済建設に専念するためには平和的な国際環境が必要であるという理由で、不正常な関係にあった周辺諸国との関係改善につとめ、一九九〇年九月、中越戦争（七九年）を戦ったベトナムとの関係を正常化し、一九九二年八月には韓国との国交を樹立しました。

《香港の主権返還問題》

鄧小平にとって、イギリスに香港を返還させることは大きな課題でした。一九八四年一二月には、鄧小平とモスクワ中山大学で同窓生だった蒋経国の中華民国（台湾）に提案していた「一国二制度（一つの国家に二つの体制の存在を認める）」構想のもと、イギリスの植民地であった香港の返還に関する合意文書に、首相のマーガレット・サッチャーとともに調印しました。一九八四年一二月の中英共同声明で、中国への一九九七年主権返還と、五〇年間、資本主義制度を維持する特別行政区の創設に合意しました。

マカオに関しても、中国とポルトガルの交渉により、一九九九年に主権が中国に返還されました。

《台湾問題》

一九七九年一月一日、全国人民代表大会常務委員会が「台湾同胞に告げる書」を公表し、台湾に「三通四流」（三通とは通郵・通航・通商を、四流は学術・文化・体育・工芸の交流を指します）を提唱しました。

一九八一年九月、全国人民代表大会常務委員会委員長葉剣英が台湾向けに「国家統一が実現されたのち、台湾は特別行政区として、高度の自治権を享有することができる」と述べ、共産党と国民党の対等な話し合いを提唱しました。翌八二年一月、鄧小平はこの葉剣英提案について、これは実際には「一国二制度」であり、国家統一の前提として、国家の主体では社会主義制度を実施し、台湾では資本主義制度を実施すると述べました。以後、中国はさまざまなルートで台湾に対する働きかけを強めました。

台湾の蒋経国政権が八七年七月、戒厳令を解除し、同年一一月には台湾の住民が大陸の親族を訪問するのを認め、四〇年近く断絶していた台湾海峡両岸の民間の交流を認めました。この両岸の交流によって生じる諸問題を解決するため、九一年二月、台湾に海峡交流基金会という民間団体が作られ、同年一二月には中国に海峡両岸関係協会が作られました。その後、海峡両岸の間ではヒト、モノ、カネ、情報の移動が増加の一途をたどっていきました。

鄧小平の三段階経済発展戦略

一九八七年一〇月から一一月にかけて、中国共産党の第一三回大会が開かれ、三段階経済発展戦略に基づいて経済建設を進めることを決めました。第一段階では国民総生産（ＧＮＰ）を一九八〇年の倍にして、国民の衣食の問題を解決し（実際のところ、この第一段階の目標は一九八〇年代に達成されました）、第二段階では二〇世紀末までにＧＮＰをさらに倍にして（一九八〇年の四倍）、国民の生活を「小康」の水準まで引き上げるというものでした（「小康」とは『礼記』に出典を持つ言葉で、まずまずの暮らしぶりを指します）。そして第三段階は二一世紀のなかばまでに、国民一人当たりのＧＮＰを中進国の水準まで引き上げ、国民生活を比較的豊かにし、現代化を実現しようというものでした。

そして、中国の現状は「社会主義の初級段階」にあると規定し、この段階を乗りこえるためには経済体制改革を進め、生産力を上げねばならず、そのためには政治体制改革が必要であるとされました。政治体制改革の内容としては、中国共産党に権限が集中している現状を改め、「党政分離（共産党と政府機関の分離）」「政企分離（政府機関と企業の分離）」を進め、権限を下部におろすことが含まれていました。

天安門事件（一九八九年）

改革開放後の中国では、胡耀邦（党主席）の率いる党中央書記処と趙紫陽（総理）の率いる国務院が鄧小平の指示をあおぎながら、党と政府の重要案件を処理していました。中国共産党のトップリーダーは、経済改革・対外開放を進めるという基本的戦略では一致していました。しかし、経済改革・対外開放のテンポ及びどこまで政治体制改革を認めるのかをめぐり、積極派（急進派）と慎重派（保守派）に分かれていきました。

鄧小平は、反右派闘争などで冤罪となった人々の名誉回復に取り組む総書記の胡耀邦、国務院総理の趙紫陽らに対する談話で「自由化して共産党の指導が否定されたら建設などできない」「少なくともあと二〇年は反自由化をやらねばならない」と釘を刺していました（鄧小平は前述しましたように、一九七九年三月、「四つの基本原則」を堅持し、改革開放を進めるにしても、その枠内で進められるべきことを明らかにしていました）。

一九八六年末、安徽省合肥市《ごうひし》の科学技術大学の学生運動を端緒として、全国的に民主化要求運動が起こりました。この運動をどう評価するかで、党内で論争が起きました。党内の保守的なグループは、この運動をブルジョワ自由化を目指すものとしてとらえ、この運動を容認してきた胡耀邦の責任を追及し、一九八七年一月、胡耀邦は総書記のポストを解任されました。かわって趙紫陽が総書記となり、国務院総理には保守的な副総理の李鵬《りほう》が昇格しました。

一九八九年四月、政治体制改革に積極的であった前総書記の胡耀邦が死去し、北京の民衆が周恩来の死去時と同じように哀悼の意をあらわすため、天安門広場に集まってきました。ちょうど、この頃、ソ連の政治改革の先駆者ゴルバチョフ書記長の訪中をひかえ、北京では学生の政治運動が高揚していました。前述しました共産党の第一三回大会では、政治体制改革を進めることが決定されましたが、改革は進まず、改革推進派は不満をつのらせていました。

趙紫陽は五月一日の常務委員会で秩序の回復と政治改革のどちらを優先させるかで李鵬と対立しましたが、五月四日の五・四運動七〇周年記念日までにデモを素早く抑えることで一致しました。

しかし、五月一五日のゴルバチョフ訪中までにデモを終息させるどころか、学生や労働者などのデモ隊の数は五〇万人近くになり、公安（警察）による規制は効かなくなっていました。ゴルバチョフ一行の市内の移動にさえ支障を来し、天安門広場での歓迎式典が中止されるなど、多くの公式行事が中止になったり開催場所を変更して行われました。

また、外国メディアの報道の多くは、デモ隊がゴルバチョフを「改革派の一員」「民主主義の大使」として歓迎する様子を映し出し、遅れている中国の民主化運動を絡めて報道していました。結果的には中国共産党のメンツが完全に潰される結果になりました。

五月一七日夜、ゴルバチョフが公式日程を終えて帰国したことを受け、常務委員会を開き、戒厳令を発令することについて話し合いましたが、趙紫陽と胡啓立が反対、李鵬と姚《よう》依《い》林《りん》が賛成、喬石が棄権したため結論が出ませんでした。改めて党長老で事実上の最高権力者である鄧小平を含めた会議が行われた結果、五月一九日に北京市内に戒厳令が敷かれることが決定されました。

一九日以降、北京は戒厳令体制下におかれましたが、二三日には北京市内で一〇〇万人規模のデモが行われるなど、事態は沈静化しないばかりかますます拡大して行きました。

いよいよ武力発動をするかどうかの最終判断は、結局、軍を握る鄧小平にゆだねられました。文革の大衆運動による混乱を散々に経験してきた鄧小平には、ここで中国を再び混乱に陥らせたくありませんでした。また、生涯に三度の失脚（奇しくもうち二回は学生が起こした暴動が一因）を味わったためか、鄧小平は中国共産党の指導性をゆるがす動きには厳しい態度で臨み、最終的には学生運動の武力弾圧に踏み切りました。

ついに一九八九年六月四日未明、戒厳令部隊が同広場に進駐し、その過程で北京の街頭で、当局側発表で死者三一九人を出しました（三〇〇〇人ぐらいという説もあります）。この天安門事件の模様は衛星放送を通じ、世界に伝えられ、国際社会における中国のイメージを悪化させました。

六月二三日、二四日の両日に開催された第一三期四中全会で、「動乱を支持し、党を分裂させた」趙紫陽は、共産党総書記就任直後から鄧小平が掲げていた「四つの基本原則」から逸脱し、ブルジョア自由化に寛容だったとされて共産党の全職務を解任されました。

鄧小平は、趙紫陽を解任し、かわりに武力弾圧に理解を示し、上海における学生デモの処理を評価された江沢民《こうたくみん》（一九二六年〜。当時上海市党委書記。市長）を党総書記へ抜擢しました（鄧小平は同年一一月には党中央軍事委員会主席の職も江に譲りました）。

結局、鄧小平は自分の後継者として最も期待していた胡耀邦も趙紫陽も自ら解任することになりました。鄧小平も、この天安門事件後には一切の役職を退きましたが、以後も鄧小平のカリスマ的な影響力は一九九七年の死去まで残りました。

《2》江沢民の時代（一九八九～二〇〇二年）

江沢民は、一九八九年一一月の第一三期五中全会において、鄧小平から党中央軍事委員会主席の地位を継承し、翌一九九〇年三月には国家中央軍事委員会主席に就任しました。江沢民が一九九三年三月に国家主席に就任した以後、最高指導者が国家主席・共産党総書記・共産党中央軍事委員会主席を兼任して権力を一元化するようになりました。

鳥籠《とりかご》経済論（保守派）の台頭

アメリカをはじめ西側諸国は武力弾圧を行った天安門事件を強く非難し経済制裁を行いました。これによって鄧小平が唱導した改革開放路線にもブレーキがかかり、「和平演変」（西側が平和裏に中国の体制を覆すこと）を警戒すべきとする保守派の発言力が強まり、一九八九年一一月の第一三期五中全会では中央のマクロコントロールを強化するなど調整策の継続が決まりました。

一九九〇年一月、北京全市に発令された戒厳令が解除されると間もなく、人民日報はブルジョワ自由化を批判し社会主義堅持を発表しました。戒厳令解除に伴う経済制裁の解除にもかかわらず外資の投資は回復せず経済成長は停滞しました。保守派長老である陳雲の「鳥籠《とりかご》経済論」が絶賛され、鄧小平の改革開放路線が間接的に批判されることにもなりました。

陳雲の鳥籠経済論とは、籠を計画、鳥を市場に例え、「市場（鳥）は計画（籠）の枠内に閉じ込める」、つまり「計画経済を主とし、市場調節を補助とするべきである」という説でした。陳雲はこの鳥籠経済論をすでに一九八二年に主張し、改革開放論者の鄧小平と対峙するようになっていましたが、天安門事件後、鄧小平の旗色が悪くなってきていました。

鄧小平と南巡講話

完全引退を公言していた鄧小平ですが、保守派の台頭で改革解放が停滞する現状を打破するため、一九九一年一月から活動を開始し、上海の工場や合弁企業を視察する中で上海浦東《ほとう》地区の開発を進め、上海市を金融都市にするよう朱鎔基《しゅようき》・上海市共産党委員会書記などを励ましました。

鄧小平が一九九二年の春節の頃に武漢、深圳《しんせん》、珠海、上海などを視察し、そのつど彼が語ったことなどが南巡講話として発表されました。南巡講話の内容は、「計画と市場はすべて経済的手段であり、社会主義と資本主義の質において違いはない」「社会主義の本質は生産力の自由、生産力の発展、搾取の削減、対立勢力の分裂をなくし、最終的には共に裕福になることである」といったもので、この南巡講話で鄧小平は経済発展の重要性を主張し続けました。

やがて、この講話は、天安門事件後に起きた党内の路線対立を収束させ、改革開放路線を推進するのに決定的な役割を果たしました。以後、国論は統一され、中国は急速な経済発展に進んでいくことになりました。

海外からの投資が再度活発になり、中国の成長を牽引することとなりました。引退していたとはいえ、鄧小平のゆるぎない改革開放経済への確信が巨艦の中国経済を正常な方向に戻したと言えるでしょう。

社会主義市場経済の導入

それまで鄧小平と南巡講話を無視していた共産党中央は一九九二年二月一二日の政治局拡大会議で全党に学習を呼びかけるよう求めました。三月に開催された全人代の政治活動報告で、李鵬は市場経済の必要性を強調して調整政策は終結を迎えたと述べました。

鄧小平は南巡講話の中で、社会主義の体制下でも市場経済を導入し、経済発展を進めることが可能であるとしました。彼が示した方針は、社会主義市場経済として、一九九二年秋の第一四回中国共産党党大会に報告されました。社会主義市場経済とは、市場経済を通じて社会主義を実現し、経済の活性化をはかるという体制を指しています。「政治的には社会主義、経済的には市場経済」と言ってもよいでしょう。

江沢民は総書記就任後は鄧小平の後継者として改革開放政策を概ね継承していましたが、この中国共産党第一四回党大会で「社会主義市場経済」の導入を決定し、中国を事実上資本主義経済に舵を切りました。

天安門事件で外資流入に急ブレーキがかかっていましたが、一九九〇年代には、江沢民政権のもとで、この方針に転換され経済の改革開放が進み、とくに安い人件費を生かした外国工場の誘致が進み、経済は再び急成長していきました。

鄧小平の死と鄧小平理論

一九九七年二月、第二の中国革命を指導してきた鄧小平が死去しました。同年九月、中国共産党は第一五回党大会を開きましたが、共産党規約に鄧小平の名前を冠した「鄧小平理論」を明記しました。

四つの基本原則を堅持しているものの、市場経済に重点を置いたこの理論は毛沢東が固執した中国の社会主義中心論（第一の中国革命）とは大きく異なっていることは確かです（毛沢東が生きていれば、修正主義、敗北主義と激怒することは間違いありません）。

この鄧小平理論を明記した第一五回党大会では、国有企業改革のため、株式制の本格的な導入を提唱するなど、大胆な経済体制改革を盛り込んだ政治報告が採択されており、中国経済の改革開放はまた一歩、前進することになりました。

中ロ善隣友好協力条約と上海協力機構

長年続いたソ連と中国の敵対関係は一九八九年のゴルバチョフ書記長の訪中によって終わりを迎えました。一九九一年のソ連崩壊後、中国とロシア及び旧ソ連諸国との関係はより円満なものになりました。中国はロシアとの関係を改善し、一九九七年一一月、ロシアとほとんどすべての国境紛争の解決に合意しました。また、二〇〇一年七月、プーチン大統領と江沢民国家主席はアメリカを牽制することを主眼として中ロ善隣友好協力条約に署名しました。

上海協力機構（ＳＣＯ）は、一九九六年四月に初めて集った上海ファイブ（ウズベキスタンを除く五ヶ国首脳会議）を前身とする協力機構で、加盟国が抱える国際テロや民族分離運動、宗教過激主義問題への共同対処の外、経済や文化等幅広い分野での協力強化をはかるというものでした。二〇〇一年六月、中ロ両国は中央アジア諸国（カザフスタン、キルギス、タジキスタン、ウズベキスタン）とともに上海協力機構を正式に設立しました。

世界貿易機関（ＷＴＯ）への加盟

二〇〇一年一一月には中国の世界貿易機関（ＷＴＯ）への加盟を実現し、外資の導入と世界経済のグローバリゼーション化の動きに適応した輸出の強化で「世界の工場」とまで呼ばれるほどになり、世界最大の製造・貿易大国へと中国は変貌していきました。

その結果、江沢民が総書記就任直後の一九九〇年の中国のＧＤＰ（国内総生産）が三八八八億ドルだったのに対し、二〇〇〇年のＧＤＰが一兆七一億ドルになるなど、一〇年間で二・六倍、年平均約一〇％近くの世界最高の経済成長率を記録しました。

《3》胡錦濤の時代（二〇〇二～二〇一二年）

二〇〇二年一一月一五日、中国共産党総書記に選出された胡錦濤《こきんとう》（一九四二年～）は、翌二〇〇三年三月一五日、第一〇期全国人民代表大会第一回会議において国家主席に就任しました。

科学的発展観

二〇〇二年一一月に共産党総書記に就任した胡錦濤は、二〇〇三年七月二八日に「科学的発展観」を発表しました。中国では、二〇～三〇年前まで毛沢東の大躍進や文化大革命という非科学的な政治の嵐が吹き荒れました。胡錦濤は、あらためて国家の指導方針として「科学的発展観」を示す必要があったのでしょう（そういう意味では胡錦濤は二度と毛沢東的な政治が起きないようにしようとしていたのでしょう）。

その後、ＳＡＲＳ（重症急性呼吸器症候群）問題や、経済成長に伴う環境問題、資源問題、格差拡大などの問題が次々と発生するにおよんで（これらの問題も欧米、日本などの資本主義国も経験したことですが）、これらの解決のためには、合理的な思考方法、科学的な手法が肝要であるとあらためて認識したようで、二〇〇七年一〇月の第一七回中国共産党大会で党の「主要方針」として党規約に明記されることが決定されました。さらに二〇一二年一一月の第一八回中国共産党大会で、党の「行動指針」へ格上げされました（結局、「科学的発展観」が胡錦濤の代表的思想として位置づけられました）。

和諧社会

胡錦濤が、国務院総理（首相）に指名した温家宝とともに、二〇〇四年に発表した政治的スローガンは和諧社会（正式名称：社会主義和諧社会）であり、各階層間で調和の取れた社会を目指すというものでした（高度経済成長には必ずひずみが生ずることは日本の経験からも〈公害、過疎過密など〉わかります）。

中国は改革開放政策によって階層間、地域間の格差が拡大し、環境汚染が深刻化しました。また貧富の差の拡大などの矛盾が表面化し始め、それが官僚の腐敗、民族対立などと相まってデモ・暴動・騒乱が増加していきました。そのため胡錦濤が指導する中国共産党は和諧社会というスローガンを打ち出すことによって社会不安を抑え、格差の是正に努める狙いがありました。改革開放の負の側面を是正するために、官僚出身の胡錦濤を中心に政府主導による所得再分配に奮起を促すスローガンでもありました。

GDP世界第二位の経済大国

胡錦濤が国家主席になってから、北京オリンピック（二〇〇八年）や上海国際博覧会（二〇一〇年）が開催され、中国の経済発展と国際化は進んでいきました。二〇〇八年の世界金融危機（リーマンショック）の際は四兆元（約五七兆円）の超大型景気刺激策を断行して世界最速のＶ字回復で金融危機を脱出しました。中国は当時の世界のＧＤＰ増加の過半数を占めてリーマンショック後の世界経済を救済したと評されました。

しかし、この投資主導の政策はバブル経済を加速させてバラマキ財政や箱物行政のような無駄な公共投資と地方融資平台（資金調達とデベロッパーの機能を兼ね備えた投資会社）による不良債権などの課題も残したと批判する見方もありました。

胡温体制（胡錦濤と温家宝《おんかほう》の政治体制）で中国の経済発展は著しく、中国のＧＤＰは二〇〇四年にイタリアを抜き世界第六位に、二〇〇六年にイギリス、フランスを抜き第四位に、二〇一〇年にはドイツ、日本を抜き世界第二位になりました。

〇戦後日本の経済

戦後復興期（一九四五～一九五五年）　一〇年

高度経済成長期（一九五六〜一九七三年）　一七年　実質ＧＤＰ平均九・一％
この間一九六八年にソ連を抜いてＧＤＰ世界二位になりました（二三年かかりました）。
安定成長期（一九七四〜一九九〇年）　一六年　実質ＧＤＰ平均四・二％
低成長期（一九九一年〜現在）　三〇年　実質ゼロ成長

日本の戦後経済はどん底から始まって、一九六八年にアメリカに次ぐＧＤＰ世界第二位になり、一九八〇年代後半に日米貿易戦争と言われ、結局、一九九〇年バブル崩壊で以後ゼロ成長になりました。

○文革後の中国経済
改革開放期（一九七八〜一九八九年）　一一年
高度経済成長期（一九九〇〜二〇一〇年）　二〇年　ＧＤＰ二桁成長
二〇一〇年に日本を抜いてＧＤＰ世界二位になりました（三一年かかりました）。
安定成長期（二〇一一年〜現在）　六％程度の成長

中国は日本の一一倍の人口を持つ大国ですから、高度経済成長が始まれば、大陸の奥部まで及ぶには時間がかかり、日本より高く長く続くだろうと予想されていましたが、今までのところ日本と同じようなパターンで発展してきていると言えるでしょう。

二〇一〇年に日本を追い越して、アメリカに次ぐＧＤＰ世界第二位になり、二〇一〇年代後半、激しい米中貿易戦争になりました。この米中貿易戦争がどのような形でおさまりますか、中国は今後、安定成長をどれだけ長く持続させることができるかが問題です。

いずれにしてもウォルト・ロストウが『経済成長の諸段階』（一九六〇年刊）で述べましたように、平和な環境で勤勉な国民が経済成長に集中すれば、伝統的社会→離陸の準備段階→離陸（テイク・オフ）→成熟社会の過程を経て、経済発展するもので、欧米先進国も戦後の日本、韓国、アセアン諸国もそうして発展してきました（最近、習近平が中国が共産党が指導したから高度経済成長が実現したとことさら強調していますが、これは歴史を歪曲するものです。むしろ、鄧小平が改革開放で経済に対する共産党の重荷を軽減したので〈自由化したので〉発展したと言うべきでしょう。その意味で今後の中国の経済がどうなるかが注目されます）。

台湾問題

中国は、二〇〇五年三月一四日に反国家分裂法を成立させました。この法律は中国による中華民国の武力併合に法的根拠を与えることを目的としています。この法律は一〇条よりなる簡単な条文ですが、台湾が独立を宣言した場合、台湾独立派分子に対する「非平和的手段」を取ることを合法化しています。

法律は「一つの中国」の原則を掲げ、三通（郵便、交通、通商の直通）を進めることにより中国と台湾の両岸関係の促進を唱い、第七条では台湾の平和的統一の段階を明示していますが、第八条でもし台湾独立分子が台湾を中国から分裂させる重大な事態になれば、非平和的手段（武力）を取ることもあると警告しています。これは台湾の陳水扁政権が目指していた台湾新憲法制定や国号改称など台湾独立色の強い政策を抑えるためのものと受け取られています。

胡錦濤の全方位資源外交

胡錦濤、温家宝は世界各地を訪問し、友好関係を積極的に築いていきました。中国が世界におよぼす影響は胡錦濤の時代になって明らかに増大しました。世界に対しこれほど全方位で外交を行っている国は今やアメリカ以外には中国しかなく、この面でもアメリカの対抗軸になりつつありました。

中国はアメリカに次いでGDP世界第二位になり、さらに経済成長を続けています。その経済成長には膨大な資源エネルギーを必要とします。中国は世界で二番目の石油製品消費国となり、全世界において石油や天然ガスなどのエネルギー資源を確保する資源外交政策を展開するようになりましたが、詳細は省略します。

《4》習近平の時代（二〇一二年～）

二〇一二年一一月一五日にに第一八期第一次中央委員会全体会議（一八期一中全会）が開催され、胡錦濤・温家宝ら第四世代の指導者は引退し、習近平は政治局常務委員に再選され、党の最高職である中央委員会総書記と軍の統帥権を握る党中央軍事委員会主席に選出されました。

二〇一三年三月一四日、第一二期全人代第一回会議において国家主席・国家中央軍事委員会主席に選出され、これで党・国家・軍の三権を正式に掌握しました。翌日、李克強を国務院総理（首相）に任命し、中国共産党の第五世代である習・李体制を本格的に始動させました。

習近平の「中国の夢」政策

習近平は第一八期一中全会で新たに誕生した党中央政治局常務委員を引き連れ、メディアの前に立ちました。習近平は、これから彼の政権が背負うべき三つの責任として、民族に対する責任、人民に対する責任、党に対する責任を挙げました。

とくに習近平は第一の「中華民族の偉大な復興」の実現のために努力することを強調したことは、習近平政権の針路を考える上で重要です。これは胡錦濤時代には考えられなかったことでした。

同年一一月二九日、習近平は党中央政治局常務委員を引き連れ、国家博物館の「復興の道」

展覧会を参観し、講話を行いました。それによれば、最大の「中国の夢」は「中華民族の偉大な復興」であり、この夢は中華民族の全体的利益を体現するものである（民族主義）。そして国家や民族の夢を実現して初めて各個人の夢が実現できる（これは国家主義、全体主義）。さらに、それを実現する最良の方法が「中国の特色ある社会主義」である。そして中国共産党はそのために空理空論を振りかざすのではなく、実行力に重きを置かねばならない、ということを強調しました。

　この習近平の「中国の夢」には種本があると言われています。中国国防大学の劉明福教授（上級大佐）が二〇一〇年に出版した『中国の夢』は、当時、胡錦涛政権下では「アメリカを刺激しすぎる」として発禁処分になりましたが、習近平がトップになった直後の二〇一二年末に再び出版されました。そのころから習近平は軍視察などで「中華民族の復興こそが我々の最も偉大な夢だ」と引用するようになったと言われています。

　劉明福の『中国の夢』とは次の三つです。一つ目が「興国の夢」で、中華人民共和国建国一〇〇周年の二〇四九年までに経済や科学技術などの総合国力でアメリカを超え、中華民族の偉大な復興を成し遂げること。二つ目が「強軍の夢」で、世界最強のアメリカ軍を上回る一流の軍隊を作ること。三つ目が「統一の夢」で、国家統一の完成で、台湾問題の解決を図ること。

習政権の汚職・腐敗摘発運動

二〇一二年一一月一五日の党総書記として初の記者会見に臨んだ習近平は就任スピーチで、深刻化している党員の汚職撲滅に全力で取り組む姿勢を示しました。二〇一三年一月の中国共産党中央規律検査委員会全体会議上、習近平は「大トラもハエも一緒にたたけ」と反腐敗の号令をかけました。

二〇一四年一月二四日に開催された党中央政治局会議において、「中国共産党中央国家安全委員会」の設置と習の同委員会主席就任が決定されました。この委員会は外交・安全保障・警察・情報部門を統合する巨大組織となり、同委員会主席を兼任した習に権力が一層集中することとなりました。

「刑は常委に上らず」（政治局常務委員経験者は刑罰を受けないという意味）という鄧小平以来の慣例を打ち破り、汚職・腐敗摘発の本命でもあった周永康元政治局常務委員が、二〇一四年一〇月の政治局会議において、規律違反・機密漏洩などの罪状で立件が決定し、党籍剥奪の処分をうけ、正式に逮捕されました。以後、習近平の党幹部、軍幹部の「汚職・腐敗摘発」が続きますが、省略します。

規律違反で処分した党幹部は、二〇一三年で約七七〇〇〇人、二〇一四年で約二万三六〇〇〇人、二〇一五年で約三万四〇〇〇〇人でした。反腐敗を掲げてから三年後の二〇一六年一月ごろには、薄受刑者や周永康受刑者のような政権中枢にいた「大トラ」退治は一段落したという見方が党関係者や外交筋には広がりました。

ウイグル族の再教育センターとなった新疆ウイグル自治区

ウイグル族はトルコ系少数民族で人口約一〇〇〇万人で多くがイスラム教徒です。一八世紀に清国の支配下に入り、その後も独立運動を起こし、漢族への抵抗を続けてきました。中国当局とウイグル人の衝突はたびたび発生していて、死傷者を出していました。

二〇一四年のウルムチ駅爆発事件以降、習近平政権は「テロとの戦い」を名目に新疆ウイグル再教育キャンプなど徹底的な管理統制システムの構築に乗り出しました。再教育キャンプを中国当局は、「職業技能教育訓練センター」であると反論していますが、イスラム教の指導者はもとより、ウイグル人の文化を担っていた、大学の教授、著名な医学者、ジャーナリスト、あるいは経済界の著名人など、ウイグル人社会の上層部にいた人たちを中国語や思想教育を通じ、民族固有の文化や宗教を捨てさせ、ウイグル族を漢族に同化させるための再教育を行っていると言われています。

また、新疆ウイグル自治区の住民は様々なハイテク技術で顔・目・指紋・DNA・声紋・歩行など一挙手一投足を監視される「完全監視社会」の実験場となったと欧米メディアや人権団体は報じています。

習政権の過度な国民監視システムの設置

二〇一六年四月二八日、全人代は、海外ＮＧＯが中国の体制を脅かすという習指導部の警戒感を強く受け、海外ＮＧＯが中国の国家安全や国家利益を損なってはならないと定めた「海外ＮＧＯ国内活動管理法」を成立させ、海外ＮＧＯの監督を警察当局に担わせることにしました。海外ＮＧＯと交流のある国内ＮＧＯにも監視が及ぶため、中国の大半のＮＧＯが影響を受けると言われています。

二〇一六年一一月七日、全人代は、「サイバー主権」と称する国家主権をサイバースペースに確立するとして「インターネット安全法」を成立させました。当局による個人情報の収集が正当化される恐れがあり、プライバシーの侵害が懸念されています。

二〇一七年六月、全人代は、国内外の個人と組織の監視調査を正当化する「国家情報法」を成立させました。まさに中国は法治国家に様変わり、法律のラッシュです。習政権は中国国内のより高度な管理社会・監視社会化を推し進めるために、国家規模では世界に先駆けて治安対策へのＡＩの本格的利用を行い始めました。

ＡＩでネット検閲を行わせ、刑務所の囚人をＡＩに監視させ、企業や軍で働く中国国民の脳波と感情をヘルメットや帽子などのセンサーからＡＩで監視するシステムを政府は支援しています。警察は今や顔認証を行うＡＩと連動したサングラス型スマートグラスを使用しています。

また、習の思想を学ぶクイズアプリで中国国民を監視し、中国国民をＡＩでランク付けする社会信用システムを構築しました。国営放送の中国中央電視台（ＣＣＴＶ）では習の功績として国民監視ＡＩシステムの天網《てんもう》（ＡＩを用いた監視カメラを中心とするコンピュータネットワーク）が称賛されています。

共産党の「頂層設計」社会

「頂層設計」とは元来、「全体計画および立案」を意味する中国語で、建築、エンジニアリングプロジェクト、ゲームデザインなどの幅広い分野で使用される用語です。中国政府はこの「頂層設計」という言葉を第十二次五カ年計画（二〇一一～二〇一五年）において初めて使用し、「従来は各地方政府および各政府部門に委ねていた政策策定を、中央政府上層部がトップダウンで統括的に策定すること」として政治用語としました。

土地所有、国有企業、戸籍などの制度に一歩踏み込んだ、困難を伴う改革では既得権益者による抵抗などもあり、一政府部門や一地方政府だけでは完遂できません。こうした背景から中央政府上層部による「頂層設計」こそが有効な改革手法であると、習・李指導部は認識していると思われます。

つまり、旧ソ連時代や毛沢東時代の計画経済は上部構造がすべて計画して下部構造がその通り実施すればうまくいくはずだという社会でしたが、情報システムが未熟で（コンピュータもロクになく）、嘘報告ばかりで失敗しました。しかし、今度は第四次産業革命の最先端情報通信技術によって一四億人のすべてを個々に把握できる技術を手にしたのだから、この技術で共産党が「頂層設計」を行えば、一四億人の社会を思うとおりにコントロールできると踏んだのかもしれません。

海外メディアは「頂層設計」と中国共産党で呼ばれているこの習政権の政策を「デジタル権威主義」「デジタル独裁」「デジタル警察国家」「デジタル全体主義」「デジタル・レーニン主義」と評しています。法治主義に徹し、あらゆる最新技術の粋を集めて全国民を監視すること、これも習近平の言う「中国の特色ある社会主義」の特色の一つであるのでしょうか。

一人っ子政策から二人っ子政策へ

全人代は二〇一五年一二月二七日の常務委員会で、すべての夫婦が二人の子どもを持つことを認める人口・計画出産法の改正案を採択し、二〇一六年一月一日から施行しましたが、効果がありません。

そこで、二人っ子政策でも、将来を考えると問題があると、現在、中国では婚姻法など民法の改定が検討されていますが、三人までへの産児制限の緩和や、産児制限自体の撤廃も検討されているようです。しかし、たとえ、産児制限自体が撤廃されたとしても、出生数が増えるかは不明で、むしろ子供を産み育てやすい環境作りこそが重要だという指摘が専門家からなされています（出生数の減少は今や世界的な傾向、つまり、人類全体の傾向となっています）。

中国でも、すでに二〇一二年には就業年齢人口（一五～五九歳）が初めて減少に転じました。中国の二〇一七年の出生率は一・二四となり、日本（二〇一五年の出生率は一・四六）より低い状態が続いています。早ければ二〇二一年に人口減社会になるとみられています。日本と同じように急速な少子高齢化の社会に突き進んでいます。社会福祉政策が急がれます。

習近平の一帯一路

二〇一三年九月七日、習近平総書記はカザフスタンのナザルバエフ大学における演説で「シルクロード経済ベルト」構築を提案しました。同氏は同年一〇月三日のインドネシア国会での演説でアフリカ東岸を結ぶ海路の「二一世紀海上シルクロード」（一路）をアジアインフラ投資銀行（ＡＩＩＢ）とともに初めて提唱しました（アジアインフラ投資銀行については、次に記します）。

その後、二〇一四年一一月一〇日に中国北京市で開催されたアジア太平洋経済協力（ＡＰＥＣ）首脳会議で習総書記が、中国からユーラシア大陸を経由してヨーロッパにつながる陸路の「シルクロード経済ベルト」（一帯）と、中国沿岸部から東南アジア、南アジア、アラビア半島、アフリカ東岸を結ぶ海路の「二一世紀海上シルクロード」（一路）を合わせた一帯一路構想とし、インフラストラクチャー整備、貿易促進、資金の往来を促進する計画として提唱しました。インフラ投資計画としては史上最大規模で建国一〇〇周年に当たる二〇四九年までの完成を掲げています。

この一帯一路構想とそれに資金を投入するアジアインフラ投資銀行は、中国が初めて国際的な新社会システムを提案し、それが（西側には批判、反対の意見もありますが）多くの発展途上国に歓迎されていることは確かです。中国が高度経済成長で急増した外貨を少しでも有効に生かし二一世紀の世界のためになることに有効に投資する仕組みを作ったことは評価すべきでしょう（覇権国家の条件のひとつに新国際システムの創造能力が挙げられていますが、中国もその段階に達したのでしょう）。

中国政府の李克強国務院総理は沿線国に支持を呼び掛け、一〇〇を超える国と地域から支持あるいは協力協定を得たとしています。さらに国際連合安全保障理事会、国際連合総会、東南アジア諸国連合、アラブ連盟、アフリカ連合、欧州連合、ユーラシア経済連合、アジア協力対話、ラテンアメリカ・カリブ諸国共同体、上海協力機構など多くの国際組織が支持を表明していると言われています。

アジアインフラ投資銀行の設立

習近平総書記は、前述しました二つのシルクロード経済圏構想（一帯一路）の実現のためには、アメリカと日本が主導するアジア開発銀行（ＡＤＢ）では賄いきれない資金需要があり、このアジアにおけるインフラストラクチャー整備のための資金ニーズに、代替・補完的に応えるものとして、アジアインフラ投資銀行（ＡＩＩＢ。Asian Infrastructure Investment Bank）の設立を提唱しました。

『自然の叡智　人類の叡智』で述べましたように、先進国でもイギリス、ドイツ、アメリカ、そして日本は、工業化によって国内需要が満たされると、（資本の論理で）投資は海外に向かい、周辺国を工業化し、自らは輸入超過となります（貿易外収支で補います）。中国もやがてそうなるでしょう。中国が周辺諸国を工業化することは資本主義の流れにも沿っていることです。

二〇一六年一月にＡＩＩＢの開業式典を行い、五七ヶ国が拠出する資本金計一〇〇〇億ドルで発足しました。約三〇％を中国が拠出し重要案件決定の拒否権を持ちます。初代総裁には、元中国財務次官の金立群が選ばれました。

二〇一六年五月、日本やアメリカが中心のＡＤＢと中国が主導して設立したＡＩＩＢが提携したとＡＤＢの年次総会で発表されました。この提携でより大きなプロジェクトもできるようになるとＡＤＢの中尾武彦総裁は語っていました。

アジアのインフラ需要は、年間八〇〇〇億ドルとも言われていますが、ＡＤＢの二〇一五年の融資実績は、約一六〇億ドルにとどまります。しかし、日本とアメリカは、ＡＩＩＢには融資案件を決める常設の理事会がないことなどを指摘して「中国による中国のための銀行」になることを警戒してＡＩＩＢに参加していません。

その後、ＡＩＩＢには二〇一九年七月時点で一〇〇ヶ国・地域が加盟しています。ＡＩＩＢは、当初、東アジア、東南アジアの国々のみ参加すると考えられていましたが、実際にはイギリス、ドイツ、フランス、イタリア、スペインなど北ヨーロッパ・東ヨーロッパ・中央ヨーロッパ・南ヨーロッパ・西ヨーロッパの国々、オーストラリアやニュージーランドなどオセアニア諸国、北アメリカのカナダなど六大州が参加することになりました。さらにラテンアメリカ諸国、中東諸国（西アジア）、アフリカ諸国の国々も参加しました。

これら有力な新興国（ＢＲＩＣｓ）と第三世界の発展途上国（Ｇ七七プラス中国）への参加拡大の背景として、国際通貨基金（ＩＭＦ）や世界銀行といった既存の（アメリカ中心の）国際金融機関における経済規模と評価基準に対する不満があると考えられています。

中国製造二〇二五

中国は二〇一〇年にＧＤＰでアメリカに次ぐ世界第二位になりましたが、習近平政権は、さらに「中国の夢」で述べたように経済や科学技術などの総合国力でアメリカを超えることを目指して、二〇一五年五月に「中国製造二〇二五」を発表しました。

建国一〇〇年を迎える二〇四九年に「世界の製造強国の先頭」を目指す長期戦略の根幹となるものです。この「中国製造二〇二五」は、中国の製造強国戦略実施の最初の一〇年の行動綱領であり、二〇二五年までの目標は「世界の製造強国の仲間入り」として、次世代情報技術や新エネルギー車など一〇の重点分野と二三の品目を設定し、製造業の高度化を目指しています。

品目ごとに国産比率の目標を設定しており、たとえば産業用ロボットでは「自主ブランドの市場占有率」を二五年に七〇%としました。次世代通信規格「５Ｇ」のカギを握る移動通信システム設備では二五年に中国市場で八〇%、世界市場で四〇%という高い目標を掲げました。中国政府は中国製造二〇二五の策定後、関連産業に対する金融支援や、基盤技術の向上支援などの施策を相次ぎ打ち出しています。

中国と技術覇権を争うアメリカは中国製造二〇二五の中身に警戒を強めています。一八年に入ってから開かれた米中貿易協議の中で、アメリカは中国に対し、関連産業への補助金といった政府支援の中止など計画の抜本的見直しを要求しましたが、中国は応じない姿勢を続けているとのことです。

南シナ海の軍事基地化に踏み切った習近平政権

南シナ海の石油などの資源をめぐって、周辺の各国間で一九七〇年代から領有権の問題が起きていて、二〇一〇年七月のハノイで開かれたアセアン地域フォーラムでは、二〇〇二年の「南シナ海行動宣言」を効果的に実施し、法的拘束力のある「南シナ海行動規範」へと発展させることで中国もアセアンも一致していました。

ところが、中国は二〇一四年頃から一転、強硬策に転じたようで、フィリピン外務省が、中国がジョンソン南礁（赤瓜礁）を埋め立てているということを示す時系列の写真を公開し、これはフィリピンの領域内で行われていて、国際法に違反していると中国に対して抗議しました。これに対して中国は、自国領で行っていることであり、何を造ろうと勝手だと軍事基地化を強行しました。

二〇一五年一〇月以降、アメリカは、たびたび問題海域を艦船で通り抜ける「航行の自由」作戦を展開しましたが、中国はそれをまったく無視して公然と第一列島線の内側にある南シナ海の軍事基地化を強行してしまいました（もはや中国に対して軍事的に何もできないというアメリカの足元を見抜いてのことでしょう）。

中国は国際法（国連海洋法条約）に違反

二〇一四年、フィリピンのアキノ政権は、オランダ・ハーグの常設仲裁裁判所に対して仲裁を要望していましたが、二〇一六年七月一二日、常設仲裁裁判所は、九段線とその一点鎖線で囲まれた海域に対する中国の歴史的権利等の主張は、「国際法上の法的根拠がなく、国際法（国連海洋法条約）に違反する」とする判断を下しました。

フィリピンの主張が認められたのですが、アキノ大統領の次の大統領となったロドリゴ・ドゥテルテ大統領は「戦争は選択肢にない」として、中国に妥協してしまいました。しかし、中国の国際法違反という事実に変わりがありませんから、国際社会は中国にこの是正をはかるよう要求し続ける必要があります。

二〇一六年一二月、ワシントンのシンクタンクである戦略国際問題研究所（ＣＳＩＳ）は、中国が南沙諸島で埋め立てた七つの人工島すべてにおいて航空機攻撃用の高射砲や巡航ミサイル迎撃用の「近接防空システム」を配備したと公表しました。そして、同じく一二月、中国初の空母「遼寧」が空母打撃群を編成して初めて太平洋を経由で南シナ海に入り、年明けの南シナ海での訓練のために海南島の三亜市の基地に停泊しました。

二〇四九年の社会主義現代化強国とは

習近平政権発足から五年経った二〇一七年一〇月一八日、中国共産党第一九回党大会が開催されました。習総書記は、五年前の党総書記就任のときに「中華民族の偉大な復興」を達成しようと呼びかけましたが、共産党創建一〇〇周年になる二〇二一年の節目から建国一〇〇周年の二〇四九年の二つの節目に向け、その具体像を今回の政治報告で示しました。

習総書記によりますと、鄧小平時代に掲げられた「小康社会（経済的にややゆとりのある社会）」を二〇二〇年までに全面的に実現した後、二〇三五年までの一五年間で「社会主義現代化」を達成する。この段階では「経済力や科学技術力が大幅に向上し、中所得者層の割合がはっきりと高まる」。建国一〇〇周年を迎える二〇四九年ごろに、党の強い指導の下で世界トップクラスの国力や国際的影響力を持つ「社会主義現代化強国」を建設する長期ビジョンを示しました。

その二一世紀中期に中国が達する「社会主義現代化強国」とは、どんなものでしょう。習総書記によりますと世界最高水準の総合的な国力を持ち、文明的で国民が共に豊かな社会で社会主義体制を維持しながらも、資本主義国をしのぐ国力を持ち、「（その時）中華民族ははつらつとして世界の諸民族の中にそびえ立っているだろう」と述べました。

さらに、この長期ビジョンを達成する上での支柱となる政治理念を「中国の特色ある社会主義思想」との表現で打ち出し「全党、全人民の行動指針であり、必ず長期にわたって堅持し発展させなければならない」と呼びかけました。

また、政治改革について「政治体制改革を積極的かつ穏当に推進する」として「民主的な選挙の実行を保障する」などと述べました。

一方、「外国の政治制度を機械的に模倣すべきでない」と指摘し、欧米の政治システムを受け入れることには消極的な姿勢を示し、欧米型の自由主義、民主主義とは一線を画した「中国モデル」で新時代に適応した強国を築くというビジョンを示しました。

この二〇一七年はロシア革命（十月革命）から一〇〇年を迎えましたが、ロシアでは何らの行事もありませんでした（ソ連はロシア革命から七四年目に破綻しましたから、当然のことです）。中国共産党は今日、ロシア革命がなければ今の中国はなかったとロシア革命を評価しました。習近平政権は、ソ連が消滅したのは「共産党が指導をやめ、国家をコントロールできなくなった」（九月の十月革命理論検討会）からとの見解を出しました。

結局、マルクスの共産主義は中国に引き継がれたとし、「マルクス主義の中国化」を習近平総書記は第一九回党大会で強調しました。

（ソ連が崩壊したのは、実際には、ソ連共産党の改革が遅れ、手遅れになったからでした。『自然の叡智　人類の叡智』でソ連崩壊の原因を詳述しました。）

終身体制を固めた習近平

二〇一七年一〇月二五日、中国共産党の習近平指導部二期目の陣容が明らかにされました。最高指導部である政治局常務委員七人のうち、習総書記、李克強首相の二人が留任しました。江沢民、胡錦涛の二期目には次世代の後継者候補が登用されましたが、習総書記は、その慣例を打ち破って次世代の後継候補を登用しないで、五年後の三期目以降も習近平が政権を握る可能性がきわめて高くなりました。

二〇一八年三月五日から二〇日まで全国人民代表大会（全人代）が北京の人民大会堂で開かれ、憲法改正案では「中国共産党の指導が中国の特色ある社会主義の最も本質的な特徴」と、一党支配の強化を打ち出しました。さらに、習氏が唱える「中華民族の偉大な復興」などのスローガンも書き込んでおり、習の指導者としての地位をより強固にしました。さらに、国家主席と副国家主席の任期を「二期一〇年まで」を削除、公職者の汚職を取り締まる「国家監察委員会」の設置に関する条文や規定を追加しました。二〇一八年三月一一日、全人代は、この憲法改正案を賛成二九五八票・反対二票で成立させました。

今までの党員の腐敗を摘発する党中央規律検査委員会とは別に、非党員も含むすべての公務員の腐敗行為を取り締まるための新たな国家機関として、新設される国家監察委員会は、政府の高級幹部も取り締まる強大な権限を持つため、国務院（政府）、最高人民検察院（最高検）、最高人民法院（最高裁）、国家中央軍事委員会と同格の機関として憲法に位置付けられました。ただ、国家監察委員会の幹部は党中央規律検査委員会のメンバーが兼ねると見られ、実際には党のコントロール（と言うことは習近平総書記）で反腐敗を進めることになります。

二〇一八年三月一七日に習近平は国家主席に全会一致で再選されました。習主席は一期目の習指導部を「反腐敗」で支えた王岐山・前党中央規律検査委員会書記を二期目の国家副主席にしました。ともに任期は無制限となった習国家主席と王国家副主席による「習近平核心体制」（習・王終身体制）が事実上確立したとする見方もあります。

今回の憲法改正は、鄧小平以来、四〇年近く続いた政治体制を大きく変えることになります。新中国の歴史を政治システムで見れば、毛沢東と鄧小平の時代に大きく分けられましたが、ここから第三の歴史が始まったと言えるでしょう。

歴史教科書を書き換える

二〇一八年三月から中国の中学校で使われる歴史教科書から、中国が混乱に陥った政治運動「文化大革命」の項目が削除され、文革を発動した毛沢東の過ちを認める表現が削られました。中学二年生向けの「中国歴史」で、現行の「毛沢東が誤って認識」との表現や「動乱と災難」という見出しが消える一方、「世界の歴史は常に曲折を経て前進してきた」との説明が追加されています（独裁者がまず、手に付けるのが歴史の改変・捏造で、教科書の書き換えです。この現代、衆人注目の中で習近平の中国は教科書の書き換えを始めたようです。中国の王朝史でも、皇帝が歴史の改竄《かいざん》・捏造はたびたび行ってきました。）

中国は二〇一七年秋から順次、「歴史」「国語」「道徳と法治」の教科書の改訂を進めました。以前は複数の出版社の教科書が使われていましたが、この三科目は「重要で特殊な教育機能がある」として教育省が統一して監修するようになりました。新たな教科書では、愛国意識を養い、共産党が国を発展させた歴史を詳しく教えることに重点を置いているとしています。

二〇一九年三月一九日、中国各紙は、習主席が学校での思想政治教育を強化するよう指示を出したことを伝えました。自らが提唱した政治理念「新時代の中国の特色ある社会主義思想」によって愛国心を教え込むとしており、今後、子どもたちへの愛国教育が強まるとみられています。二〇一七年の党大会で習主席の政治理念が党規約に書き込まれた後、各地の大学に習主席の政治理念やマルクス主義を研究する機関が相次いで設立されています。

メディア統制の強化

習近平指導部が二期目に入った二〇一七年以降、新聞、メディアは市民が必要とする情報は載らず、とくに指導者礼賛が目立つようになり、トップニュースはほとんど習主席に関するものになりました。多くの記者が新興のネットメディアに転職しましたが、国家インターネット情報弁公室は、ネットメディアの記者も政府発行の記者証がなければ取材ができない制度を導入、その後、ネットメディアによる独自の報道や評論が禁じられました。

　ネットメディア幹部によりますと、新華社通信など転載してもよいメディアが指定されており、批判的な視点がある改革派メディアの記事は広まらないようになっているとのことです。中国は、だんだん、文化大革命初期と似たような状況になっているようです。このように国民を国家制度のもとにおくと、結局、長期的に見ると国家は大きな損失を出すことになるとは、歴史が教えるところですが、中国は文革後、四〇年にして、再びそれを繰り返すようです。

《二》世界を不安定にした単独覇権国家アメリカ

アメリカ同時多発テロ事件の勃発

　二〇〇一年九月一一日、アルカイダの自爆パイロットたちが、ニューヨークの世界貿易センタービルに突っ込み、アメリカ同時多発テロ事件が発生しました。世界中は、国家による侵略という脅威とはまったく異なった脅威、テロへの脅威に遭遇したことを痛感しました。

　一二日、アメリカのジョージ・W・ブッシュ大統領（息子）はテロに対する闘いを宣言しました。ラムズフェルド国防長官はウサマ・ビンラディンが容疑者であり、また単独の容疑者ではないと発言しました。

また同日、安保理で国際連合安全保障理事会決議一三六八が全会一致で採択されました。この決議は九月一一日のテロ攻撃を「国際の平和及び安全に対する脅威」と認め、「テロリズムに対してあらゆる手段を用いて闘う」というものでした。また前段には「個別的又は集団的自衛の固有の権利を認識」という言葉があり、これは同日にＮＡＴＯが北大西洋条約に基づき、集団的自衛権の発動を決定する根拠となりました（このテロの実行者は私的な集団・アルカイダであり、アフガニスタンという国家ではないことに注目すべきで、国連安保理決議もあくまでアルカイダに対してでした）。

この後、アメリカはアフガニスタンのタリバン政権にビンラディンらの引き渡しを要求しました。しかしタリバンは引き渡しに応じませんでした。

九月一八日、ブッシュ大統領は武力容認法に署名しました（つまり、ブッシュは国連安保理に図ることなく、アメリカは単独でアフガニスタンのタリバン政権に武力を発動することを決めました）。九月二一日、ラムズフェルド国務長官はアフガニスタンの北部同盟と共同して作戦に当たることを発表しました。また欧州連合外相会議も全会一致で攻撃を支持しました。

九月二八日、国際連合安全保障理事会決議一三七三が採択され、国連加盟国にテロリズムの防止と制圧に緊急に協力することが要請され、テロ組織への援助は禁止されました。

アメリカはこの間に協力する国々と連合を組み、攻撃の準備に入りました。これらの国は有志連合諸国と呼ばれました。有志連合諸国は「不朽の自由作戦」という統一作戦名で、アフガニスタンを含むテロ組織勢力地域への作戦を実行することにしました。これは国際連合憲章に定められた国連軍ではなく、国連憲章第五一条によって定められ、事前に国連決議を必要としない集団的自衛権の発動によるという論理でした。

第三章の《二》の国連憲章第五一条の集団的自衛権の要件で述べましたが、国連憲章第五一条は、「攻撃を受けた場合には」、個別的、集団的自衛を有しますが、いろいろな条件がついています。この場合、テロはありましたが、その後、アメリカが再度攻撃される恐れはなかったので、自衛という論理には無理がありました。テロ攻撃を行ったのは、タリバン政権自体ではなく、その庇護下にあるアルカイダでした。この場合、タリバン政権という国家に攻撃を行うのは正当かという問題がありました。また、テロに対しその国家を全面攻撃するという均衡性の点でも問題がありました。

国際司法裁判所で裁判をやっていないのでわかりませんが、多分、この場合は従来の国際司法裁判所の判例からみて国連憲章第五一条の自衛権の範囲を逸脱していたでしょう（連続テロ事件は悲惨な事件ではありましたが、テロ犯をかくまっているアフガニスタンに出かけていって、自衛戦争をしかけ、一国家を転覆させるということに無理があるでしょう）。しかし、後述しますように、安保理は結局、このアメリカなどの有志連合諸国の武力行使を追認することになりました。このように安全保障を担う国連の中心機関である安保理が、世界で最強であることは確かでありますが一加盟国であるアメリカの追認機関に過ぎないことになってしまうことは好ましいことではありませんでした。

アフガニスタン戦争（紛争）

二〇〇一年一〇月七日、ブッシュ米大統領（息子）がテレビ演説で、アフガニスタンを「テロ支援国家」と認定し、先制的自衛権（国連憲章では「先制的」自衛権などは認められていません）のためとして米英軍を中心にアフガニスタンへの武力行使を開始することを発表しました。軍事行動にはカナダ、オーストラリア、フランス、ドイツも参加し、領空通過などで四〇ヶ国以上が協力すると表明しました。直ちにB－2、B－52など戦略爆撃機や空母からの攻撃機、艦艇からの巡航ミサイルなど多数の兵器でタリバン支配地域への空爆が開始されました。具体的な戦闘は省略します。

　アメリカ軍を中心とする圧倒的な軍事力によってタリバン政権勢力は粉砕され、主たる戦闘は約二ヶ月の短期間で終結し、タリバン政権は消滅しました。対テロ作戦の継続のため、なおもアメリカの陸軍と空軍の計二万人が駐留を続けました。

ブッシュ・ドクトリン

ブッシュ大統領（息子）は、アフガニスタン戦争に引き続いて、イラク戦争を起こすことになりました。これにはブッシュ・ドクトリンが大きく関係していたようです。

ブッシュ・ドクトリンとは、二〇〇二年一月二九日のブッシュ大統領の一般教書演説での「悪の枢軸」発言、同年五月一日の国防大学演説におけるMAD（相互確証破壊戦略）体制の終焉宣言などを経て、八月一五日の国防報告で明確に確立されたアメリカの新戦略でした。

そのブッシュ・ドクトリンですが、二〇〇二年八月一五日の国防報告の「V。我々や我々の同盟国と友好国を敵が大量破壊兵器で脅かすことを阻止する」では、以下ように記されています。

「我々は、差し迫った脅威という概念を、現在の敵の能力と目的に適合させなくてはならない。ならずもの国家とテロリストたちは、通常の方法によって我々を攻撃しようとはしていない。彼らは、そのような攻撃は失敗することを知っている。その代わりに、彼らはテロ行為に頼る。また、彼らが大量破壊兵器の使用に頼る可能性もある。こうした兵器は、たやすく隠し、ひそかに運び、警告なしに使うことができる。（中略）

合衆国は、我々の国家安全保障に対する強力な脅威に対抗するために、先制行動の選択肢を長らく保持してきた。脅威が大きければ大きいほど、行動しないことの危険性が高まる。そして、たとえ敵の攻撃の時間や場所に関して不確かな要素が残っているとしても、我々を守るために、先を見越した行動を取らざるを得なくなる。我々の敵による敵対行動を出しぬいたり防いだりするために、合衆国は、もし必要ならば、先制的に行動する。

（中略）

我々の行動の目的は、常に、合衆国及び我々の同盟国と友好国に対する具体的な脅威を取り除くことである。我々の行動の理由は明確で、軍事力はじゅうぶん評価でき、大義は正しい。」

以上が二〇〇二年八月一五日の国防報告の一部です。

国連憲章第五一条は、「攻撃を受けた場合」にだけ自衛の権利を認めており（第二次世界大戦後、アメリカはそれをほとんど守ってはいませんでしたが）、それが国際紛争の歯止めになっていましたが、アメリカは自分で開発した兵器によって、自国が危なくなったと言って、ついに、国連憲章をまったく反故にして「先制攻撃」もやるというのです。人類の長い歴史は必ず（『自然の叡智　人類の叡知』で縷々述べましたように）、新しい兵器や新しい戦法をとるとそれが自分（自国）に返ってくることを示しています。「先制攻撃」で相手を抹殺すれば直ちに「先制攻撃」の応酬が始まることになってしまいます。

米英の見切り発車

二〇〇二年一一月八日、イラクに武装解除遵守の「最後の機会」を与えるとする国連安保理決議一四四一が全会一致で採択されました。これは、イラクが武装解除義務の重大な不履行を続けていると判断し、さらなる情報開示と査察の全面受け入れを求めたものでした。

これに対してイラクも重大な局面にきていると考え四年ぶりに査察を受け入れ、イラクは武器申告書を査察団に提出しました。これは一万二〇〇〇ページにのぼる膨大な文書でした。

二〇〇三年一月九日、武器査察を行った国連監視検証査察委員会（UNMOVIC）のハンス・ブリクス委員長と国際原子力機関（ＩＡＥＡ）のモハメド・エルバラダイ事務局長は安全保障理事会に調査結果の中間報告を行いました。この中で、大量破壊兵器の決定的な証拠は発見されていないものの、昨年末に行われたイラク側の報告には「非常に多くの疑問点」があり、申告書には「矛盾」があるとしました。また、ハンス・ブリックス委員長は英米などからの情報の提供を歓迎するとも述べました。英米はこの時期、イラクが国連決議に反しているとの指摘を公の場で行っていました。

アメリカの国務省長官、コリン・パウエルはアメリカが査察団に対して情報提供を行うことを表明し、二〇〇三年二月五日に、イラクが大量破壊兵器を隠し持っていることを示す証拠をアメリカ側が国連安保理にて提示しました。しかし、このパウエル報告において重要な情報源として高く評価され、引用されていたイギリス政府による報告書が、実は最新の情報ではない、イラクの研究を行うアメリカの大学院生の一九九一年の論文からのかなり長い無断引用を含んでおり、パウエルは後に（イラク戦争後に）「私の生涯の汚点であり、報告内容はひどいものだった」と認めることになりました（つまり、アメリカはイラクに対する戦争（武力行使）をやめるのではなく、何らかの理由をつけて、この際、攻撃しようと思っていたとしか思えない行動をとっていました）。

当時の理事国一五ヶ国のうち、イラク攻撃に賛成表明したのはアメリカ、イギリス、スペイン、ブルガリアの四ヶ国だけでした。フランス、ロシア、中国、ドイツ、シリア、チリ、パキスタン、メキシコ、カメルーン、アンゴラ、ギニアの一一ヶ国は反対または棄権の見込みとなりました。決議案は採決されませんでしたが、結果的にみると、この時点でのアメリカのイラク攻撃に正当性はないと安保理各国は判断しており、国連の安全保障に関する仕組みはうまく機能していたと考えられます。

アメリカは、安保理で否決の結果が残ることを恐れて裁決を避け、三月一七日（アメリカ標準時間）に、ブッシュ大統領はテレビ演説を通じて、イラクに対して四八時間以内にサダム・フセイン大統領と側近、家族の国外退去などを要求する最後通告を出しましたが、イラクはこれを無視しました。三月一九日、アメリカ軍はイギリスなどとともにイラク侵攻を開始しましでした）。

た（国連決議なしですから、これはアメリカの私的な武力行使（戦争）となり、国連憲章違反

フセイン大統領の方は、捕縛後に語っていたことは、大量破壊兵器は破棄して持っていなかったが、周辺諸国との関連でまったく持っていないことがわかるのは不利であるので、持っているように装っていたと本音を述べていました。また、この時点で本気でブッシュが攻撃してくるとは思っていなかったとも述べていました。

イラク戦争の開始

結局、アメリカは攻撃に関する決議採択をさけて（逆に言いますと国連の攻撃決議なしで、というより、現時点での攻撃反対の国連の意向を無視して、実質、アメリカの独断で）、イラク攻撃を開始しました。同じ多国籍軍と言っていますが、湾岸戦争時とはもちろん（このときはフセインの明らかな侵略戦争でした。国連決議を得ていました）、アフガニスタン戦争時とも異なり（同時連続テロに対する自衛戦争という理由？があリました）、イラク攻撃の「正当性」を国連でも世界に対しても、「納得」させないで（あとでわかったことですが、でっち上げて）、そそくさとアメリカとその取り巻き国との集団軍を組んでイラク攻撃に移ったのです。

米英が主張した開戦事由にはいろいろありました。その一つに「フセインとアルカイダが協

力関係にある可能性がある」というものがありました。これについては、まったく、証拠はなく、ブッシュはアメリカ国民の連続多発テロに対する怒りをアフガンからイラクに関連づけて利用しようとしたのです。現在でも連続多発テロからアフガン、イラク問題が起きたと思っている人がアメリカにも世界にも多くいますが、当時からアメリカ国内にもフセインとアルカイダとの関連には疑問視する専門家が多かったのです。イスラムといっても、フセインのバース党は世俗主義であり、アルカイダは極端なイスラム原理主義で、相容れない敵対関係にありました。明らかな捏造でした。

アメリカ国民も、アルカイダとイラクが関係なければ、イラク攻撃にあれほど熱狂してブッシュ支持をしなかったでしょう。一番騙されたのはアメリカ国民でした。

二〇〇三年三月一七日、先制攻撃となる空爆を行った後、二日後の三月一九日に予告どおり、イギリスなどとともに「イラクの自由作戦」と命名した作戦に則って、攻撃が開始されました。以後の戦争は省略します。

アメリカの有志連合軍は、イラク全土を一ヶ月強というすさまじい速さで占領し、二〇〇三年五月一日、ブッシュ大統領は「戦闘終結宣言」を行い、連合軍は圧倒的勝利でもってイラクへの攻撃を終了しました。

大量破壊兵器はなかった

戦闘が一段落すると、この戦争の主目的であった大量破壊兵器の捜索が始まりました。前述しましたように、大量破壊兵器の保有に関しては国際連合大量破壊兵器廃棄特別委員会（UNSCOM）のリッター主任査察官、ＩＡＥＡのエルバラダイ事務局長（肩書きはいずれも当時）らは当初から否定的でしたが、今度はイラク政府に邪魔立てされることなく、どこでも捜索ができるはずでした。

イラク国内に入ったアメリカ軍は、血まなこになって大量破壊兵器の捜索を行いました。また、国際連合監視検証査察委員会（UNMOVIC）も現地入りし捜索を行いました。しかし必死の捜索にもかかわらず新たな大量破壊兵器は発見されず、二〇〇四年九月一三日にパウエル国務長官は「見つからないだろう」と捜索断念を明らかにしました。二〇〇四年一〇月にはアメリカが派遣した調査団が「イラクに大量破壊兵器は存在しない」との最終報告を提出しました。

フセイン政権とアルカイダとは関係がなかった

大量破壊兵器の存在とともに、もう一つの論点、「フセインとアルカイダが協力関係にある」についても（これが九・一一連続テロ事件との唯一のつながりでしたが）、そのようなことはなかったことがわかりました。

二〇〇八年三月、国防総省は正式に「フセインとアルカイダの関係を示す決定的証拠はない、認められるのはパレスチナ武装勢力とアルカイダの関係のみ」とする報告書をまとめました。結局、イラク戦争はまったく、根拠のない戦争だったことがわかりました。でも、誰もその責任を問わない。誰もその責任を問われない。何もなかったのに国家を破綻させられ、地下にもぐっていたフセイン大統領は引きずり出されて死刑にされてしまいました。こういうことを民主主義国家でも起こすことを心しておかねばなりません。覇権国家であるからでしょうが。そのようなことが起きないように国連の仕組みを作り直す必要があります。

アメリカは民主主義国家か

それは国連憲章第五一条をいかに拡大解釈しても、「自衛」とは見なしえない行動でした。フランス、ドイツをはじめ世界の多くの国々にいる批判者にとって、これはテロリズムそのものと同じくらい（本当は比較にならないほど大きい）重大な問題に思われました。これだけ強大な軍事力を持った国が、いったん、軍事力を発動すれば、どんな国でも気にくわなければ確実に瓦解させることができるからです。今やアメリカは、議会の後押しがあれば（戦争の決定権は議会にありますが、実際には宣戦布告しないで攻撃を開始しています）、アメリカ政府は文字通り思うがままの行動をとれることを意味していました（このようなことを覇権国家に許していたら、次代に覇権国家が代わったら世界はどうなるでしょう）。

このたびのイラク戦争でも、本元である国連の集団安全保障制度が頼りにならないものになってしまいました。冷戦が終わってゴルバチョフの時代、国連の機能が回復したのも、束の間、アメリカ一極時代になるとアメリカはアフガニスタン戦争、イラク戦争と国連本来の集団安全保障体制を無視する行動をとりました。アメリカはいったい国連を何と考えているのでしょうか。欧米日はひとくくりで民主主義国、先進国と言いますが、国際法、国連に対する考えが大きく異なっているのではないでしょうか。

はたしてアメリカは民主主義国家であるのでしょうか。アメリカ政府高官（パウエル国務長官など）は、イラク戦争の前に国連やテレビの前でいくつかの証拠をあげてイラク政府は大量破壊兵器（とくに核兵器）はほぼ確実に存在するはずだと説明していました。あの証拠はいったい何であったかが問題となりました。アメリカ政府は大量破壊兵器に関するＣＩＡの情報に誤りがあったことが原因であるとし、議会で調査が行われる事態となりました。ＣＩＡはれっきとしたアメリカ政府の機関です。しかし、でっち上げがありました。

ベトナム戦争の時も、開戦の決め手となったトンキン湾事件（一九七一年六月のいわゆる「ペンタゴン・ペーパーズ」）はＣＩＡの捏造であったことはアメリカ国民だけでなく、世界中に知れ渡ったことでした。なぜ、アメリカはそれを防ぐ手立てをほどこさないのですか。覇権国家はその程度はいいということですか。国家機関もコントロール下にない。これで民主国家ですか（日本でも戦前、関東軍の特務機関がたびたび鉄道爆破事件などをでっち上げ、それが結局、満州事変や日中戦争に至らせました。それとまったく同じではないですか）。

イギリスなどアメリカに追従した多国籍軍は、国連憲章第五一条の集団的自衛権を発動したつもりでしょうか。集団的自衛権の論理で言うとイギリスはアメリカと同盟しています。そのアメリカがイラクから攻撃を受けたなら（これもどれほど致命的な攻撃であるかによりますが）、イギリスがイラク攻撃してもよいことになるでしょうが（それも攻撃に見合う程度という条件がありますが）、アメリカはイラクからまったく攻撃を受けていませんでした。

逆に（アメリカはもちろんですが）イギリスがイラク攻撃したのは国連憲章違反であったことになります。国連憲章第五一条の集団的自衛権の論理にもまったくのっていません。つまり、先制的自衛権の発動であったのです。それも、大量破壊兵器がなかったのですから、誤って先制的自衛権を発動したことになります。民主主義の本家と言われるイギリスもアメリカの「先制的自衛権」にのせられて、とんでもないことをしでかしました。

しかも当時のブレア首相が開戦前に「フセイン政権が生物化学兵器の使用を決定した場合、四五分以内に配備できる」という報告書を提出し、アメリカの武力行使を積極的に支持していましたが、この情報もでっち上げだった可能性があり、自殺者まで出ていました。ブレア首相は「国民を騙した」として支持率が急落し、任期を残しての早期退陣に追い込まれました（辞任したのは当然ですが、一国を破綻させて「すみません。私辞めます」で済む話ではありません）。

逆に言うとブッシュ政権は九・一一連続テロを利用して前述したようにブッシュ・ドクトリンの「ならずもの国家」イラクを取り除いたことになります。また、先制的集団的自衛権の発動の実験もやったのです（大失敗でしたが。これでアメリカが卑劣な国家だということが世界中に知れわたりました）。結局、一番騙されたのはアメリカ国民でした。

イラクと九・一一同時連続テロ事件と関係がなければ、アメリカ国民はイラク戦争に賛成はしなかったでしょう。とにかく国民国家は敵対国を悪く言って、国民に反感を持たせて、やがて戦争を始めるというのも古来の常套手段で、（ベトナム戦争の教訓も生かされず）今のアメリカでもまったく変わっていないことがわかりました。

その後のアフガニスタン―世界最悪の困窮国家になった

二〇一六年一〇月五日、アフガニスタンの復興支援を協議する「アフガニスタン支援国際会合」がブリュッセルで開かれ、国際社会が二〇一七年から二〇年までの四年間で総額一五二億ドル（約一兆五七〇〇億円）を支援するとの共同宣言を採択しました。会議には日本を含む七五ヵ国と二六の国際機関が参加しました。主要なドナーの日本は二〇〇一年以降に計七〇〇〇億円を拠出しています（ボスの不始末はいつも「黙々と」追随同盟国が負担し、国連が処理することになっています）。

オバマ大統領は米軍を逐次増派し一〇万人規模にしました。オバマに替わったトランプ大統領は空爆を強化しました。二〇一八年七月になると、「押してダメなら引いてみな」と、今度はトランプは、アメリカ軍撤退を目指してタリバンと単独で和平協議を開始しました。二〇二〇年の大統領選を考え、アフガン和平を自分の成果にしたいのだと言われました。くるくる猫の目のように、というか、大統領が替わるたびにアメリカの方針も変わります。

二〇二〇年一一月の大統領選挙にトランプにかろうじて勝ったバイデン大統領は、二〇二一年四月、連続テロ事件から二〇周年になる二〇二一年九月一日にはすべてのアメリカ軍をアフガニスタンから撤退させると発表しました（ベトナム戦争や朝鮮戦争と同じように和平もしないで逃げ帰るのでしょうか。その後、バイデン大統領は、八月末に一方的にアメリカ軍を撤退させ、たちまち、タリバン政権が復権し、アフガニスタンは大混乱に陥りました）。

（以下、二〇二一年九月以前のタリバン政権になる前のアフガンの状況です。）国際援助がアフガン政府予算の半分以上を占めていて、援助の多くは治安分野に使われていますが、治安部隊三〇万人の力が及ぶのは国土の約五四％にすぎません（その後三〇％以下に落ちています）。

前線に給料や物資が届かず、部隊の投降や武器の横流しが相次いでいます。犠牲者が多いため、当局は部隊の被害規模を公表していません。

　長期化した紛争は難民を生み続けています。国連高等弁務官事務所（UNHCR）の集計では、国外に逃れた難民の数は二〇一八年時点で約二七〇万人と、シリアに次いで二番目に多くなっています。国内難民も二〇一九年八月時点で約二二万人います。

　国民の三分の二は、一日二ドル以下で生活しており、ＩＭＦの統計によりますと、二〇一三年時点のアフガニスタンのＧＤＰは二〇七億ドルです。一人当たりのＧＤＰでは六七九ドルとなりますが、この数値は世界平均の一〇％未満であり、アジアの中で最も低いものです。失業率も高く、四〇％を超えています。識字率も大きく落ち込みました。国家を崩壊させることはいかに大きな犯罪であるかを覇権国家アメリカ（国民を含めて）は知るべきです。また、安易に国連憲章第五一条の集団的自衛権の発動だとしてアメリカ私兵軍に兵を送った同盟国も反省すべきです。

　アメリカにとって、弱小の国家を崩壊させることは簡単ですが（一ヶ月でアフガニスタンは崩壊しました）、二〇年経ってもそれを再建する目途どころか、ますます混乱、国民は世界最悪の状態に陥ってしまいました。

　一九七九年のソ連軍のアフガニスタン侵攻から数えても四〇年になります。ソ連の後はアメリカにアフガニスタンは翻弄され、この四〇年間、一時も安らぐときはありませんでした。破壊、空爆、破壊、空爆の連続でした。世界最低のどん底の生活に落とされてしまいました。かつてのアフガニスタンは『人類の叡知　自然の叡知』でも記しましたように、豊かではありませんでしたが、紛争などもあまりなく平和に暮らしていました。

　アフガニスタン人が旧ソ連人やアメリカ人に何をしたというのでしょう。旧ソ連やアメリカの国民もアフガニスタン人を知っているわけでも、恨みを持っているわけでもありません。結局、大国、覇権国家の政治家が自分の都合で集団的自衛権を使って（国益の名目で、つまり、産軍複合体の利益のために）、やらなくてもよい介入（戦争）をしているのです。彼らが火をつけて、大火になって消せなくなって、逃げ帰ってほっかむりをしている、それを繰り返しているのです（アフガニスタン人は四〇年間の不信に固まっています）。やはり、第三者が心から彼らの立場になって、和平・再建案を提案するしかありません。国連しかありません。

世界を不安定化させた一極時代のアメリカ

　ブッシュ大統領は、二〇〇三年五月一日の「戦闘終結宣言」によって、圧倒的勝利でイラクへの攻撃を終了しましたが、アフガニスタン戦争と同じように、イラクと講和したわけでも、停戦協定を結んだわけでもなく、いわばアメリカが国連加盟の独立国家イラクを転覆させ、一方的に終結を宣言したに過ぎませんでした。イラク軍やイラク政府が地下に潜ってテロを繰り返しました。二〇〇三年八月にはバグダードの国連事務所が爆破されセルジオ・デメロ国連事務総長特別代表らが殺害され、国連チームは撤収するに至りました。

テロはイラク国内だけではありませんでした。ブッシュのアフガン、イラク侵攻はテロを世界中に拡散させることになりました。二〇〇二年一〇月一二日のバリ島爆弾テロ事件、二〇〇三年のカサブランカ、インドネシア、トルコなどでのテロ事件、二〇〇四年三月一一日のアルカイダによるスペイン列車爆破事件、二〇〇四年九月一日のチェチェンのベスラン学校占拠事件、二〇〇五年七月七日にロンドン同時爆破事件が起きました。それ以後もエジプト、インドネシア、インド、アンマンでもテロ事件が続きました。

戦争が大きな不幸をもたらすことは歴史的に自明のことでしたが、いったん戦争で国家をつぶすと簡単には再生できないことがアフガニスタン戦争やイラク戦争で再び明らかになりました。フセインは初等教育にも力を入れていて、湾岸戦争前に九割あったイラクの識字率も、イラク戦争、続く混乱のなかで五割を下回っていると言われるようになりました。ブッシュ大統領は日頃イラクを民主化すると大見得を切っていましたが、結局、イラクを命（治安）も教育も保障されない破綻国家にしてしまいました。これではイスラム世界がアメリカを信用しなくなるはずです。

二〇一一年一二月一四日、アメリカのオバマ大統領は、ノースカロライナ州フォートブラッグ陸軍基地でイラクからの帰還兵を前に「イラク駐留アメリカ軍の撤退」を宣言しました。

しかし、その後もテロが頻発し、イラクの治安は決して回復したわけではありませんでしたが、マッチポンプのアメリカ軍はいつものように、見切り発車でイラクから逃げ帰りました。この権力の空白（弱体化したイラク政府）を狙ってＩＳがイラクからシリアにまたがる「イスラム国家」を建国し、世界の不安定化に拍車をかけました（それは省略します）。

《三》覇権の交代期に入った米中

ちょうど今から一〇〇年ほど前の一九世紀末から二〇世紀初めに、英独の覇権の交代期がありました。『自然叡智　人類の叡智』の帝国主義時代のところで述べましたが、列強は三国同盟国側と協商側に分かれて対立し、世界は不安定になり、第一次世界大戦になってしまいました。

第二次世界大戦後、一九四七年三月、アメリカのトルーマン大統領は、トルーマン・ドクトリンを発表して、対ソ冷戦を開始しましたが、そのトルーマン・ドクトリンとは一言で言えば、ソ連やソ連の同盟国（中国、東欧、ベトナム、北朝鮮、キューバなど）を共産主義（社会主義）を防ぐという名目のもとに「封じ込める政策」（世界経済から切り離す。アメリカの方から仕掛けました）でした。このアメリカの封じ込め政策は東アジアでもとられました（このように歴史的に覇権国家はそれに挑戦してくる国あるいは同盟にレッテルを貼って自陣営の同盟を創り出してきたのです）。

「対中国抑止」に転じたオバマ政権

二〇〇九年一月にアメリカでは親中派と見られる民主党のバラク・オバマ候補が大統領に就任したのに伴い、両国の協力と友好関係の緊密化が期待されました。オバマ大統領は、二〇〇九年一一月にはアジア歴訪日程の半分を費やして初めて訪中して胡錦濤主席と会談し、共同声明で米中の戦略的相互信頼の構築と強化を謳い、アメリカではＧ２（チャイメリカ）という二大大国を意味する言葉が使用され、米中接近が演出されました。またオバマ大統領は会談などで、中国国内の人権問題やチベット、ウイグル（東トルキスタン）、内モンゴルにおける少数民族への弾圧への批判をまったく控えていました。

二〇〇〇年代に入って二桁続きの高度経済成長を遂げていた中国経済は、ついに二〇一〇年にＧＤＰで日本を追い越して、アメリカに次いで世界第二位になり、覇権国家アメリカの背中が遠くに見えてきました。トップを独走していたアメリカが後を振り返って見ると遠くに中国が見え始め、このペースでいくと二〇二〇年代後半にもアメリカを追い越すという予想が多くなってきました。米中は歴史的な覇権の交代期に入ったのです。

二〇一一年一一月、オバマ大統領は、訪問先のオーストラリア議会での演説でアジア太平洋地域で、安全保障、経済的繁栄、人権の尊重を重視する考えを表明するとともに「国際法と秩序の尊重」や「航行の自由」などの原則に言及し、中国を牽制し、アジア太平洋地域の安全保障を最優先課題に位置付ける考えを明らかにしました。

その上で、アメリカ議会で国防予算削減の動きが強まっていることに触れ、「アメリカの国防費削減はアジア太平洋地域には影響しない」とアメリカの世界戦略を「対中国抑止」へと転換することを宣言しました。

これは膨張する中国に対し、アメリカが従来の「関与」政策から「抑止」に転換したことを内外に鮮明にしたものであり、これにより、ニクソン大統領の訪中（一九七二年）以来、約四〇年ぶりに米中関係は再び対立の時代に入ったことを意味する歴史的演説となりました。

二〇一二年一月五日、アメリカのオバマ大統領は、アジア太平洋地域での軍事的なプレゼンスを強化する内容の新国防戦略「アメリカの世界的リーダーシップの維持と二一世紀の国防の優先事項」を発表しました。これは、第二次世界大戦以来の「二正面作戦」を放棄してアジア太平洋地域での戦略的関与を最優先するものであり、「中国の膨張を抑止する」というアメリカの強い国家意志の現れでした。

貿易戦争に入った米中

『自然の叡智　人類の叡智』で述べましたように、一〇〇年前の一九世紀末から二〇世紀初めの帝国主義時代には、欧米列強が先を争ってアジア・アフリカの諸国を植民地や属国にする世界分割を進めていました。その過程で世界の覇権を握っていたイギリスに第二位のドイツが猛烈に追い上げをかけて、激しい貿易摩擦が生じましたが（実際にはすでにアメリカが経済的にはナンバーワンになっていましたが、当時の世界はヨーロッパ中心でした）、これは結局、第一次世界大戦になってしまいました。

　第一次世界大戦が終わり、その大戦の悲惨さから、一九二〇年代は平和主義の時代でしたが、一九二九年一〇月に、アメリカの大恐慌が起きると、アメリカが自国農業保護のための高関税や輸入制限などを導入する「スムート・ホーレイ関税法」を成立させたことを契機とし、各国は、自国産業を守るための関税引き上げ、輸入数量制限や輸入割当の導入、輸出補助金の交付による輸出促進、為替制限による輸入の抑制、金本位制からの離脱による平価の切り下げなど、あらゆる保護主義的措置を打ち出し、自国経済を守ろうとしました。

　こうした保護主義的措置の応酬により、世界貿易は阻害され、たとえば、一九三二年の主要七五ヵ国の総輸入は一九二九年の四割以下にまで減少しました。結局、植民地などを多く持っていた「持てる国」（英仏など）はブロック経済に逃げ、持っていなかった後発資本主義国（日独伊など）はこれに挑戦することになり、第二次世界大戦に発展してしまいました。

このように大きな貿易摩擦（紛争）が第二次世界大戦の前哨戦になったという反省から、アメリカが主導して、一九四四年のブレトン・ウッズ会議で国際通貨基金（ＩＭＦ）、国際復興開発銀行（ＩＢＲＤ、世界銀行）、国際貿易機関（ＩＴＯ）などが戦後の国際経済組織の支柱として、設立されました。戦後、世界貿易については「関税及び貿易に関する一般協定（ＧＡＴＴ）」が運用されて、一九九五年一月一日に世界貿易機関（ＷＴＯ）が設立され、ＧＡＴＴが継承されました。

この世界貿易機関（ＷＴＯ）の原則は、①自由（関税の低減、数量制限の原則禁止）、②無差別（最恵国待遇、内国民待遇）、③多角的通商体制を基本原則としています。ＷＴＯは、物品貿易だけでなく金融、情報通信、知的財産権やサービス貿易をも含めた包括的な国際通商ルールを協議する場であり、第二次世界大戦後の世界経済が（問題がありながらも）動いていて発展してきたのは、このような人類共通のルールを決め、ＷＴＯシステムという社会システムを動かしてきたから、（七八億人になった世界においても）何とかうまくいっているのです。

そして、このような自由な貿易体制という世界経済システムを作り上げるのに最も貢献してきたのはアメリカでした。戦後のヨーロッパ、日本の経済発展も、その後のアセアン、中国の発展もＷＴＯあってのことでした。中国もＷＴＯシステムに則って現在まで貿易量を増やしてきていました。問題があれば、ＷＴＯルールに則って議論し正していけばいいわけです。ＷＴＯルールはまさにアメリカが主導してきましたが、今や七八億人、地球社会の共通の公共財（社会システム）となっています。国連憲章と同じようにどの国が覇権国家となろうと二一世紀も二二世紀も（もちろん、改善しながら）使っていくべきものです。

トランプは国際的ルールを破壊

ところが、二〇一七年一月に「アメリカ・ファースト」を掲げて登場したアメリカのトランプ大統領は、戦後積み重ねてきた国際ルールを次々と離脱したり、マヒさせたりしました（自国が苦しくなったから、俺が作ったルールだから壊してもいいという、わがままは許されません。世界公共システムには従わなければなりません）。環太平洋パートナーシップ協定から離脱、地球温暖化防止のパリ協定から脱退、国連ユネスコから脱退、国連人権理事会から離脱、中距離核戦力全廃条約（ＩＮＦ）の破棄、武器貿易条約（ＡＴＴ）署名の撤回など自国（というか自説）に染まないと言うのでちゃぶ台返しのように、次々と離脱・脱退・破棄を繰り返し、国際社会を混乱に陥れました。覇権国家の驕りにほかなりません。

トランプ大統領は、世界貿易の国際ルールを取り仕切る世界貿易機関（WTO）についても危機的な状況に陥れました。貿易紛争を解決する役割を担う上級委員会（最高裁に相当）の委員は七人いますが、次々と任期切れを迎えた委員の補充委員をアメリカがすべて承認しないため、ほとんど欠員となり審議ができなくなったためでした。

一方、トランプ大統領は中国に対し未曽有の貿易戦争をしかけていきました。当然、中国はWTOに提訴しましたが、WTOの紛争解決が機能しないので、いくら訴えられてもトランプ政権は痛くもかゆくもないというわけです。

未曽有の米中貿易戦争を仕掛けたトランプ

二〇一八年七月六日、アメリカは中国から輸入される八一八品目に対して三四〇億ドル規模の追加関税措置を発動しました。同日、中国も同規模の追加関税措置を発表して報復合戦となりました。以後、第四次まで追加関税措置はエスカレートしていますが、その結果だけを表二に示します。関税は中国企業だけでなく、中国で生産してアメリカに輸出している各国企業にも適用されるため、サプライチェーンを通して世界経済に大きな悪影響が生じることが指摘されています。

米中交渉の内容は秘密ですからわかりませんが、アメリカの要求に対し、交渉は決裂し、アメリカが追加関税を課すと中国もそれに匹敵する額の関税をアメリカからの輸入品に課すということが繰り返されて（あくまで中国は受け身であります）、二〇一九年には米中双方が互いのほぼ全輸入品に追加関税を課すことを表明するに至っています。

　アメリカが中国のどのような商慣行を問題にしているか、それを中国がどのように改善するか、あるいは中国がどう自国の正当性を主張するかはＷＴＯの委員会で議論されるべきです。アメリカのこのようなやり方はＷＴＯルール違反です。

　二〇一八年年一〇月四日、アメリカのマイク・ペンス副大統領がハドソン研究所で四〇分にわたる講演を行い中国を強く批判しました。この講演はトランプ政権が中国に対して持っている批判を初めて包括的に示したものとして注目されましたが、その中国に対する主張は、中国の経済に関するものと、中国共産党の政治体制に対する批判とがあ

名称	発動予定日	アメリカの対象金額	アメリカの品目数	アメリカの関税率	中国の対象金額	中国の関税率	中国の品目数	発動状況
対中関税第一弾	2018年7月6日	340億ドル	818品目	25%	340億ドル	最大25%	545品目	発動中
対中関税第二弾	2018年8月23日	160億ドル	284品目	25%	160億ドル	最大25%	333品目	発動中
対中関税第三弾	2018年9月24日	2000億ドル	5745品目	10%（2019年5月9日まで）25%（2019年5月10日より）	600億ドル	最大25%	5207品目	発動中
対中関税第四弾	2019年9月1日	1200億ドル	3243品目	15%	750億ドルの一部（30%）	最大10%	1717品目	発動中

表二　米中の追加関税措置

りました。この講演した内容でこれらの主張をまとめると以下のようになります。

◇中国の経済に関するもの

・関税、貿易赤字

・中国製造二〇二五や強制的な技術移転、補助金などの産業政策

・中国の知的財産権問題

・非関税障壁

・為替操作国

◇中国の政治に対する批判

・サイバー攻撃、スパイ活動、アメリカの世論操作や選挙介入を目的とした宣伝工作

・グレートファイアウォール（防火長城。大規模情報検閲システムとその関連行政機関や社会信用システム）など人権を抑圧する管理社会、監視社会

・キリスト教・チベット仏教・イスラム教など宗教への弾圧

・債務のワナによる借金漬け、南沙諸島海域における中国の人工島建設など帝国主義的、覇権主義的な外交政策

バイデンの中国封じ込め政策

二〇二一年一月、トランプに替わったバイデン政権が対中政策をどうするか、現在、模索中でブリンケン国務長官などがＮＡＴＯ諸国やクワッド諸国（米日豪印）を訪問して対中政策のすり合わせをしているようです。クワッド（米日豪印）やオーカス（米英豪のアングロサクソン系新安保枠組み）を形成して、アジア版のＮＡＴＯで中国を封じ込めることを狙っているという憶測もあります。

これに呼応してかどうかわかりませんが、イギリスが空母クイーン・エリザベスを東洋へ派遣することにし、イギリスを発ったという報道があり、ついで仏独も艦艇を派遣することにしたと報道されています。日本近海で米第七艦隊や自衛隊などと合同演習をやるようです。一〇〇年前の大艦巨砲時代、あるいはもっと前のロシアのバルチック艦隊の東洋遠征を思い出させます。戦後七六年、核戦略時代のただなかにありますが、欧米政治家の国際感覚は欧米列強の帝国主義時代とあまり変わっていないようです。

武力で脅し封じ込めされた国家で、今までに最初から両手を上げた国があったでしょうか。封じ込めれば封じ込めるほど、封じられた方は国民の危機意識に訴えて、ますます団結心が高まり、軍備拡大、軍事独裁化に突き進んでいくのが、歴史だったのではないでしょうか。戦前の日本もそうだったし、戦後のソ連・共産圏もそうだったし、毛沢東時代の中国がそうでした。

北朝鮮もまさにそうです。島国イギリスもナポレオンにもヒトラーにも封じ込められても持ちこたえたではありませんか。包囲されればされるほどイギリスの闘争心は高まったではないですか。覇権国家アメリカのやり方を改めない限り問題は解決しません。それは国連という組織ができた現代では、国際法の原則に基づき協議するしかありません。アメリカは国連の原則に返るべきです。

この中国が核心的利益と見なす台湾問題、南シナ海問題（南海諸島）、尖閣諸島問題はすべてこの第一列島線の内側の問題であり、台湾問題につながっています。

このような観点からみますと、南シナ海の問題は、少々の脅しで解決する問題ではありません。核ミサイルが何千発も配備されている中で軍事行動を起こせば、あるいは何かの間違いで軍事衝突が起これば、たちまち第三次世界大戦に発展してしまいます（中国はそんなこと百も承知でやっています）。

ＧＤＰが二〇二〇年代後半にも米中逆転するのは両国の人口からみて（中国一四億人、アメリカ三・三億人）当然のことで、これをどうこうすることはできません（中国がアメリカのＧＤＰを越えても一人当たりＧＤＰはまだ、四分の一です）。

台湾問題はアメリカ・日本などがじっくり時間をかけて、国連などの機関を通じて仲介の労をとるしか方法がないでしょう。軍事的手段で押せば押すほど、問題がこじれるだけで台湾をも危機に陥れます。長い（四〇〇〇年の）中国の歴史を考えれば、中国・台湾の（これも四〇〇年の）関係は武力で事を論ずるようなものではありません。いずれ、経済的にも（文化は何千年前から同じです）同じになる両岸です。後述しますように、中国の歴史も、アメリカの歴史も、日本の歴史も、世界の歴史・環境も四〇～五〇年ごとに変化してきています。中国と台湾が五〇年や一〇〇年の歴史で事を決しなければならない理由はどこにもありません。じっくり話し合う時期です。

ユーラシア同盟の中核となる上海協力機構（SCO）

アメリカが今後、中国包囲網を構築しようとすればするほど、中国は反発して対抗する同盟形成に動くというのは、本書で一貫して述べてきた同盟主義の歴史的必然性です。そのとき、ユーラシア同盟の中核となるのは上海協力機構（SCO。Shanghai Cooperation Organization）になる可能性が高いでしょう。

上海協力機構（SCO）は、二〇〇一年六月一五日、上海で設立され、中国・ロシア・カザフスタン・キルギス・タジキスタン・ウズベキスタン・インド・パキスタンの八ヶ国による多国間協力組織、もしくは国家連合です。中国の上海で設立されたために「上海」の名を冠していますが、本部（事務局）は北京にあります。

インド・パキスタンの正規加盟に伴ってユーラシア大陸の五分の三に達し、加盟国の総人口は三〇億人を超える規模で世界人口の半分近くを占め、面積と人口では世界最大の地域協力組織となりました（図四参照）。中国・ロシア・インドといったユーラシア大陸における潜在的超大国（ＢＲＩＣｓ）を抱え、モンゴル、アフガニスタン、イラン、トルクメニスタン、トルコ、東南アジア諸国連合も様々な形で参加するなど、北アジア、西アジア、中央アジア、南アジア、東アジアに勢力を広げてユーラシア連合体に発展する可能性を持っています。設立当初から、いずれ欧米主導のＮＡＴＯに対抗しうる勢力として成長することを、アフリカやラテンアメリカの発展途上国（Ｇ77プラス中国）から期待されていると言われていました。

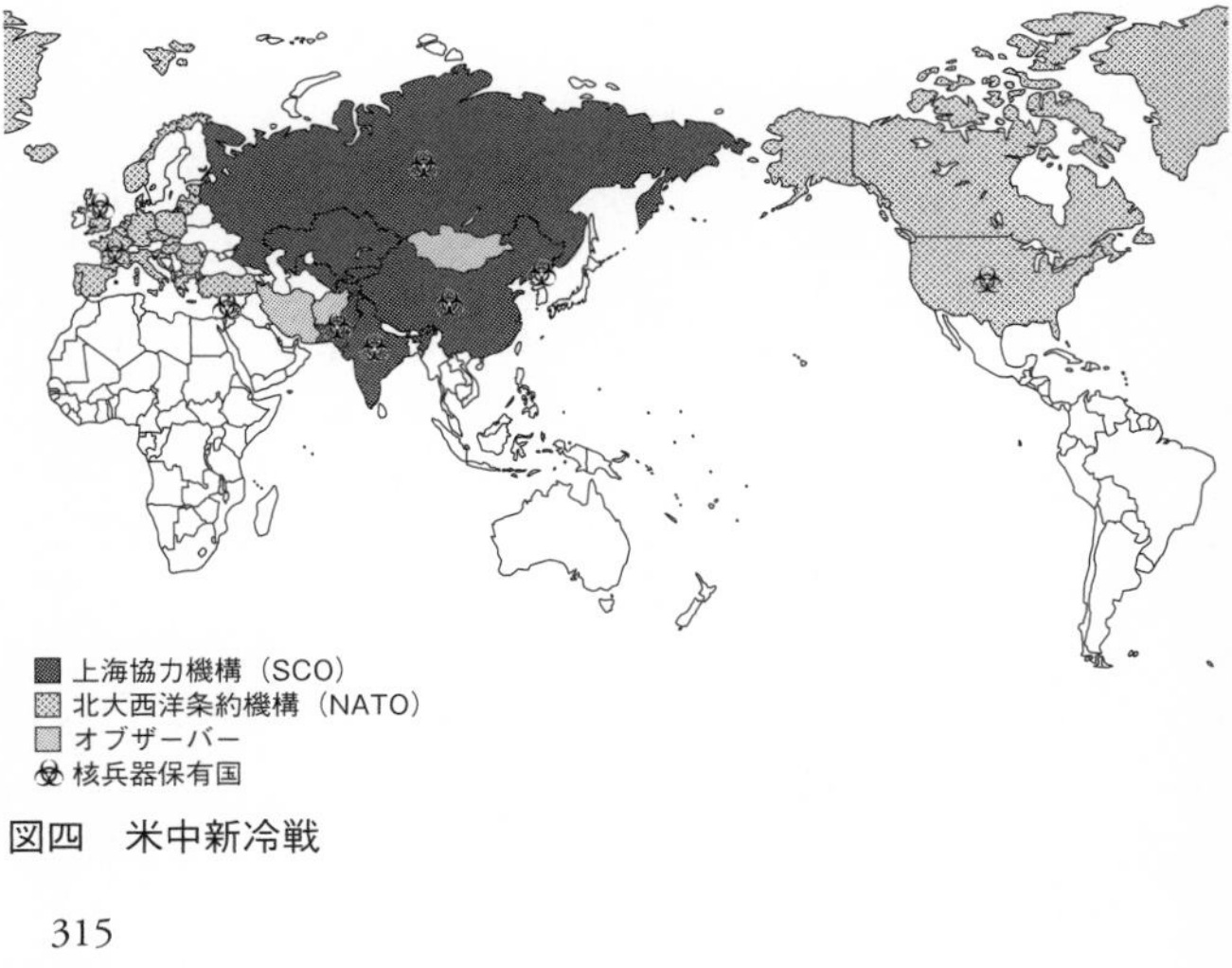

図四　米中新冷戦

当初から合同軍事演習をやっていましたが、その後も一～二年に一回のペースで「平和への使命」合同軍事演習が行われ、恒例化しています。二〇一八年八月には当初から上海協力機構に加盟している中国・ロシア・中央アジア諸国にインド・パキスタンが加わった初の合同軍事演習（平和への使命二〇一八）が行われました。

また、中ロはアデン湾、東シナ海、日本海、地中海、オホーツク海、南シナ海、バルト海、南半球などで海軍の合同演習も行うようになり、二〇一九年一二月にはアメリカと緊張が続いていたオブザーバーのイランとともに中国とロシアはオマーン湾で合同軍事演習を行いました。中国は南シナ海問題で、ロシアはクリミア・ウクライナ問題で欧米の制裁を受けており、その反動もあってか、習近平とプーチンとの間は、一帯一路、経済協力、資源エネルギー協力などでも急接近しています。

今後、NATO&クワッド&オーカスが中国封じ込め政策を強行すれば、ユーラシア機構が形成され、まさに世界を二分する米中冷戦に発展し、後述します劇症型地球温暖化対策やパンデミック対策など、全人類が今後三〇年間、全精力で取り組むべきことが消し飛んでしまいます。繰り返しになりますが、そのような人類の宿弊、つまり、我が陣営（同盟）だけを優遇し、他陣営と敵対するという同盟主義に終止符を打とうとしてルーズベルト大統領が七六年前に作ったのが国際連合だったではないでしょうか。この国連の原点に帰って、この国連の原則に則って（すべての国が国連に加入していて、国連憲章に原則同意しています）事を解決しようとしない限り、現在人類社会に起きている問題は解決しません。

いくら覇権国が軍事力で脅しても世界はもう動かないでしょう。一部の欧米先進国がアメリカに忖度して、艦隊を送って、日本近海で第七艦隊と自衛隊と一緒になって軍事演習をしてみても、世界の九割の人々は冷ややかに見ているだけでしょう。欧米先進国（もはや世界人口の約一割にもなりません）が一六世紀から世界に出かけて、途上国を植民地主義・帝国主義によって支配し、一八世紀から化石燃料で産業革命を起こし、地球温暖化の原因物質である温暖化ガスの七割（蓄積量。３４６ページの図五参照。米独英日仏カナダの比率は六九・二％）を出してきたことを知っています（そのうち、これらの国々が地球温暖化危機の元凶であると言うようになるでしょう）。

このような過去の人類の弱肉強食の世界を終わりにしようとして作られたのが国連（国連憲章）です。人類と言う動物は不公平を許さない動物です（そのように人類は進化してきたのです）。もはや人類は公平無私である国連にしか従わないのです（今後出てくるどんな覇権国家も国連をないがしろにすると同じように世界から冷笑されます）。

国連の最も重要なことは、世界で唯一の集団安全保障の組織であるという点です。『自然叡智　人類の叡智』で述べましたが、人類発展の歴史的な経緯から政治的、経済的、宗教的、社会的な態勢に少々の異なる点があったとしても（人類の発展段階から見て、これらについて人類が一本化できるようになるには、もうしばらくの時間がかかり、もう一段の文明的飛躍が必要です）、こと武力行使（戦争・紛争）については、国連で一体になって、防止するのが国連の最大の目的であり機能であります（現在のところ、国連憲章、世界人権宣言のラインが人類が最低限守るべきことで、まず、全人類七八億人、そのラインに達するようにすることが必要でしょう。そのためには、武力行使、戦争だけは廃止し、話し合いで〈国際法で〉事を決めていこうというのが今までに人類が達した結論ではなかったではないでしょうか）。

今から考え直してみても、人類にとって（国連の改革はあっても）この国連に代わるよい方策はないと考えられます。米中冷戦を起こす前に、アメリカは同盟政策、封じ込め政策を解消して（つまり、人類の旧弊である武力あるいはそれによる威圧でもって事を決するのではなく）、国連の原則に返って、つまり、真の国際法に則った外交政策に返るべきです。

中国・台湾・アメリカの関係

近年、米中冷戦が急速にクローズアップされ始めた原因の一つが台湾問題と南シナ海問題です。

一九四九年、中華人民共和国建国時から台湾解放（中国から見て）が未解決であることはわかっていました。毛沢東の時代にも、江沢民の時代にも台湾海峡危機というのが何度も起こっていました（これらは台湾への政治的な圧力をかけるためで本格的に台湾解放を考えたものではないことはわかっていました。米中の軍事力に大きな差がありました）。

前述しましたように習近平総書記は、『中国の夢』で建国一〇〇周年の二〇四九年頃までに、中国が経済的にも軍事的にもアメリカを凌駕する頃に中国統一の目標を達成することを明らかにしました。この台湾統一を具体的なスケジュールに挙げたことが急速にアメリカ、台湾を不安にしたことは間違いありません。

まず、中国、台湾、アメリカの関係をもう一度、見てみましょう。

ベトナム戦争に行き詰まったニクソン大統領は、ベトナムを支援している中国との関係を正常化しようと決意し（中国を通じてベトナムに圧力を掛ける期待は果たせなかったようです。中ソの離間を図ることには成功しました）、一九七二年二月に訪中し毛沢東と会談し、国連の代表を台湾から中国に交代させることに同意し、上海コミュニケを発表しました。このコミュニケで①米中関係の正常化に向けて努力することがすべての国の利益になる、②アメリカと中国はまた、自分たちも他のどの国もアジア太平洋地域で覇権を求めるべきではないことで合意する、③台湾の政治的地位について、一つの中国政策、および台湾が中国の一部であると認知している。米国政府はその立場に異議を唱えない。中国自身による台湾問題の平和的解決に関心を持っていることを再確認している。この見通しを念頭に置いて、台湾からのすべての米軍及び軍事施設の撤退という究極の目的を確認していることを明らかにしました。

一九七九年一月一日に民主党のジミー・カーター大統領は中国との国交を樹立し、中華民国（台湾）との国交は断絶しました。アメリカのこの方針は、ソ連と中国の離間を決定的なものとし、また、アメリカ企業が将来中国大陸の巨大な市場を獲得するための重要な布石ともなりました。

しかし、同時に米華相互防衛条約の無効化に伴う米軍台湾協防司令部の廃止と在台米軍の撤退によって東アジアで急激な軍事バランスの変化が起きることが懸念され、自由主義陣営の一員である中華民国（台湾）が中国に占領される事態は避けるため、また中華民国政府や在米国台湾人（台湾独立派を含む）からの活発な働きかけもあって、台湾関係法（ＴＲＡ）が一九七九年四月に制定されました。台湾関係法は、中華民国（台湾）に関するアメリカとしての政策の基本が定められていて、事実上のアメリカと中華民国（台湾）との間の軍事同盟です。

アメリカは、国内法規である台湾関係法に基づき、通常の軍事同盟のように中華民国（台湾）に駐留こそしていないものの、武器売却や日本各地にある在日米軍基地（日米安保条約）やフィリピンの米軍基地（米比相互防衛条約）などにより、中国を牽制しています（日本にとって懸念されるのは台湾海峡で軍事衝突が起きたら、在日米軍が直ちに出動し、日本が米中戦争に〈日本の意思とは関係なく〉巻き込まれることです。これは日本の〈個別的〉自衛権とは関係なく起きうることです）。

しかし、近年は（胡錦涛政権までは）アメリカが中国に政治的配慮をし、F－16やイージス艦船の売却予定が凍結になっていました。アメリカ議会の保守強硬派の中で、中国の反国家分裂法制定（二〇〇五年、胡錦涛時代）は、条文の抵触に値すると主張されることもありますが、現在のアメリカの法解釈では「台湾海峡で武力衝突が生じた場合、必ずしもアメリカがこれに介入しなくてもよいし、介入してもよい」とされていました。

対中関係を重視する馬英九総統の政権下で、中国と台湾の関係が改善してからは、アメリカの研究者や学者からは、台湾への武器供与を控える、あるいはさらに踏み込んで、台湾から手を引くという「台湾放棄論」とも言える意見が出ていましたが、現実的な対応としては地政学上の第一列島線に含まれる台湾島を放棄した場合、中国が西太平洋を支配することを許しかねないため、有事の際のアメリカ軍の対応は、台湾海峡危機に準じた対応になることは、北京政府も暗黙の了解として認識を共有しているのが現状とされていました。いずれにしても、アメリカ政府は両岸問題が双方の対話によって平和的に解決するか、このままの状態が続くことを望んでいるようでした。

かつて台湾が陳水扁政権時代に現状維持から独立へ向かって行動を起こそうとした際、アメリカは台湾に「四つのノー、一つのない」の方針に従って思いとどまるよう要請し、台湾はこれを受け入れました。

「四つのノー、一つのない」とは、二〇〇〇年五月二〇日に陳水扁が中華民国総統就任演説で述べた中華民国（台湾）と中国との関係に関する指針であり、「中国共産党が台湾に対して武力行使を行う意図がないとするうちは、自分の任期中において、独立を宣言せず、国号を変更せず、両国論を憲法に加えることは進めず、統一か独立かの国民投票は行わず、国家統一綱領と国家統一委員会の廃止という問題もない。」というものでした。なお二〇〇六年二月二七日に統一綱領・統一委員会とも「終止」（事実上廃止）されました（二〇〇五年の中国の反国家分裂法制定によって前提条件が崩れたためとしています）。

この情勢が中国に二〇一二年に習近平政権、二〇一六年に台湾に民進党の蔡英文政権、二〇一七年にアメリカにトランプ政権ができてから変わってきました。急速に緊迫してきました。二〇一六年一月の総統選挙では政権交代が起こり民進党の蔡英文総統が誕生しました。蔡政権は一つの中国を否定する方針をとっており台中関係は悪化しました（それまでは、双方とも一つの中国は堅持する。しかし、その解釈はそれぞれでするというものでした。九二共識〈九二コンセンサス〉）。

中国は台湾を孤立させるために、台湾と国交を結んでいた国へ中国が経済援助等を行い台湾との国交を断たせる援助外交を再開しました（馬英九政権期には、援助競争は休戦状態でした）。このため、台湾との断交のドミノが起こり、二〇一九年九月現在中華民国と国交を結んでいる国は一六ヶ国にまで減少しました（国連に加盟していた一九六〇年代には七〇ヶ国以上と外交関係がありました）。この習近平政権の断交のドミノによる台湾への締め付けは激しさを増しています。

二〇一九年一月一五日、アメリカ国防省の情報機関であるアメリカ国防情報局（ＤＩＡ）は、中国の軍事的目標や能力を分析した報告書を初めて公表しました。この報告書で「中国が長年重視しているのは、最終的に台湾と中国本土を再統一し、台湾の独立宣言の試みを防ぐことだ」とし、「中国は他国軍が台湾に介入してくるというシナリオを想定し、他国軍の攻撃を排除するためのシステムを発展させている」と指摘しました。

具体的には、中国のミサイル兵器の多くが台湾を攻撃する能力があり、Ｈ６攻撃機に搭載した巡航ミサイルＣＪ20はアメリカ領グアムのアメリカ軍基地も攻撃する能力があり、アメリカの第七艦隊などに対する対艦弾道ミサイルなどにも言及し、「中国の政治指導者はこれらの軍事能力を保持することで台湾の独立運動を防ぎ、抑止に失敗すれば、台湾や軍事介入する第三国に対し、軍事的選択肢をとることができると期待している」と分析しました。

また、報告書は中国の二〇一八年の国防費が公表ベースの一八・五兆円を上回り、二〇〇〇億ドル（二一・七兆円）を超えた可能性があると指摘しました。アメリカの国防費七〇〇〇億ドル（七六兆円）には届きませんが、「中国はわずかなコストで軍の近代化を促進できる」と危機感を示しました。

二〇一九年一月二日、習近平総書記は、鄧小平が行った「台湾同胞に告げる書」発表の四〇周年を記念する式典で演説し、「台湾は中国の一部だ。中華民族が偉大な復興に向かう過程で台湾同胞は欠かせない」と強調し、中台が同じ中国に属するという「一つの中国」原則を基礎として台湾側に対話を始めたいと呼びかけ、蔡英文政権に改めて原則の受け入れを求めました。

統一に向けては、香港で先行する「一国二制度」の台湾版を模索するとし、「台湾の現状や台湾同胞の利益と感情を十分に考慮する」とも訴えました。ただ、統一を果たす具体的な時期には触れませんでした（「一国二制度」は鄧小平がもともと台湾向けに提案したものでした。その後、香港返還の時期が来たので鄧小平がそれを提案し、サッチャーが受け入れたのです。当時は「一国二制度」は解決の一つの方法としてある程度双方に評価されていました）。

二〇一九年の習近平の演説の続きですが、台湾独立の動きは「歴史の逆流」とし、「一切の場を与えない」と強く反対し、台湾問題で衝突するアメリカなどを念頭に、武力行使の選択肢も残しましたが、「中国人は中国人をたたかない」と述べ、台湾同胞に向けた言及ではないと強調しました。

習総書記の演説後に会見した蔡総統は「一つの中国」原則を拒否する姿勢を示し、「台湾は一国二制度を絶対に受け入れない」と反発しました。中台交流推進の条件として「台湾二三〇〇万人の人民が、自由と民主主義を堅持していることを尊重すべきだ」と訴えました。その後、台湾当局が行った世論調査で、一国二制度への賛否を問うたところ、七五・四％が「賛成できない」と答えました。

香港の「一国二制度」が二〇一四年の民主化デモ「雨傘運動」以降、中国の圧力を受けるようになったとの認識が広まっていましたが、二〇一九年六月から逃亡犯条例改正案に反対する大規模なデモが繰り返され、これも台湾の一国二制度に対する警戒感を高めることになり、二〇二〇年初めに行われました総統選挙に影響し蔡総統の再選となりました。

二〇一九年七月二四日、中国政府は四年ぶりとなる国防白書「新時代の中国国防」を発表し、対立を深めるアメリカへの対抗意識をくっきりと打ち出し、中台統一を目指す決意を強い言葉で示しました（二〇一五年の白書では「平和的に発展している」とし、「新型大国関係にふさわしい軍事関係」を掲げて米軍との対話や協力への意欲も見せていました）。

今度の中国の国防白書でとくに多くの紙幅を割いたのはアメリカの動きで「核、宇宙、サイバー、ミサイル防衛などの能力向上で世界の安定を害している」としたほか、米ロの中距離核戦力（ＩＮＦ）全廃条約からアメリカが離脱を決めたことを念頭に、「軍縮の動きがくじかれ、軍備競争が見立っている」、「アメリカが単独主義や大国間の競争をあおり立て世界の安定を損ねている」などと繰り返し批判しました。そして「中国から台湾を分裂させようとする動きがあれば、中国軍は一切の代償をおしまない」と、武力行使も排除しない姿勢を示しました。

中国が権益拡大を進める南シナ海の島々についても、引き続きインフラ整備や「防御的な力」の配備を進めるとしました。二〇一五年の白書では直接言及しなかった尖閣諸島（中国名・釣魚島）にも触れ、周辺海域でのパトロールを続けると主張しました。

二〇一九年七月八日、トランプ政権は、台湾にエイブラムス戦車一〇八両、携帯式の地対空ミサイル「スティンガー」など二二億ドル（約二四〇〇億円）相当の武器を売却することを承認し、アメリカ議会に通知しました。台湾が最も関心を寄せる新型のF16V戦闘機についても、トランプ政権がすでに非公式に売却を承認したとみられています。台湾総督府は七月九日、「想定される軍事的脅威を阻止し、台湾海峡の平和を守る能力と自信をもたらす」と歓迎しました。

台湾関係法に基づき、トランプ政権が台湾に武器や防衛関連のサービスを供与するのは四回目になります。オバマ政権は八年間で三回しか行っておらず、トランプ政権の積極性が際立っています。中国外務省は「強烈な不満と断固たる反対をアメリカ側に伝えた」と述べ、「主権と領土を守り抜く（中国の）決意を過小評価すべきでない」と売却の撤回を求めました。

現在、一般の台湾人はどう思っているかですが、台湾世論の大勢は、台湾が中国の主権に帰属するものではなく、中華民国という国家であるという点で一致しています。その上で早急な統一も独立も望んでおらず、実質的に中国とは分離している現在の状態を維持することを望む声が多いようです。

鄧小平外交を一変させた習近平

もう一点、アメリカやその他の先進国が不安に思い始めたことは、鄧小平以来、中国の「社会主義市場経済」は実質、資本主義とあまり違わないでしたが、習近平総書記が言う「中国の特色ある社会主義思想」によって、どう変わるかと言うことです。

中国では、五年に一度世界から大使を集め、外交の基本方針が示されますが、二〇一四年一一月二八～二九日、中国共産党中央外事工作会議が開催され、習近平主席は、「中国は必ず自国の特色ある大国外交を持たなければならない。我々は実践の経験を総括した上で、対外工作の理念を豊富にして発展させ、我が国の対外工作が鮮明な中国の特色、中国の風格、中国の気概を有するようにさせる必要がある。

中国国家が共産党の指導と中国の特色ある社会主義を堅持し、我が国の発展道路、社会制度、文化伝統、価値観念を堅持せねばならない。独立・自主の平和外交方針を堅持し、国家と民族の発展を自国のパワーの基礎に置いて、揺るぎなく自国の道を歩んでいくと同時に、我々の正当な権益を決して放棄してはならない、国家のコア利益を決して害してはならない」（二〇一四年一一月三〇日の新華社）と鄧小平の「韜光養晦《とうこうようかい》」外交（才能を隠し好機を待つ、という外交方針）から、行動の時代が到来したと述べました。

二〇一八年六月二二〜二三日、習近平は最高指導者になってから二度目となる中国共産党中央外事工作会議を開きました。習近平はまず、「我が国は近代以降、最も素晴らしい発展の時期にあり、世界はこの百年来未曽有の大変革期にある」という現状認識を示しました。自国は「最も素晴らしい発展の時期」にあり、世界は「未曽有の大変革期」にあるのだから、この現状認識の結論は必然的に「打って出る」となりました。そして習近平は、「党の第一八次全国大会（習が選出された）以降、我々は新時代における中国の特色ある社会主義外交思想を作り上げた」と自画自賛しました。

彼の言う「打って出る」を具体的に述べますと、中国は南シナ海で軍事プレゼンスを拡大しました。その一方で「一帯一路」の広域経済圏構想を掲げ、ユーラシア大陸のほぼ全域から、アフリカ、その他地域に至るまでウイングを伸ばしていきました。さらに、アメリカを軸とする戦後の国際経済秩序、ブレトン・ウッズ体制に基づかない新たな国際開発金融枠組み「アジアインフラ投資銀行（ＡＩＩＢ）」を創設し、先進国の大半を加盟させることにも成功しました。

中国海軍はアフリカのジブチや、スリランカ、パキスタンに基地を置き（まだ、アメリカほどではありませんが、いずれそうすることを示唆しています）、地中海やバルト海にまで出張ってロシアと合同軍事演習を行うようになっています。

中国の外交政策は今、「習近平思想」一色に染まり始めています。二〇一八年六月の会議でとくに目立ったのが、習近平総書記が信奉するマルクス・レーニン主義の影響です。マルクスの歴史理論は不変だと習総書記は信じているようです。マルクスの理論を現代に当てはめれば、国際秩序が転換点にあるのは明らかで、米欧が凋落する今、中国には飛躍するチャンスが訪れていると述べています。

マルクスの理論は、『自然の叡智　人類の叡智』の第一五章の社会主義の成立で述べましたが、経済学理論（経済分析）としては（当時の経済理論としては）優れていましたが、政治哲学としては問題があることは述べました。人類の政治・経済環境は絶えず変化します。その変化に合わせて、人類の社会システムも変えていかなければなりません。不変の理論などありません。そのマルクス理論（取捨選択しないで、まるごと）を今でも信奉するものが中国の最高指導者になったとしたら、やはり問題です。

習近平の「中国の特色ある社会主義思想」とは何か

習近平が憲法改正で盛り込ませた欧米型の民主主義とは異なる「社会主義現代化」の中国モ

デルとは、どんなものでしょうか〈マルクスもレーニンも〈スターリンは最初から権力だけでした〉毛沢東もとうとう将来の明確なビジョンは持っていませんでした。ただ、すべてに共通するのは「共産社会」に至るまでは、過渡的に「共産党独裁でいく」ということだけでした。しかし、そのうちに共産党独裁が目的化し、階級を廃止すると言っていながら、共産党という支配者階級を作ってしまったので〈独創力をなくし改革力をなくし、進歩がなくなって社会はむしろ後退し〉、ソ連は崩壊しました〉。

習近平政権によってこの数年間、中国国内に存在するすべての機関や企業体、各種の社会団体にあまねく共産党組織を作り、党組織のネットワークを持って中国社会を完全にカバーする「党建全面カバープロジェクト」が、全力を挙げて進められていると言われています〈鄧小平もゴルバチョフもこの国家と共産党をごちゃまぜにした体制に問題ありと分離しようとしました〈党政分離、政企分離〉。習近平は再び一体化しようとしています〉。

「党建」とは、中国共産党の専門用語で、「党組織の建設」を指していて、「党建全面カバー」とは要するに、中国国内に存在するすべての機関や企業体、各種の社会団体にあまねく共産党組織を作り、党組織のネットワークを持って中国社会を完全にカバーする、という意味です。すべての機関や企業体、各種の社会団体ですから、民間企業などはもとより、海外から進出している企業も含まれると言われています。

しかし、鄧小平の時代で述べましたように、一九八七年の中国共産党の第一三回大会では、当時の中国は「社会主義の初級段階」にあるとして、この段階を乗りこえるためには経済体制改革を進め、生産力をあげねばならず、そのためには「党政分離（共産党と政府機関の分離）」「政企分離（政府機関と企業の分離）」を進めることが必要だとしていました。それを習近平になって「党建全面カバープロジェクト」を本気でやっているとすれば、それこそ歴史の逆行です。

習近平が近年盛んに「中国共産党の指導が中国の特色ある社会主義の最も本質的な特徴」と述べるようになり、憲法改正案にも盛り込ませましたが、それがこの「党建」であるとすれば、時代錯誤もいいところです。文化大革命の再来となります（習近平に言わせれば、文革の時代には高度情報システムがなかった。自分は高度情報システムを握っている。今度こそ完璧な共産党一党独裁ができると踏んでいるのでしょう）。

（一党一派や宗教組織と国家を分け、国民から広く人材を登用したので近代・現代国家はここまで進歩してきたのです。それを一党一派で抑え込んだらそこで成長は止まるのです。そのよい例がソ連や毛沢東の中国でした。スターリンのソフホーズ（大規模国営農場）、コルホーズ（集団農場）や毛沢東の人民公社のように共産党の指導によって企業、団体などを支配をした時代がありましたが、このようなことを習近平が考えているとしたら、それは大きな愚策であることは間違いありません。ＡＩ技術やハイテク監視システムで十数億人ひとりひとりコントロールできるようになったから、可能だと思ったら大間違いで、もう一つの人類の歴史を動かす「創造と模倣・伝播の法則」の人間が持つ「創造」が死んでしまいます（『自然の叡智 人類の叡智』で人類の歴史の二つの法則のもう一つとして「人類の統治（欲）の法則」を上げていました）。習近平は「統治（欲）の法則」を握ったかもしれませんが、「創造の法則」を忘れています。

習近平は改革開放以来の約四〇年の高度経済成長を漢民族の優秀性によるものだとたびたび言っていますが、それは一面にすぎません（日本でも戦後の高度経済成長を日本民族の優秀性によるという説が当時横行しました）。長い間の科学技術と産業技術を積み上げれば（イギリスの第一次産業革命、以後、第二次産業革命、第三次産業革命について述べました）、（そして平和な環境があれば）誰でもどの国でもある程度、高度経済成長はするのです（人間はみな優秀ですから。アフリカなどが立ち上がれないのは、優秀でないからでなく、戦争と独裁のない平和な環境がないからです。だから、とにかく国連システムを実効あるようにして、まず、すべてを破壊する戦争だけは廃止させるのが第一歩なのです）。

ここまでは誰でもどこの国でもできるのです。問題はその先です。経済成長はやがてゼロ成長になり、放っておくとマイナス成長になります。

「創造と模倣・伝播の法則」の模倣・伝播は誰でもできます。その段階が終わった後にさらに伸ばすには「創造」が必要となります。「創造」できる人材が必要になります。「創造」できる人材は統制社会、つまり、自由のない社会では育たないのです（宗教に支配された一〇〇〇年の中世にはほとんど創造はなかったのです）。それは人類の歴史が示しています。本書で縷々述べてきたところです（ソ連の第二次世界大戦直後のどん底から「小康社会〈まずまずの生活ができる社会〉」までは共産主義で成功していました。しかし、それから先に一歩も進めず、退歩が始まりました。「創造」がなくなったというより、もともと「創造」人材がいなくなっていたのです）。

　日本人も戦後、アメリカに学び技術導入をしました。そのアメリカ人も一九世紀後半～二〇世紀前半、ヨーロッパに学び（真似し）、多くの亡命学者や移民学者を受け入れて今日のアメリカがあるのです。「創造と模倣・伝播の法則」は今でも生きているのです（日本のこの平成の三〇年間、「創造」する人材の育成をしなかったので、そろそろマイナス成長の時代に入ると思われます）。

　決して、中国の現在の発展は、漢民族の優秀性とかどうかということではないのです。（そのような環境があれば）人間はみな優秀です。中国もテイクオフしたのですから、人口が多いので優秀な人がたくさん出て、人類が当面している問題（地球温暖化問題、貧富の問題など）

の解決に加わってくれると大いに期待しているところです。

ところが、中国共産党が「党建」制度を導入しようとしているなら、すぐやめた方がいいでしょう。企業家は、あるいは農民も同じですが、企業組織、団体でも同じですが、それぞれ創意工夫をして、少しでもいいものを生み出そうとしていますし、少しでも良いことをしようとしています（人間はそもそも、そのような欲求を持ったからそのようにますます進化したのです。チンパンジーと人間を比較すれば、人間の進化はそれだけで驚異です）。それを国や党に指図されるようになりますとやる気をなくし、投げ出してしまいます。チンパンジーはバナナさえもらえば指示通りにやります（グローバルの今日では、優秀な人材は国外に流出してしまいます）。国は創造によって利益を出している企業から、それ相応の税金を取るだけで充分です。それ以上の介入をしない方がうまくいきます（人間、人類はそのように進化してきたのです）。鄧小平も南巡講話でそう述べています。

この「党建」をやれば、外資はもちろん、骨のある中国人も企業も、このグローバル時代、みんな出て行ってしまいます。これは個人にも言えます。たちまち、経済成長は止まってしまいます。二桁だった経済成長は現在は六％程度になっているようですが（これは順当な流れです）、やがて、二～三％の時代、ゼロ成長の時代、マイナス成長の時代になりますが、それを早めてしまいます（日本は二桁時代が約一七年、五～六％の時代が一六年ばかり、バブルがはじけてゼロ成長の時代が〈ついに〉三〇年続いています。この先はいよいよマイナス成長の時代に入ります。改革をやらなかった日本の平成年間は失敗の見本です）。

これは高度経済成長のあと、どの国でも起こったことですが（イギリスではイギリス病、イタリアではイタリア病。……日本では三〇年の日本病にかかってもまだ、自覚症状が感じられないほど病状が悪化しているのです）、（いつまでも成功体験が忘れられず）国（政治家、官僚）も企業も保守的になり現状の社会システム（既得権益ですから）を変えようとしないからです。現状システムを変えなければ、現状の支配層〈政治家・官僚・企業経営者など〉が最も有利だからです。そして、落ち込み始めて、いよいよどうしようもなくなって（どん底に落ちて）、初めて改革に踏み出すのです。

習近平国家主席は二〇一八年一二月一八日、北京市の人民大会堂で開催された改革開放政策開始から四〇周年を祝う式典において演説を行いました。演説では、中国は先進国が数百年かけて歩んできた工業化のプロセスを数十年（改革開放から四〇年です）の時間で完成したこと、国内総生産が改革開放当初の三六七九億元（約五兆八八六四億円、一元＝約一六円）から二〇一七年の八二兆七〇〇〇億元に拡大したことなどを挙げ、改革開放がもたらした成果を強調しました（本書でも縷々述べましたが、「高度経済成長は各国一度しかめぐってこない」チャンスです、このときが唯一の社会インフラ整備と社会福祉の整備の時期です。これを大事にすべきです。欧米日もそのときに社会整備を行ったのです）。

対外開放については、「改革開放四〇年の実践は、開放が進歩をもたらし、閉鎖が必然的に立ち遅れをもたらすことを啓示している」との認識を示した上で、「責任ある大国としての役割を果たし、グローバル・ガバナンス体制の改革と建設に積極的に参加する」「開放・透明・包摂・無差別の多国間貿易体制を支持する」と述べました。

米中摩擦がさまざまな面に広がる中、アメリカを名指しはしませんでしたが、「われわれは覇権主義と強権政治に反対し、世界の平和と発展のために中国の知恵、中国の方案、中国の力量で絶えず貢献してきた」とした一方、「中国はどれだけ発展しても永遠に覇権を唱えない」との立場も示しました。また、「中国は他国の利益を犠牲にすることで自らの発展を図ることはない」としながら、「自らの正当な権益を決して放棄することもない」との立場を示しました。アメリカを必要以上に刺激しないように、硬軟両様の発言となるように配慮したようにもみられています。

習国家主席は国内政策について、「一九七八年一二月一八日の第一一期中央委員会第三回総会以降（鄧小平以来です）、中国共産党が全国各民族人民を団結させ、率いて切り開いた中国の特色ある社会主義の道、理論、制度、文化は完全に正しいもので、作り上げた基本理論や基本方策は完全に正しいものだ」と全面的に肯定しました。

その上で、「改革開放四〇年の実践は、中国共産党の指導が中国の特色ある社会主義の最も本質的な特徴で、最大の強みでもあることを啓示している」とし、「党中央の権威と集中統一指導を断固として守り、党の指導を改革・発展・安定、内政・外交・国防、党内・国家・軍隊統治などの各分野に貫き、体現しなければならない」とし、共産党の指導を強化する方針を示しました（つまり、「中国の特色ある社会主義」とは、中国共産党の指導による社会主義であり、それが最大の強みであると言っています）。

中国共産党は、二〇二一年一一月一一日に第一九期中央委員会第六回全体会議（六中全会）を閉幕しました。この会議で毛沢東、鄧小平に続く第三の「歴史決議」を採択し、習近平総書記は両者に並ぶ権威を確立し、二〇二二年秋の党大会で異例の三期目就任を固めました。

今回の歴史決議では「習近平の中国の特色ある社会主義思想」を「二一世紀のマルクス主義」と位置づけ、習近平を核心とする党中央が「国家事業で歴史的な成果を上げ、歴史的変革を起こした」と評価しました。経済力や科学技術力が飛躍し、総合的な国力が新たなレベルに飛躍したほか、統治能力が向上し、国家の安全保障が全面的に強化されたとも評価しました。

しかしコミュニケの中で何度も「中国の特色ある社会主義」という言葉は使われていますが、あいかわらず、その中身はわかりません。「法治主義」「反腐敗闘争」と並んで、最近、強調するようになった「共同富裕」に力点を置こうとしているようです。人類社会の古来からの通弊である貧富の格差の増大に歯止めが掛けることができれば、それなりの意味はあるでしょうが、それがどこまでできるか不明です。

第五章　日本は米中冷戦を防ぐために何をすべきか

新型コロナ・パンデミックの恐怖

二〇一九年一二月から新型コロナ・パンデミックが発生し、たちまち世界中に蔓延しました。発生以来、一年八ヶ月たった二〇二一年八月初めには、米ジョンズ・ホプキンス大学の統計によりますと、世界の感染者数は二億人、死者数は四二六万人を超え、その後も拡大の一途をたどっています。この調子では途上国にもワクチンが行き渡り、収束の目途が立つのはいつになるか、まったく見当がつきません。日本は現在オリンピックの最中ですが第五波に襲われ、連日一万人を超える感染者が出ています。その間にすでにより感染力の強い変異ウイルスが数種類発生し、一度伝染した地域にも、また、新たに伝染する可能性が出てきています。これでは人類は新型コロナ・パンデミックのアリ地獄にはまり込み出られなくなってしまいます。

専門家の調査によりますと、地球温暖化のためにシベリアの永久凍土の融け始めた穴壁からとった土壌サンプルを検査したところ、モリウイルスという未知のウイルスが発見され、生物の細胞に入ると一二時間で一〇〇〇倍になり、細胞を突き破って周りにひしめき合う強力なもので、WHOへ対策を求める意見書を送ったということです。現在すでに地球温暖化が進みロシアの凍土地帯では永久凍土が融けて大きな穴が開いたり、建物が傾いたりしているという報告がありますが、永久凍土は新種ウイルスのパンドラの箱であるとのことです。

また、ブラジル、アフリカ、オーストラリア、アメリカでは多くの山火事が発生し（地球温暖化による自然発火が原因）、多数の野生動物が保護されていますが、このような野生動物から人類に感染するウイルスが発見されていて、ここからも新感染症発生のリスクが高まっているということです。このように、地球温暖化問題と新型ウイルス感染症が結びつく恐れも出てきています。

ということは、人類は、世界人口七八億人が一体となって短期間に新型ウイルスを防止できるシステムを確立しないと、一部の国や地域で新型ウイルスを克服しても、他の国や地域に感染者が残っていると再びそこから変異ウイルスの流行が再燃し始める恐れがあり、人類はウイルス・パンデミックから抜け出せなくなる恐れがあります。

そのような意味でパンデミックも人類共通の「オール・オア・ナッシング」問題（人類すべてがともに生きようとすれば生き残れるが、自分だけ〈自国だけ〉生き残ろうとすれば、いずれすべて滅びてしまうような問題）であると言えます。

グローバル化した地球社会では「オール・オア・ナッシング」問題が増えてきています。膨大に抱え込んだ核ミサイルの問題、世界中に普及しつつある安価なドローン兵器やＡＩ兵器による戦争の日常化の恐怖、各国の社会システムを破壊し合う国境なきサイバー戦争、地球のオゾン層・磁気層・大気層などを破壊しかけない宇宙兵器システム、万年単位の放射能を放出し続ける核廃棄物を蓄積し続ける核システム、地球の生態系を蝕んでいるプラスチック廃棄物、……これらはすべて人類の「オール・オア・ナッシング」問題です。人類は、今すぐ国連などで話し合って、国際ルールを決めて、人類すべてオールでそれに従うか、それとも無視して、いずれナッシング（絶滅）になるか、地球は今や「オール・オア・ナッシング」問題に満ちています。

劇症型地球温暖化の危機─人類三〇年間のエネルギー大転換作戦

その「オール・オア・ナッシング」問題の中でもこの三〇年で結論が出る極め付きの「オール・オア・ナッシング」問題が地球温暖化問題です。この結論は人類がこの三〇年間ですべての化石エネルギーを太陽光エネルギー（風力、バイオマスも太陽光エネルギーに含まれます）に転換できるかどうかにかかっています。成功すれば太陽光エネルギーは無尽蔵ですからその後の人類は安泰です（オール）。失敗すれば、「高温で荒れ狂う地球」となり、人類はいずれ衰退絶滅（ナッシング）となります。この三〇年間のエネルギー大転換作戦という文字通り人類未曽有の大プロジェクトに成功するかどうかで、人類の未来が決まるのです。

地球温暖化問題については、二〇一五年十二月に「パリ協定」がまとまり、産業革命前からの世界の平均気温上昇を「二度未満」に抑える、さらに平均気温上昇「一・五度未満」を目指すということで、二〇二〇年から一九六ヶ国で取り組むことになっています。

地球温暖化問題は地球大気中の温室効果ガスの蓄積量によって決まりますので、いったん、温暖化しますと半永久的にその温暖化が継続します。人類にとっては一度きりのやり直しのきかない問題であり、しかも地球全体で（人類全体で）目標を達成しないといけない前代未聞の難問です。そのためパリ協定では途上国などに対する技術援助、資金援助の重要性が強調されていて、年間千億ドル（約一一兆円）を下限として、二〇二五年までに新たな定量的な全体の目標を設定することを決定しています。

ところが、最近、地球温暖化は国連のＩＰＣＣやパリ協定が想定するより、さらに速くより厳しくなるという劇症型地球温暖化の恐れが出てきました。二〇一八年八月、独ポツダム気候影響研究所などが公表した「ホットハウス・アース説（温室化した地球）」がそれです。

この論文では、平均気温が二度上昇すると、重要な転換要素が活性化され（論文では一〇の自然現象が挙げられています）、ホットハウス・アース現象により世界の平均気温は産業革命前と比べて四～五度高くなるとしています（二〇五〇年に二度上昇したと思っていても、複雑で大容量の地球すべてに影響が及ぶのにタイムラグがあり、たとえばその三〇年後に二度の二倍、つまり四度上昇になってしまうということです）。

ここに挙げられた一〇の自然現象は、夏季の北極と南極における海氷の減少による気温の上昇、北極と南極の氷床の減少、シベリアなどの永久凍土の融解、世界中で頻発する「消えない」山火事など、いずれもすでにそれと思われる現象が頻繁に起こっています。前述しましたように、すでにシベリアの凍土地帯では数年前から、メタンが放出された大きな穴や傾いた建物などの報告があります。

四～五度の上昇となると、食料生産など人類は壊滅的な状態になると予測されています。たとえば、米中の食料生産ですが『地球温暖化戦争』（新潮社。著者グウィン・ダイヤー。二〇〇九年一一月刊）によりますと、現在世界の穀倉となっているアメリカについては、「まずアメリカ合衆国だ。カリフォルニア中央部のセントラルバレーは、シエラネバダ山脈とロッキー山脈をおおう雪が解けてしまったことで、かつては夏場の給水を担っていた河川が水量不足に陥り、農業は実質的に消滅している。南西部の主要都市は、劇的かつ永続的な水不足に直面している。ミシシッピー川以西のハイプレーンズは降雨量が急速に減少したため、巨大な「オガララ帯水層」から汲みあげる灌漑用水への依存がいっそう高まり、地下水の枯渇時期がさらに早まることになる。

南東部の諸州は悪天候に常時見舞われるようになる。沿岸地帯にくらす人々は、連邦政府が住民保護のために展開する公共事業によって当初は恩恵を受けるものの、そうした試みはやがて失敗に終わる。……」と記しています。

中国については、その水源となる「ヒマラヤ山脈とチベット高原に端を発するアジアのすべての河川（インダス、ガンジス、ブラマプトラ、サルウィン、メコン、長江、黄河）は当初、氷河や積雪が解けることから数十年にわたり洪水に見舞われるけれど、解けるべき氷河と積雪が消滅したあとは、特に夏場の数ヶ月間、水量の激減に苦しむことになる。」、「流れる河川の水量が低下すると、その影響は華南一帯の食料生産だけでなく、三峡ダムのような中国の野心的水利発電プロジェクトにも及ぶことになる。北東モンスーンが弱まり、華北平原の穀物生産が減少し、また沿岸の工業地帯が海水面の上昇と強まる暴風雨にさらされて、深刻な打撃を受ける」と記しています。

（日本は多分、水不足でなく、強烈な台風、頻発する豪雨、土石流、洪水などによって河川がずたずたにされ、田畑が使えなくなってしまうでしょう。）

『地球温暖化戦争』の他の地域は省略しますが、いずれでも深刻な食糧不足が起き、世界中で紛争（戦争）が頻発し、避難民が国境に押し掛けるようになることを予測しています。劇症型地球温暖化問題は、地球大気中の温室効果ガスの量を一刻も早く一定値以下に抑え込まなければならず、七八億人すべてにかかわる「オール・オア・ナッシング」（一国ではダメで、ともに生き残るか・ともに滅びるか）問題の典型例です。

つまり、人類はこのような劇症型地球温暖化を防ぐためには、この三〇年間でパリ協定の仕組み以上の速度と規模で全地球の化石エネルギーで賄われている社会システムを全面的に再生可能エネルギー、つまり太陽光エネルギー（風力、バイオマスなども太陽エネルギーの一種です）で賄われる社会システムに「大転換」するという第二次世界大戦などとは比較にならない長期かつ大規模な作戦を展開しなければなりません。

米中日の責任

地球温暖化は過去に地球大気に蓄積された二酸化炭素の累積量が問題になります。蓄積された二酸化炭素は半永久的に変わらないと言われています。だからいったんたまってしまうともう元にもどせないのです。

図五のように、産業革命以来の二酸化炭素の約四割はアメリカに責任があり、それに続く中国は約一割を占めています。日本は約

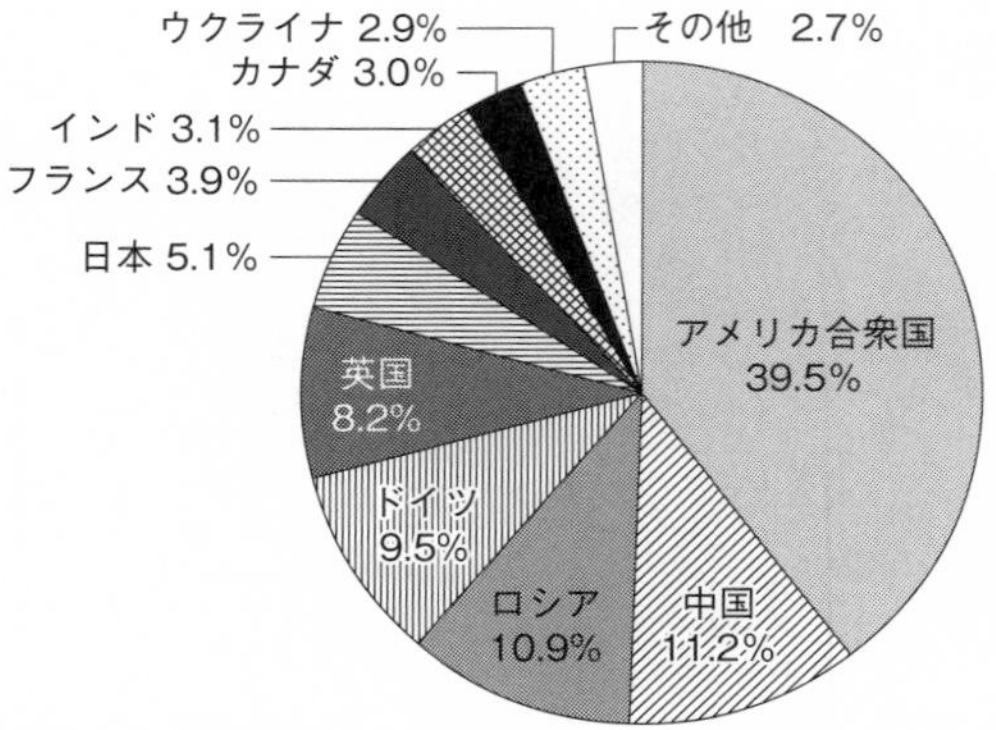

図五　二酸化炭素累積排出量の国別比較（一八五〇～二〇〇五年）
出所：世界資源研究所「気候指標分析ツール」に基づきJICA調査団作成

五%です。

これを欧米日先進国で加算すると（39・5+9・5+……+3・0=69・2　ロシアを加えると、69・2+10・9=80・1）、八割にもなります。

二〇一八年の国別の年間排出量を見ますと、図六のように中国がトップで約三割を占め、アメリカがその半分の約一五%を占めています。日本は五位の三・二%でした。二酸化炭素排出量の最も多い中国は近年、毎年九〇億トン以上、二番目に多いアメリカは五〇億トンを排出し、全世界の多くを占めています。日本は中国やアメリカの四分の一以下ですが、五番目に多い国です。一人当たりの排出量（年間）ではアメリカが最も多く一五・一トン、日本は八・五トンとなっています。

図六　二〇一八年の世界の二酸化炭素排出量

図七のように二〇〇五年に中国がアメリカを追い越して、最大排出国となり、その後もまだ増加し続けていますので、いずれ蓄積量もアメリカに近づくと見られています。

習近平主席は、二〇二〇年の国連で二〇六〇年に「実質、カーボンゼロ」を宣言しましたが、中国の「実質ゼロ」の成否は、人類の地球温暖化対策の鍵を握ります。その達成は並大抵のことではないことが予想されます。英科学誌「ネイチャー」によりますと、電気自動車の普及に伴う需要増などもあり太陽光発電は現在の一六倍、風力は九倍に増やす必要があるとしています。太陽光だと、総建設費が一五〇億元（二四〇〇億円）のダラト太陽光発電所級（後述）の施設をさらに一五〇〇ヶ所も造らなくてはならない計算になります。清華大気候変化研究院の解振華院長は中国メディアの取材に「一二〇兆元（一八〇〇兆円）かかるだろう」と答えました。

いずれにしても、アメリカ、中国、日本のＧＤＰ上位三ヶ国（二〇二〇年のＧＤＰ比率はアメリカ二四・七％、中国一七・四％、日本六・〇％で合計四八・一％）は、産業革命後の温室効果ガスの排出量においても（図五の蓄積量では三ヶ国で五五・八％）、今後の温室効果ガスの排出量においても（図六の年間排出量では三ヶ国で四六・三％）、世界の半分を占め、地球温暖化問題を解決するための最大の道義的責任を負っています（この事実はこの三ヶ国の国民も一人一人認識すべきです。というのは結局、その国民がその負担を負うことになるからです。

その国民が「オール・オア・ナッシング」をよく認識し、一人一人最善をつくすことを決意しなければ、この事業は成功しません)。

　アメリカでは前大統領のトランプはパリ協定から離脱し、石炭産業などに手厚い政策を取り、環境保護予算を削減するなど、地球温暖化防止に逆行する政策を推進しました。バイデン大統領は就任直後の二〇二一年一月二七日、気候変動対策に関する大統領令に署名し、公有地での石油・天然ガスの新たな掘削の禁止や、洋上風力発電を二〇三〇年までに倍増させることなどを盛り込みました。

　二〇二一年四月二二から二三日、バイデン大統領はオンライン形式で「気候変動サミット」を主催、今が気候変動問題への取り組みにおける「勝負の一〇年」だと述べるととも

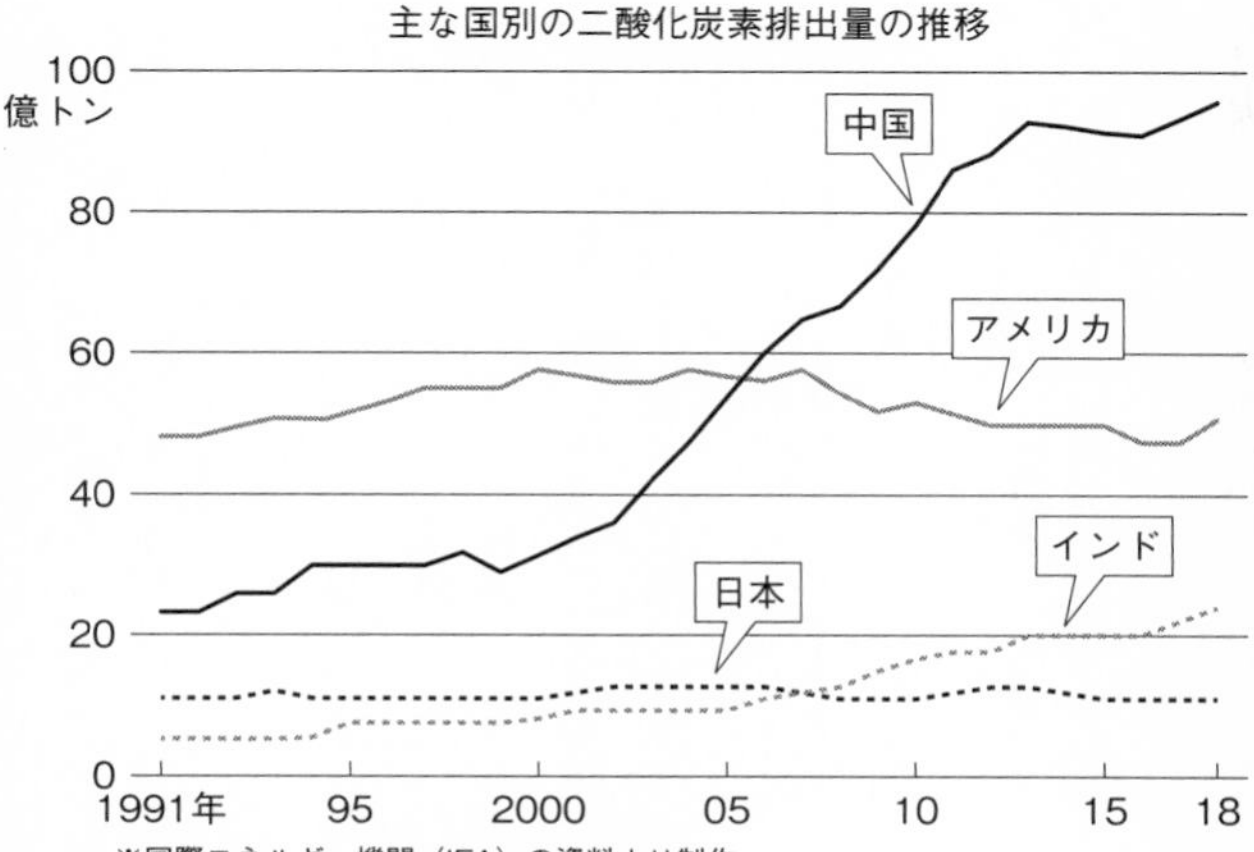

※国際エネルギー機関（IEA）の資料より制作

図七　主な国別の二酸化炭素排出量推移

に、二〇三〇年までに温室効果ガスの排出量を二〇〇五年比で五〇～五二％削減すると表明、これまで、二〇二五年までに二六～二八％削減するとしてきた目標を倍増させるなど、本気度を世界中に示しました。

菅首相は、二〇五〇年カーボンニュートラル（実質、炭素ゼロ）を長期目標とし、二〇三〇年に向け温室効果ガスを四六％削減（二〇一三年度比）することを目指し、さらに五〇％の高みに向けて挑戦を続けていく考えを示しました。

いずれにしても、米中日とも自国だけでも二〇三〇年目標、二〇五〇年目標（最終目標）を達成するだけでも、すべての資源と資金と労力を投入して、やっと達成できるかどうかです。しかし、この三国はＥＵと力を合わせて、世界の残り五〇％のエネルギー転換に資金的、技術的支援をして三〇年間で全地球のエネルギー転換を仕上げる責務を負っています。

米中冷戦は人類絶滅の入り口

米中は今、冷戦を開始してはいけません。アメリカ陣営と中国陣営の同盟主義国に分かれて地球を二分して争えば、三〇年間で共倒れ、後には「高温で荒れ狂う地球」が残るだけです。アメリカ、中国、日本それぞれのエネルギー転換作戦に成功するかどうか危ぶまれる時に、地球を二分してしまったら、それこそ共倒れになるのは火を見るより明らかです。

バイデンは習近平と二人で会談し、じっくりと話し合ってもらいたい。人類の置かれた状況、アメリカ国民の考え、中国国民の考え、人類文明の行く末をじっくり話し合ってもらいたい。日本やEUは国連の立場で二人の会談をお膳立てするのに最善を尽くすべきです。決して、アメリカに忖度したり、煽ったりするとバイデンの判断に誤りが起きます。七六年前の夏、つまり、トルーマン大統領の立場にバイデンは立たされています。

『自然叡智　人類の叡智』で記しましたように、一九四五年四月一二日ルーズベルトが急死し、トルーマンは副大統領から大統領に昇格し、原爆を使うか、実験で留めるか、国連管理にするか、米独占にするか、ルーズベルトの国連憲章DO案でいくか、集団的自衛権の第五一条を挿入するか、しないか、ソ連を封じ込めるか、しないか、世界に米軍基地を置いて世界の覇権国になるか、戦前の民主国家アメリカに返るかの決断を迫られました。

人類の行方を左右する決断を下すことは、一人の人間のすることとしては、あまりにも大きい責任のあることでした。トルーマンは決断しました。その結果が今日の世界を作ってしまいました。国家というものは国益という得体のしれない価値観で決断するとみんな誤ってしまいます（国益で判断すると人倫とかけ離れた世界になってしまいます）。その後のケネディやカーターやオバマがいろいろ是正しようとしましたが、いったん動いた国家や歴史は次に大きな壁にぶち当たるまで（その時は人類の滅亡の時かもしれません）方向転換ができません。

バイデンは今、トルーマンの立場に立たされています。習近平と会って、従来の官僚がかき集めた相手国を非難する罪状を繰り返すのをやめて、一人の人間として人類の行く末を考えて、すべてを三〇年間、凍結して、両国の補完し合う産業力（米中が協力すれば、爆発的産業力＋まだ、少しは残っている日本の産業力）を合わせて、五倍にも一〇倍にもなった産業力（第四次産業革命の力）でもってこの国難でなくて、人類難を乗り越える決断をしてほしいのです。人類は今、未来への確信を欲しています。人類に未来はあるのか。太陽光エネルギーへの全面的切り替えに成功すれば、人類には限りない未来があることを示してほしいのです。

◇バイデン――習近平会談

米中は三〇年間、台湾問題を凍結する。中国は三〇年間、台湾に武力侵攻はしない。南シナ海は三〇年間現状のままで手を付けない。台湾は三〇年間「四つのノー」を守る。アメリカは台湾に武器援助はしない。アメリカはすべての制裁を解除する。三〇年後、中国も台湾も経済的、文化的、政治的にも同じような国になっているでしょう。

◇バイデン――プーチン会談

ウクライナ問題の三〇年間凍結、ウクライナ紛争地域に国連監視団を入れる。アメリカ・EUは制裁を解除する。

◇バイデン――金会談

三〇年間核兵器を凍結する（ＩＡＥＡの再監視）。北朝鮮・アメリカは平和条約を締結する。

韓国・日本は北朝鮮を太陽光エネルギー支援、経済支援をする。

◇バイデン―イラン会談

三〇年間に期間を延長した核合意に復帰する。アメリカはすべての制裁を解除する。

戦争が起きたら終わり、国連で第二次不戦条約を結ぶ

米中がこの三〇年間、冷戦を回避して、劇症型地球温暖化を防ぐために、協力してエネルギー転換大作戦に傾注していても、どこかで戦争が起きるかもしれません。劇症型地球温暖化が進行していき、世界中で混乱、避難民の群れが発生し、国境で大騒乱が起き、戦争に発展していく可能性もあります。この三〇年間で大きな戦争が起きれば、もう、「オール・オア・ナッシング」問題の世界では温暖化対策どころではなくなり、人類の前途は絶たれてしまいます。どんなことがあっても戦争を起こしてはなりません。

国連憲章第五一条の集団的自衛権が国連憲章に挿入されていなければ、人類は戦争を終わらせていたことになると本書の第三章の《二》国連を作ったアメリカ、国連を形骸化したアメリカで述べました。その「国連軍の武力行使以外の戦争を禁じる」本来の国連憲章に返るには、二つの方法があります。その一は、国際司法裁判所の判例に基づき国連憲章を厳密に解釈して

実行することです。その二は、第五一条から「集団的自衛権」を削除することです。しかし、後者は今すぐ実行に移せると思えません。

後者の国連憲章第五一条から「集団的自衛権」を削除することは、ＮＡＴＯをはじめ、とくにアメリカが世界中で安保条約を結んでいますので、難しいと思います（この時期にそれをやれば、より世界を不安定にするかもしれません）。その点、前者は国際司法裁判所が出している厳しい運用にすればいいのです。国連憲章の前文、第二条など関連する条項すべてを勘案して解釈すれば、国連憲章は、「すべての（個別自衛以外の）戦争を禁止している」ことは明らかで（同盟主義者は、第五一条を挿入しただけで、関連する条項を修文しませんでしたので）、国際司法裁判所はそのような厳しい解釈で判例を出しています。つまり、常任理事国五ヶ国がよく話し合い、そのように、厳しく運営すると決めれば、すぐにでもできることです。

そこで、この三〇年間の劇症型地球温暖化防止期間は、この国連憲章を厳密に運用することを確認し、それを加盟国一九三ヶ国に徹底するために「新不戦条約」を締結しましょう。

不戦条約とは、一九二八年八月にフランス外相ブリアンとアメリカ国務長官ケロッグの提唱により、当時のほぼすべての独立国が署名した「国際紛争解決の手段として戦争に訴えないとする不戦条約」のことで、ブリアン・ケロッグ条約ともいいます。人類はこの条約で初めて「国際的紛争解決の手段としての戦争を罪悪と認め、国策手段としての戦争は相互の関係において放棄する」と宣言し、「あらゆる争いや紛争の調整や解決を、……決して平和的手段以外の方法で追及しないことに同意」したことは歴史的に画期的なことでした。

そこですべての国連加盟国は、今後、三〇年間は第五一条の集団的自衛権を含めて厳しく運用することを確認し、「国際的紛争解決の手段としての戦争を罪悪と認め、国策手段としての戦争は相互の関係において放棄する」という新不戦条約に署名し、紛争（戦争）を放棄したことを宣言します。

つまり、「第二次不戦条約」を国連で採択して、この条約と国連憲章第四二条（国連軍の武力行使）の運用で、この三〇年間、いっさいの戦争をしないことを再確認しようとするものです。劇症型地球温暖化を克服した三〇年後の二〇五〇年にあらためて国連憲章を見直しして、必要としなくなった第五一条を削除することとすればいいでしょう。

軍事費（国防費）はＧＤＰ一％未満にする

国連が現在、安全保障に関して行っている任務のうちで、軍縮に関する規定は第二六条程度で、きわめて不十分であると考えられています。

国連憲章第二六条　世界の人的及び経済的資源を軍備のために転用することを最も少なくして国際の平和及び安全の確立及び維持を促進する目的で、安全保障理事会は、軍備規制の方式を確立するため国際連合加盟国に提出される計画を、第四七条に掲げる軍事参謀委員会の援助を得て、作成する責任を負う。

そこで、国連憲章の軍縮委員会の機能を拡充して、世界の軍事費を減らすことと、内戦・テロ戦争を減らすために武器輸出規制を強化することとします。

スウェーデンのストックホルム国際平和研究所（ＳＩＰＲＩ）の集計によりますと、二〇一八年の世界の軍事費は一兆八〇〇〇億ドルでした。二〇一八年の世界のＧＤＰは八四・七兆ドル（九三一七兆円）でしたので、

一兆八〇〇〇億ドル÷八四・七兆ドル×一〇〇＝約二・一％

つまり、世界平均で各国はＧＤＰの二・一％の軍事費を使っています。

国別では（カッコ内はその国のＧＤＰに対する％）、一位のアメリカが六四九〇億ドル（三・二％）、二位中国は推計二五〇〇億ドル（一・九％）、三位サウジアラビアが六七六億ドル（八・八％）、四位インドが六六五億ドル（二・四％）、五位フランスが六三八億ドル（二・三％）、六位ロシアが六一四億ドル（三・九％）、七位イギリスが五〇〇億ドル（一・八％）、八位ドイツが四九五億ドル（一・二％）、九位日本が四六六億ドル（〇・九％）、十位韓国が四三一億ドル（二・六％）でした。

軍事費がＧＤＰに占める割合は、日本だけが例外的に一％前後であることがわかります（以

下四十位までで、一％以下は、インドネシア、メキシコ、スウェーデン、ベルギー、スイスだけです）。

　これは、日本は第二次世界大戦後、日本国憲法で「自国自衛以外の戦争を放棄」し（したがって、ルーズベルトの国連憲章の精神〈ＤＯ案〉に則っています）、長い間、武器輸出三原則、防衛費ＧＮＰ一％枠の設定、非核三原則など、人類社会の平和への道に沿った社会システムを先取りして実践してきたからであると言えます。そして第二次世界大戦後、七六年間、一度も戦争に参加しなかったことは誇るべきことです。もちろん、日米安保条約のおかげもあると思います。しかし、アメリカと同盟を結んでいる国は他にもたくさんありますが、日本のように一度も戦争に参加しなかったという国はほとんどありません。

　これは平和主義に徹するとＧＤＰ一％でやれるという実例になります。

　そこで、国連で「新不戦条約」が締結され、国連の集団安全保障制度が厳格に実施されるようになりますと、国家間の紛争（戦争）は、ほとんどなくなると考えられます。そこで国連軍縮委員会は、各国の軍事費（防衛費）はＧＤＰの一％未満にするということを決定し、各国はそれを守ります。

節減された軍事費を地球温暖化対策資金にまわす

一方、世界は今後、三〇年間でパリ協定に基づき全力をあげて地球温暖化対策、つまり、化石エネルギーで賄われている社会システムをほぼ全面的に太陽光エネルギーで賄う社会システムに全面転換する必要があります。このため、自国のエネルギー転換資金として使うとともに、アジア・アフリカの発展途上国に対するエネルギー転換のための技術援助・資金援助に使用します。二〇一五年に、締結されたパリ協定では、先進国が引き続き資金を提供することも決まっていて、二〇二〇年以降の途上国への資金支援では、現行の千億ドルを下限として、二〇二五年までに新たな定量的な全体の目標を設定することを決定しています。

この千億ドル（約一一兆円。一ドル＝一一〇円で換算）は、二〇一八年の世界のＧＤＰは八四・七兆ドル（九三一七兆円）ですので、世界のＤＧＰの〇・一一％になります。これでは、地球温暖化防止を推進するのにはとても足りません。

そうなりますと、前の計算で、二〇一八年の世界の軍事費が二・一％でしたから、この軍事費をＧＤＰ一％未満に抑えると、この軍事費の二分の一相当分、約九〇〇〇億ドルが捻出されることになります。つまり、国連の軍縮委員会（常任理事国五ヶ国がその気になればできることです）が軍事費はＧＤＰ一％枠を各国に義務付ければ、現在のパリ協定の千億ドルの九倍の地球温暖化対策資金を自国及び途上国の援助資金に使うことができます。多分、それぐらいの資金で取り組まなければ、三〇年以内に劇症型地球温暖化を防止して、現在の化石エネルギーで動かされている地球の全社会システムを再生エネルギーで動く社会システムに全面転換することはできないでしょう。

内戦・テロ戦争を減らすために武器輸出規制を強化する

国連憲章第五一条の集団的自衛権の行使を米中が三〇年間、凍結します。その上に米中が武器輸出を凍結すれば、内戦・テロ戦争はきわめて少なくなると思われます（起きても国連の規定通りの手続きで短期間に終わらせることができます）。

二〇一九年の武器輸出の総額は二七〇億ドルでしたが、その一〇位までを見ますと（カッコ内は輸出総額に対するその国の割合）、①アメリカ一〇七億ドル（四〇％）、②ロシア四七億ドル（一七％）、③フランス三四億ドル（一二・五％）、④中国一四億ドル（五・二％）、⑤ドイツ一二億ドル（四・三％）、⑥スペイン一一億ドル（三・九％）、⑦イギリス九・七億ドル（三・五％）、⑧韓国六・九億ドル（二・五％）、⑨イタリア四・九億ドル（一・八％）、⑩イスラエル三・七億ドル（一・三％）でした。

武器輸出の大部分は、国連の常任理事国自身か、ＥＵ先進国です。欧米先進国は戦前の同盟主義時代＆帝国主義時代と同じように「戦争防止、民主主義を、自由主義を守るために」と言いながら「マッチ&ポンプ」的に武器輸出を競っているのです。そのような政策を三〇年間凍結しましょう。

そして、内戦・テロ戦争をしようとするその動機をなくすること、つまり、貧富の差、政治的差別などを取り除くことです。そのために、この三〇年間、米中日ＥＵを中心にエネルギー転換のための技術援助・資金援助によって、途上国を飛躍的に（リープフロッグ的に）発展させ、太陽光発電システムやそれによる教育システム、上下水システム、食料生産システムなどを自力によって作り出せるようにするのです。「オール・オア・ナッシング」問題に満ちた世界では、自国だけ密かに武器輸出は許されないのです。

米中日ＥＵ共同プロジェクト「太陽光エネルギー一帯一路」

新型コロナ・パンデミックのように「オール・オア・ナッシング」問題を終息させるためには、世界保健機関（ＷＨＯ）のような国際機関が先進国であろうと途上国であろうと最も短時間に七八億人（実際にはその七〜八割かもしれませんが）にワクチンを行き渡らせて初めて終息します。ここで一番重要なことは「時間」と「組織力」です。

劇症型地球温暖化の「オール・オア・ナッシング」問題を克服するには、地球上の化石エネルギーシステムを三〇年間で再生可能エネルギーシステムに切り替えることです。ここでも一番重要なことは「時間」と「組織力」です。

中国の習近平主席が提唱して、一時世界中から賛同を得ていた「一帯一路」構想は、途上国のインフラ整備に重点を置いたものでしたが（資金提供として、アジアインフラ投資銀行も設立されています）、これにアメリカ・日本・EUが協力して、太陽光エネルギーの枝葉をつけて、短時間に世界の隅々まで行き渡らせることが最も短時間で確実に劇症型地球温暖化を克服する方法かもしれません。人類は世界銀行、アジア銀行、アジアインフラ投資銀行など世界の金融機関も総動員して三〇年間、「太陽光エネルギー一帯一路」プロジェクトに全精力を尽くすのです。

そこには「社会主義」も「自由主義」もありません。電気に赤も白もありません。鄧小平は言いました「白猫でも黒猫でもよく鼠を取るのがいい猫だ」。「夜間に子どもの勉強に灯を点けてくれて、水道の水を出してくれて、暑さをしのぐクーラーを動かしてくれる電気」がくればいいのです。三〇年後、劇症型地球温暖化を克服した人類には、「社会主義」も「自由主義」も「イスラム主義」もあまり違いはないな、電気は電気だという世界が拓けてくると思います。人類は「化石エネルギー科学の世界」から「太陽光エネルギー科学の世界」に転換しているのです。

太陽光エネルギー幹線網

非営利団体のデザーテック財団は、図八の上図のように、太陽光発電や風力発電をアフリカの砂漠に設置して、その電力を長距離送電線で消費地に送電する構想を計画しています。アメリカの太陽電池のトップメーカーのファーストソーラーは太陽光発電施設についての専門知識でこのプロジェクトに貢献する考えです。

デザーテックの提案によりますと、サハラ砂漠の六五〇〇平方マイル（一万七〇〇〇平方キロメートル）の領域に集光型太陽熱発電システム、太陽光発電システム、風力発電システムを分散配置し、そうして生み出された電力は、スーパーグリッドの高圧直流ケーブルでヨーロッパおよびアフリカ各国に送電されます。これにより、ＭＥＮＡ（中東と北アフリカを合わせた地域）諸国の電力需要の大部分をまかない、中央ヨーロッパの電力需要の一五％をまかなうことができるというものです。二〇五〇年までに発電施設や送電線への投資は総額で四〇〇〇億ユーロ（五二兆円、一ユーロ＝一三〇円）になると見積もられています。

また、図八の中図の古代のシルクロード、北緯四〇度の中国地域からヨーロッパにかけて、存在する砂漠にインフラを通して現代版のシルクロードにしようというのが習近平の壮大な「一帯一路」構想です（これは陸のシルクロードです）。これに太陽光発電システムを設置し、各地に電力を発送するとともにその電力で地下水を汲み上げ、地域を緑化し、農業プラントを

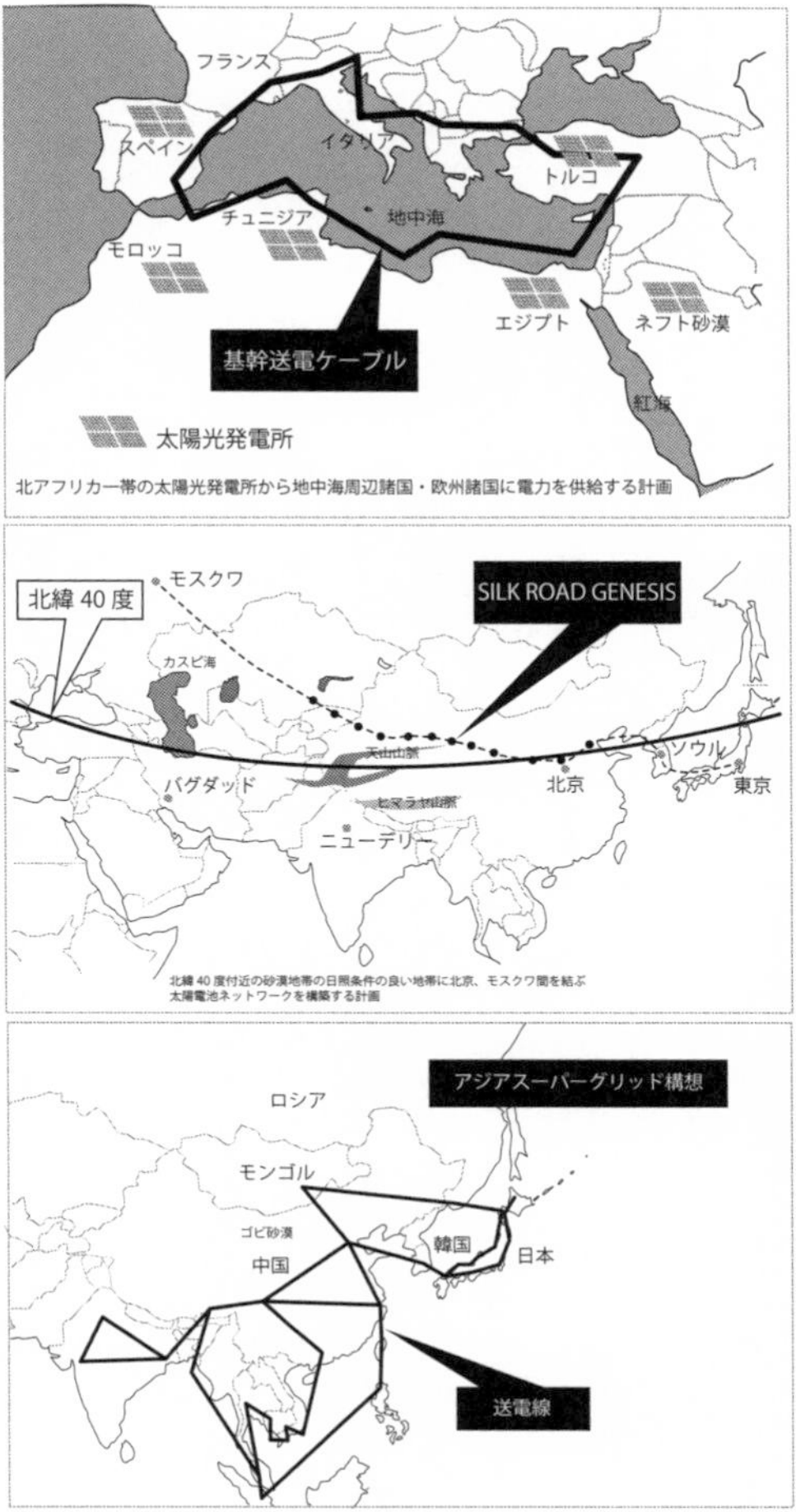

図八　国際的太陽光発電ネットワークの構築

設置するとともに、上下水道・生活・教育・文化施設を一式そろえるのが「太陽光エネルギー一帯一路」です。

このベルト地帯は古代からの国家や諸民族の興亡をみてきましたが、現在では「不安定な弧」とも言われています。その原因の一つは貧しさです。それが太陽光技術によって太陽光産業を興せば、「豊かなサンベルトの弧」に変わる時代がやってきたのです。

古代のシルクロードの東の端に奈良の都がありました。古代には人類の「創造と模倣・伝播の法則」に基づき、東西の文化が中国を通じて交流したのです。現代のシルクロード構想（一帯一路）を賄うエネルギーは太陽光エネルギーしかありません。中国・日本・中東・アフリカ・EUが資金と技術を出して、ユーラシア人類一〇〇〇年の大計を立て、この「太陽光エネルギー一帯一路」をこの三〇年で完成させるのです。アメリカには南北アメリカの「太陽光エネルギー一帯一路」プロジェクトをやってもらいましょう。

この砂漠を太陽光エネルギーで再生させるプロジェクトしては、中国がすでに開発済みです。中国・内モンゴル自治区の世界最大のダラト太陽光発電所ですが、中建電力建設有限公司は二〇二〇年九月、この世界最大の砂漠集中型太陽光発電基地が順調に竣工し、間もなく発電・送電開始すると発表しました。発電所の敷地面積は、六七平方キロメートルと、日本の山手線の内側とほぼ同じ面積で、年間発電量は二〇億キロワット時、生産高は六億二〇〇〇万元（六一億円。一元＝約一五・五円）にのぼります。電気料金は一キロワット時あたり平均〇・三五元（五・四円／キロワット時）で、全国でも有数の低水準です。

同プロジェクトは設計段階から、クリーンエネルギーの環境保護効果と作物栽培の経済効果の「ダブル最適化」を実現することを狙って、「林光相互補完」モデルを採用しており、基地の外に植物を植え砂漠化を防止し、幹線道路の両側に防護緑帯を設置しています。

ソーラーパネルの間に現地の成長に適した矮化経済林を植えます。流砂を固め、砂嵐を防ぎ、砂漠化対策を着実に推進します。緑化植物の他に、ナツメやキバナオウギなどの商品作物の栽培面積は三二〇〇ヘクタールにのぼります。現地の貧困住民の生態経済収入を増やし、貧困から脱却し豊かになるのに力強いサポートを提供することにしています。

また「林光相互補完」生態修復プロジェクトにより、経済林保護プロジェクトを現地の農家と牧民に請け負ってもらうことにしています。同時に砂漠観光、ソーラーパネル清掃、不動産サービスなどで一二〇〇人分の雇用枠を創出し、所得を一人平均四二〇〇元（六・五万円）増やす、パネルの下で植物や生薬を植えるという手段により、土地の総合利用を実現することにしています。このようにして砂漠に緑が復活すれば、地球社会にとって画期的なことです。

太陽光エネルギーの開発は砂漠だけとは限りません。ソフトバンクの孫正義社長は、図八の下図のようなアジアスーパーグリッドを提唱しています。アジア各国を送電線で結び、太陽光や風力など再生可能エネルギーで発電した電力を各国間でやりとりする構想です。オーストラリアまで広げたアジア大洋州電力網の提唱もあります。モンゴルなどの無尽蔵な風力、オーストラリアの無尽蔵な太陽光を使うことで低コスト・安定的な発電ができます。これは習近平主席の「海のシルクロード」の東の部分と重なります。これができますと、現在、私たちは情報が「ただ」になったような時代に生きていますが、こんどはエネルギーが「ただ」のような時代になるでしょう。このプロジェクトは日ロ中韓豪が中心になって進めます。

このように太陽光発電では広域になればなるほど、太陽光発電の安定性が高まるので望ましいことです。しかし、このような構想は、各国の政治的な信頼関係が築けないままでは難しいとの指摘もあります。だが、政治的にそうであるならこそ、劇症型地球温暖化のような未曽有の人類共通の危機に際して、基幹のエネルギー網を整備してそれを通して生活・教育・産業援助とか、食糧援助とか、災害援助とか、技術援助とかで、近隣諸国が連携し、それを三〇年続ければ、その後は新しい世界が拓けます。

発展途上国の中には、自力で第四次産業革命が起こせないどころか、アフリカなどでは、第一次産業革命の技術もおよんでいない、つまり、古来の農業システムのままで、電気もない、安全な飲み水も、トイレもないところもあります。

世界の無電化地域（電気が供給されていない地域の人口は約一三億人、そのうち約六億人がサブサハラアフリカ（サハラ砂漠以南の諸国）に住んでいる人々です。安心して飲める水が身近になく、池や川、湖などの浄水処理をしないままの水を飲んでいる人口は約六億六〇〇〇万人、トイレがなく屋外排泄をしている人口が約六億七〇〇〇万人います。この六億人はサブサハラアフリカの人々でしょう。

　そのようなところでは、米中日ＥＵが結集して、それぞれが持つ先端技術を出し合い、つまり、現在の人類の叡智のかぎりをつくして、短期間に南北アフリカ大陸に太陽光エネルギー幹線を通して、先進国が太陽光エネルギー技術と新社会システムをセットにしたシステムを技術援助によって提供し、それによって、その国の人々が劇症型地球温暖化を克服すると同時に産業技術も身につけるのです。

あとがき

私が人間社会の行動にある種の規則性を見つけたのは歴代中国の王朝の興亡史（三〇〇〇年はあります）を読んでいるときでした。腐敗した前王朝を倒し、新規発足した王朝の新社会システムは良く機能し発展し、やがてピークを迎えますが、だんだん周囲の環境や時代の流れに合わなくなります。その絶頂期が過ぎたころにちょっと改革をして方向を変えれば、また、良くなるのですが、支配層は有頂天になって、それをしません。下り坂では加速度がついて最後には急転直下の墜落となります。中国史では人民の大反乱が起き、新たな英雄が割拠して腐敗王朝を倒す。中国史はこれの繰り返しでした。

ヨーロッパ史において異例に長く続いたローマ史（一〇〇〇年は続きました）でも同じでした。中国史やローマ史を時間の物差しで測ってみると四〇年の倍数になってことを発見し、まあ、一つの社会システムの耐用年数はそのぐらいだろうなと一人悦に入っていたことを思い出します。

日本史に当てはめると明治維新（一八六八年。どん底）上り坂↓（約四〇年）日露戦争勝利（一九〇五年。ピーク、改革なし、軍国主義台頭）下り坂↓（約四〇年）太平洋戦争敗戦（一九四五年。どん底、民主改革）上り坂↓（約四〇年）バブル期開始（一九八五年。ピーク、改革なし）下り坂↓（約四〇年）次のどん底（?二〇二五年）改革あり、なし?上り坂、下り坂?

日本のサイクルは上り坂四〇年、下り坂四〇年ぐらいのようです。これは人間社会システムの通弊で、「成功は失敗のもと」です（もちろん、発明家にとって「失敗は成功のもと」です）。成功すると支配層は「成功体験」に浸って、それを維持しようとするのが人間の性《さが》です。本書で述べました米中日一五〇年の歴史も概ね四〇年×四＝一六〇年で、その通りになっています。中国もアメリカも四〇年ごとに上下を繰り返していますが、省略します。ソ連は日本以上に共産党一党支配でしたから改革ができず（ロシア革命一九一七年↓〈約四〇年〉一九五七年スプートニク一号、フルシチョフの絶頂期、この頃まで上り坂でした）、日本より早く崩壊したのです。日本は二〇二五年に改革できなければ、二番底?、底なし?↓となるでしょう。

筆者が代表を務める（株）21世紀新社会システム研究所HP　https://www.21nssr.org/

著者略歴

本田 幸雄（ほんだ ゆきお）

1942年、島根県生まれ。東京大学工学部機械工学科卒業。通産省入省、重工業局、資源エネルギー庁、工業技術院、（文部省出向）長岡技術科学大学教授、通産省機械情報産業局、中国通産局長。通産省退職後、医療福祉研究所、（財）愛知国際博覧会協会などを経て、現在、（株）二十一世紀新社会システム研究所代表。著書に『21世紀の社会システム』、『水田ハ地球ヲ救ウ』、『ベンチャービジネス成功への決定的条件』、『西暦2000年への選択』（監訳）、『地球白書』（監訳）、『21世紀地球システムの創造』（共著）、『「グローバル・サンシャイン計画」で防ぐ劇症型地球温暖化』（幻冬舎、2021年５月）、『劇症型地球温暖化の危機 日本はこうして食料自給率100％を達成する』、『人類はこうして核兵器を廃絶できる　核兵器廃絶へのシナリオ』（幻冬舎、2021年11月）、『人類は原発とは同居できない』、『人類はこうして戦争をやめることができる』（幻冬舎、2022年１月）、『アフリカのホモ・サピエンスが天皇制国家・日本を建国するまでの歴史』（幻冬舎、2022年２月）など。

幻冬舎ルネッサンス新書　248

日米中一《にちべいちゅうひゃく》五〇年《ごじゅうねん》の歴史《れきし》　日本《にほん》は米中冷戦《べいちゅうれいせん》を防《ふせ》ぐために何《なに》をすべきか

2022年2月16日　第１刷発行

著　者　　本田幸雄
発行人　　久保田貴幸

発行元　　株式会社 幻冬舎メディアコンサルティング
〒151-0051　東京都渋谷区千駄ヶ谷4-9-7
電話　03-5411-6440（編集）

発売元　　株式会社 幻冬舎
〒151-0051　東京都渋谷区千駄ヶ谷4-9-7
電話　03-5411-6222（営業）

ブックデザイン　田島照久
印刷・製本　中央精版印刷株式会社

検印廃止

Printed in Japan
ISBN 978-4-344-93820-5　C0295
幻冬舎メディアコンサルティングHP
http://www.gentosha-mc.com/